古代歷史文化 研究輯刊

十九編

王 明 蓀 主編

第20冊

清代西北回族人口與回族經濟（上）

路 偉 東 著

國家圖書館出版品預行編目資料

清代西北回族人口與回族經濟（上）／路偉東 著 — 初版 — 新
北市：花木蘭文化事業有限公司，2018〔民107〕

目 8+182 面；19×26 公分

（古代歷史文化研究輯刊 十九編；第 20 冊）

ISBN 978-986-485-416-5（精裝）

1. 人口分布 2. 回族 3. 清代

618　　　　　　　　　　　　　　　107002319

ISBN-978-986-485-416-5

9 789864 854165

古代歷史文化研究輯刊

十九編　第二十冊　　　　　　　ISBN：978-986-485-416-5

清代西北回族人口與回族經濟（上）

作　　者	路偉東
主　　編	王明蓀
總 編 輯	杜潔祥
副總編輯	楊嘉樂
編　　輯	許郁翎、王筑　美術編輯　陳逸婷
出　　版	花木蘭文化事業有限公司
發 行 人	高小娟
聯絡地址	235 新北市中和區中安街七二號十三樓
	電話：02-2923-1455／傳眞：02-2923-1452
網　　址	http://www.huamulan.tw 信箱 hml 810518@gmail.com
印　　刷	普羅文化出版廣告事業
初　　版	2018 年 3 月
全書字數	506481 字
定　　價	十九編 39 冊（精裝）台幣 100,000 元

版權所有·請勿翻印

清代西北回族人口與回族經濟（上）

路偉東　著

作者簡介

路偉東，山東肥城人，復旦大學歷史學博士（人口史專業），現為復旦大學中國歷史地理研究所副教授，碩士研究生導師，上海市曙光學者，曾任日本學習院大學客座研究員。國家「十一五」重點社科規劃專案《中華大典》、國家清史纂修工程《人口志》以及復旦——哈佛國際合作專案中國歷史地理信息系統（CHGIS）等專案成員，主持多項國家及省部級項目。主要的研究領域包括中國人口史、歷史地理以及歷史地理信息系統等。著有《清代陝甘人口專題研究》、《晚清西北人口五十年（1861～1911）》，在《近代史研究》、《歷史地理》、《回族研究》、《西北民族研究》、《西南邊疆民族研究》以及《復旦學報》等中文核心刊物發表學術論文 30 餘篇。

提　　要

　　本書是一部人口史研究的學術專著，主要關注清代西北地方回族人口的規模、空間分佈、人口遷移、人口制度以及婚姻制度等人口史研究的核心問題。同時，也從社會、政治、經濟、文化以及法律等不同的側面入手，以增加回族人口史敘事的維度，豐富回族人口史研究的內涵，從而更加立體而全面地展現清代西北回族人口的全貌。

　　本書除緒論、餘論兩部分外，共分為九章。各章節相關問題，比如清代西北回漢關係，衝突與融合的正反面、武裝化與組織化、歷史上回族婚姻制度從族外婚向族內婚轉變過程中的人口因素與婚姻制度轉變對人口空間分佈的影響、人口峰值規模及其變動、人口變動背景下官方對歷史的書寫、國家對群體歷史記憶的形塑、民間選擇性遺忘下歷史書寫的不同版本以及不同歷史時期西北回族人口遷移的過程、特點與規律等，大都在前人工作的基礎上能夠有所前步。另有個別問題，比如清代回族人口管理制度等，是前人從未真正關注者。

　　本書全文 50 餘萬字，並附有 18 張表格和 49 幅插圖。適合歷史、民族、人口、經濟、地理以及社會等學科的專業人員、政府有關部門和其他具有中等以上文化程度的讀者閱讀。

目次

圖　次

緒　論

　　本書是一部清代西北回族人口史研究的學術專著，主要關注清代西北地區回族人口的規模、分佈、遷移、人口制度以及婚姻制度等人口史研究的核心問題。除此之外，本書還從社會政治、經濟、文化以及法律等不同的視角入手，增加回族人口史敘事的維度，豐富回族人口史的內涵，力圖更加立體而全面地展現清代西北回族人口的全貌。「緒論」部分，主要交代與本書內容直接相關的選題宗旨、研究源起、研究現狀、基本概念、學術定位以及主要的研究資料、方法與論述框架等基本問題，以便讀者可以從整體上比較快速準確地瞭解和把握本書研究的前期基礎和努力方向。

第一節　選題宗旨與國內外研究成果概述

　　本節交代本書的選題宗旨、研究源起和以往研究成果的回顧。論述主要從兩個方面展開，即：其一，概略闡述清代西北地區回族人口問題研究的緣起，筆者的研究旨趣和已有的研究基礎；其二，簡單回顧自晚清以來，與西北地區回族人口問題有關的研究工作與研究成果，梳理總結已取得的成績與存在的問題。

一、本書的選題宗旨與研究源起

　　人口是一切社會經濟活動的主體，研究歷史時期某一特定人群的經濟與社會問題首先應該探討與之相關的歷史人口問題。西北地區作為我國回族人口的傳統聚居區和最大的聚居區，其區域人口和區域經濟都有自己獨特的發展脈絡與產業特色。

　　因爲特殊的地理位置，自唐、宋以來，西北地區就是沿「絲綢之路」東來的回族先民們最早的落居地區之一。歷經元、明兩代數百年間不斷發展繁衍，及至明末清初，基本上圍繞著回——漢差異而滋生發育起來的，中國回回人民族的認同，最終得以形成。〔註1〕入清以後，關隴腹地不睹兵革者百餘年，尤其是乾隆中葉平定天山南北之後，區域人口以生以息，經歷了一段較長時間的穩定發展時期。及至咸豐末年，西北人口達到峰值。而回族人口之繁，亦臻於極盛，不但數量龐大，在區域人口中佔有相當重要的比例，而且分佈極其廣泛。清人余澍疇稱，西北回族人口「於陝漢七回三，於甘則漢三回七」，所言雖多誇大不實之辭，但清代西北回族人口之盛，由此可窺一斑。與其他地區相比，清代西北地區回族人口分佈格局特點極爲顯著，那就是回族人口數量極多，在空間上連片帶狀密集分佈。回、漢之間，人口錯雜聚居、同村共井、互爲鄉梓。回族經濟在區域經濟中亦佔有自己的一席之地，形成了許多特色專屬產業，是整個西北經濟的重要組成部分。

　　同治元年（1862）初，西北戰爭爆發。短短十餘年間，區域人口減少總數就以千萬計。整個西北，尤其是那些原來人口眾多、經濟發達的地區，如關中平原、寧夏平原、河湟谷地、河西走廊以及天山北麓等處，均淪爲彼此角力反覆廝殺的戰場，良田變爲焦土，沃野鞠爲茂草，人口損失最爲慘重。其中，回族人口損失的絕對數量雖然不及漢人，但相對比例極其驚人。甘肅省戰前回族人口集中的區域，如蘭、鞏、平、慶、寧、甘、涼、肅等處，戰後回族人口銳減。陝西的情況更爲嚴重，戰前全省回族人口多以百萬計，戰後八百里秦川除省城西安一隅外，其他地區的回民近乎絕跡。直到今天，陝西回族人口的規模也沒有恢復到同治戰前的水平。1953 年第一次全國人口普查數據顯示，截至該年 6 月 30 日，陝西全省回族人口總數僅有 54,981 人，〔註2〕就這些有限的人口還是經過戰後 80 餘年恢復與發展的結果，其中又包括了相當數量自晚清以來，尤其是抗日戰爭時期，從東部諸省遷入陝西的外省回民。

　　同治西北戰爭不但造成了嚴重的人口損失，還徹底改變了西北人口的民族結構和區域回族人口發展的歷史進程，對晚清乃至此後更長一段時間內整

〔註1〕 姚大力：《「回回祖國」與回族認同的歷史變遷》，見劉東主編《中國學術》第1 輯，北京：商務印書館，2004 年，第 90～135 頁。
〔註2〕 中央人口調查登記辦公室：《中華人民共和國一九五三年人口調查統計彙編》，北京：國家統計局人口統計司翻印，1986 年，第 169 頁。

個西北地區人口和經濟的發展、移民入遷以及土、客融合等一系列重要問題都產生了極其廣泛而深遠的影響。在經歷這樣一個重大歷史事件之後，有關回族人口的一些基本信息。比如，其具體數量有多少？空間分佈狀態是怎樣的？官方如何進行管理？他們自己是如何生活的？從事什麼樣的職業？在整個西北地區的經濟活動中承擔什麼樣的角色？戰時及戰後人口遷移的方式、方向和特點是什麼？遷出地與遷入地有什麼樣的關係？具體安置地點及安置措施有什麼樣的考量和選擇？以及由此又引發了什麼樣的經濟、社會乃至政治等方面的調整和改變等，所有這一系列問題，都值得我們進行全面系統的研究。

就與研究對象的關係來看，人文學者與自然科學研究者有顯著不同。一方面，人文研究的中立性要求研究者從自己的對象中「獨立」出來，保持一定的安全距離；但另一方面，人文研究者要想真正認識自己的研究對象，又必須首先把自己置於研究對象的有機聯繫之中。因此，任何一個從事人文科學研究的研究者，同時又是自己研究對象的一個有機的構成要素。拉鐵摩爾曾經說過，研究者首先要對自己研究的對象充滿敬意，沒有哪個人可以以一種高傲的、不可一世的態度俯視自己的研究對象，又能取得成功。姚大力更指出，這種情況在世界上從來沒有過，在中國當然也不會有。對於像筆者這樣的非穆斯林研究者來講，對回族歷史越瞭解，就越會為他曾經遭受的艱難困苦所打動，為他們百折不撓、積極進取的精神所吸引；也越會深深體會到張承志在《心靈史》中以震撼人心的筆觸所傳遞的，中國西北地區以哲合忍耶為中堅的回回民族，在晚清「官家」數十年慘絕人寰的鎮壓和苦難煎熬之中堅守和實現自己信仰的，那種百折不回、從容赴死的「舉意」精神。所有這些，讓人不得不對這樣一群過去曾經存在過，至今仍然生活在這片土地上的人群產生敬意，並由此引發研究的興趣。

因為與現實之間的千絲萬縷的聯繫，有關族群與族群理論的研究，特別是有關某些特定民族歷史的研究，常常成為某些研究者詮釋自己與他人的過去，以合理化及鞏固某些現實人群利益的重要手段。〔註3〕這種傾向，在中國回族歷史的研究中，曾經在過去某一個特定歷史時期內相當盛行。儘管如此，對於真正的研究者來講，通過具體的實證個案研究，以歷史學的眼光去

〔註3〕　王明珂：《華夏邊緣：歷史記憶與族群認同》，北京：北京科學文獻出版社，2006 年，第 57 頁。

觀察、體會並且嘗試復原一個族群集體歷史記憶的最終目的首先是解決歷史學的問題,而非滿足現實的利益。只有這樣的研究,才有助於理解傳統零星瑣碎的歷史文獻背後所蘊含的「過去」本質,也有助於揭示歷史民族人口研究的社會意義和現實價值。這是筆者進行清代回族人口史研究的重要因素之一。

筆者對清代西北地區回族人口問題的研究,始於十多年前撰寫的一篇討論清代陝西回族人口規模的小文章。〔註4〕而對這一問題的研究興趣,則是在與諸多師長與學界好友的學術交往中日漸累積的。攻讀博士階段,筆者論文的選題是清代西北人口,具體內容則多與回族人口有關。隨著研究的深入,在逐漸解決一部分學術難題的同時,又有更多尚未解決並需要解決的問題不斷湧現。同時,隨著更多史料的發現、更新研究的發表,筆者發現自己原來研究中的部分問題有必要進行認真的修訂、改正、補充和完善。基於此種考慮,撰寫一部專著,就清代西北回族人口問題進行系統全面地研究,一直是筆者近年來的心願。

因此,這一工作,當然首先出於對回族人口這一研究對象的尊重。但同時也是對自己這些年從事清代西北回族人口問題研究的一個小小的總結。除此之外,筆者更希望,這樣一個研究,可以成為新的起點,為今後更系統全面地中國回族人口史研究奠定一些基礎。這是本書的選題宗旨與研究緣起。

二、現有學術研究成果回顧

作為徘徊在「伊斯蘭」和「漢地」之間的地理空間和文化空間,西北穆斯林社會不僅是中國社會的地理邊疆和文化邊緣,同時也處於伊斯蘭世界的邊緣。正因為如此,我們絲毫不奇怪,在中國的傳統文獻中,為什麼擁有長達一千數百年歷史的中國穆斯林似乎從來都是一個旁觀者,一直缺乏翔實而系統的記述。不論官方還是民間,都理所當然地把中國社會想像成一個族群和文化同質的社會,即所謂的漢人社會。如果不是同治年間的這樣一場規模巨大的戰爭,似乎西北回族這樣一個人口數量極其龐大的族群,與內地漢民並沒有太多不同的地方,也並不值得給予太多的關注。而內地普通民眾,甚至官方,對「遠方社會與文化」那種固有的刻板印象和錯位描述,恐怕也不會得到糾正。因此,普通民眾以及專業研究者開始逐漸關注西北穆斯林人口

〔註4〕 路偉東:《清代陝西回族的人口變動》,《回族研究》2003 年第 4 期。

及相關問題，首先與同治年間的西北戰爭有關。而自晚清以來的西北邊疆危機，則加深了民眾對西北穆斯林社會差異性的認識。這是晚清民國以來，中外研究者及其他各類人士開始將目光聚焦在中國西北地區，聚焦在西北回民及穆斯林社會的時代大背景。

對於已有學術成果的回顧，筆者在此選介一些原創性的論著，一方面是爲了給讀者提供與本書研究相關的學術背景；另一方面，也可以夯實本書的學理基礎。限於篇幅，這裡只能擇其中最關緊要者，略加說明。具體行文，以專著爲主，論文爲輔。

（一）國內學界研究概述〔註 5〕

清末至民國時期，隨著回族文化運動的展開，在各地回族有識之士的倡導下，各地成立了諸多社團，出版一大批相關刊物，如《中國回教學會月刊》、〔註 6〕《伊光》、〔註 7〕《清眞鐸報》、〔註 8〕《月華》、〔註 9〕《突崛》、〔註 10〕《伊斯蘭婦女雜誌》〔註 11〕以及《中國回教救國協會會刊》〔註 12〕等，都如雨後春筍般湧現出來。根據不完全統計，其數量多達 140 餘種。〔註 13〕儘管這一時期刊物的辦刊宗旨大多以「闡發教義，提倡教育，溝通、傳達各地回民消息」爲主，但其中不少刊物仍然發表了相當數量有較高質量的文章。比如，《突崛》就特別注重西北回族生計、教育以及宗教等方面的問題，刊發了不少有關各地回族生活狀況、人口以及清眞寺等方面的調查報告，對

〔註 5〕 國內學術回顧請參閱楊永福、張克非《國內五十年來回民起義研究述評》（《雲南社會科學》2001 年第 5 期）、答振益《1949～1999 年回族研究的回顧與思考》〔《中南民族學院學報（人文社會科學版）》2001 年第 1 期〕以及楊大慶、丁明俊《20 年來回族學熱點問題研究述評》（《回族研究》2001 年第 4 期）等文章。

〔註 6〕 該刊由中國回教學會 1926 年在上海創辦，共出 10 期，1929 年復刊後改爲季刊，僅出 1 期。

〔註 7〕 該刊由王靜齋 1927 年在天津創辦，共出 106 期，1940 年停刊。

〔註 8〕 該刊由中國回教俱進會雲南支部下屬文化機構振學社 1929 年在昆明創辦。該刊曾多次停刊，1940 年復刊後，直至 1949 年停刊。

〔註 9〕 該刊由馬福祥、唐柯三等人 1929 年在北平創辦，於 1948 年停刊。

〔註 10〕 該刊穆建業等人 1934 年在南京創辦。

〔註 11〕 該刊由上海伊斯蘭婦女協會何玉芬、陳雲彩等人 1936 年在上海創辦。

〔註 12〕 該刊由中國回教救國協會於 1939 年在重慶創辦。

〔註 13〕 答振益：《辛亥革命與民國時期回族文化運動》，《中南民族學院學報（人文社會科學版）》2001 年第 6 期。

相關研究極具參考價值；《月華》則倡導並組織開展清眞寺及各地回民概況調查，在回族社會歷史調查研究方面做了大量的工作，〔註14〕成爲全國回族報刊中歷時最久、學術水平最高的刊物。20世紀30年代，顧頡剛、譚其驤兩先生主編的《禹貢》半月刊首倡西北史地之學，其中刊載的部分文章開始關注同治西北戰爭對區域回族人口的影響等問題。與此同時，陳漢章、〔註15〕陳垣、〔註16〕金吉堂、〔註17〕傅統先、〔註18〕白壽彝、〔註19〕馬以愚〔註20〕等人有關回族研究的著作也相繼出版。尤其值得一提的是，這一時期，不少知名學者，如顧頡剛〔註21〕、范長江〔註22〕等人，都在西北地區進行過廣泛而深入的實地社會調查，出版了一批考察報告，具有極高的史料價值。國內回族及伊斯蘭教的研究呈現出一派欣欣向榮的景象，研究水平也達到了一個新的高度。正是在這樣的背景下，回族研究作爲一門新興的學問開始逐漸興起。而所有這些先輩的開拓性工作，也都爲我們瞭解晚清及民國時期的西北回族人口等相關問題，提供了一定的幫助。

　　20世紀50年代後，受農民起義史觀的影響，同治西北戰爭、回族人口及西北穆斯林社會相關問題開始受到國內史學界的廣泛關注，這期間史學界不但出版發表了大量的論著，〔註23〕也整理出版了一大批史料集、實地調查記錄。這其中比較重要的包括白壽彝主編的《回民起義》、〔註24〕馬長壽主編的《同治年間陝西回民起義調查記錄》、〔註25〕以及中國科學院民族研究所

〔註14〕雷曉靜：《〈月華〉與社會調查》，《回族研究》2000年第2期。

〔註15〕陳漢章：《中國回教史》，《史學與地學》1926年第1期。

〔註16〕陳垣：《回回教入中國史略》，見吳澤主編《陳垣史學論著選》，上海：上海人民出版社，1981年，第217～234頁。

〔註17〕金吉堂：《中國回教史研究》，北平：成達師範，1935年。

〔註18〕傅統先：《中國回教史》，上海：商務印書館，1940年。

〔註19〕白壽彝：《中國回教小史》，上海：商務印書館，1944年。

〔註20〕馬以愚：《中國回教史鑒》，上海：商務印書館，1948年。

〔註21〕顧頡剛：《西北考察日記》，達濬，張科點校，蘭州：甘肅人民出版社，2002年。

〔註22〕范長江：《中國的西北角》，上海：大公報出版部，1937年。

〔註23〕其中較有代表性的包括馬霄石《西北回族革命簡史》（上海：東方書社，1951年）、林幹《清代回民起義》（上海：新知識出版社，1957年）等。其中馬霄石著作中附錄了東阿居士《秦難見聞錄》爲研究同治西北戰爭的重要原始史料。

〔註24〕中國史學會編，白壽彝主編：《回民起義》，上海：神州國光社，1952年。

〔註25〕馬長壽主編：《同治年間陝西回民起義調查記錄》，西安：陝西人民出版社，

主持的《青海回族調查資料彙集》、〔註26〕《甘肅回族調查資料彙集》〔註27〕等。其中，馬長壽先生的工作尤其值得關注。20世紀50年代後期由馬長壽領導的調查小組先後對西北回民事變的發動區、擴大區、撤退區、安置區以及鳳翔府等地區進行過深入細緻的田野調查，搜集整理了大批珍貴的民間史料，並在此基礎上撰寫成了《同治年間陝西回民起義歷史調查記錄》一書。此外，根據調查研究的成果，馬長壽先生還對清代西北回民尤其是西安回族人口及聚落分佈狀況進行過初步的分析，這些工作爲後續的研究奠定了堅實可靠的基礎。〔註28〕除此之外，在20世紀50年代末至60年代初進行的全國少數民族社會歷史調查中，西北回民聚居區也是調查的重點之一。部分內部出版的調查資料對於西北回族人口及聚落分佈的研究具有一定的參考價值。〔註29〕

　　20世紀80年代以來，隨著全國學術研究大環境的改變，回族歷史研究進入了一個百花齊放、百家爭鳴的新時代。以楊懷中先生主編的《回族研究》爲核心，包括《寧夏社會科學》、《西北民族研究》、《青海民族研究》以及《北方民族大學學報》等在內的期刊，不但發表大量的高水平學術文章，也培養和團結了一大批中青年學術研究骨幹，成爲回族學研究的主要陣地和重要推手。與此同時，大批有分量的著作也不斷出版，這其中既有大部頭的《中國回族史》、〔註30〕《中國回回民族史》，〔註31〕各省區的地方回族史志，〔註32〕也有大量專題性的研究專著。〔註33〕除了這些學界矚目的研究工

　　　　1993年。

〔註26〕中國科學院民族研究所青海少數民族社會歷史調查組編：《青海回族調查資料彙集》，1964年內部發行。

〔註27〕中國科學院民族研究所甘肅少數民族社會歷史調查組編：《甘肅回族調查資料彙集》，1964年內部發行。

〔註28〕在此次調查的基礎之上，由馬長壽先生執筆於1957年撰寫完成《同治年間陝西回民起義歷史調查記錄》（西安：陝西人民出版社，1993年）一部書稿。由於種種原因，直到1993年才得以陝西文史資料的方式公開出版，該書是研究西北回民戰爭及戰爭前後陝西回民人口分佈的重要史料。

〔註29〕從今天的角度來看，儘管這一時期整理出版的資料大都帶有明顯的時代烙印，存在不少問題，但爲筆者的研究提供了寶貴的材料。

〔註30〕邱樹森主編：《中國回族史》，銀川：寧夏人民出版社，1996年。

〔註31〕白壽彝主編：《中國回回民族史》，北京：中華書局，2007年。

〔註32〕與本書內容相關者，如馬通《甘肅回族史》（蘭州：甘肅民族出版社，1994年）、丁國勇主編《寧夏回族》（銀川：寧夏人民出版社，1993年）、馮福寬《陝西回族史》（西安：陝西人民出版社，1997年）以及喇秉德《青海回族史》（北

作，這一時期，還有不少學者在默默從事基礎史料的搜集與整理工作。比如，吳海鷹主編的《回族典藏全書》共搜集五代至民國回族文獻 539 種、3,000 餘卷，其中文獻多爲存世極少、難得一見的善本、珍本，被譽爲「回族四庫全書」。馬塞北主編的《清實錄穆斯林資料輯錄》輯錄史料超過 250 萬字，極大提高了研究者獲取史料的便捷程度。〔註 34〕邵宏謨、韓敏編著的《陝西回民起義資料》是兩位作者歷經多年艱辛搜集並甄別考證的成果，書中保留了大量回族資料，包括部分孤本或抄本。〔註 35〕內蒙古呼和浩特人大的代林在搜集整理地方回族史料方面，也長年堅守，用力頗勤，成績卓著。〔註 36〕實際上，只要回顧下馬長壽 20 世紀 50 年代的調查資料在現代回族史研究中無可替代的作用，很容易就能看到這些基礎文獻工作的重要價值。很多時候，這

京：民族出版社，2009 年）等。

〔註 33〕 這其中比較有代表性著作包括高文遠《清末西北回民之反清運動》（臺北：學海出版社，1988 年）、吳萬善《清代西北回民起義研究》（蘭州：蘭州大學出版社，1991 年）、王國傑《東幹族形成發展史——中亞西北回族移民研究》（西安：陝西人民出版社，1997 年）、丁宏《東幹文化研究》（北京：中央民族大學出版社，1999 年）、霍維兆《近代西北回族社會組織化進程研究》（銀川：寧夏人民出版社，2000 年）、張中復《清代西北回民事變：社會文化適應與民族認同的省思》（臺北：聯經出版社，2001 年）、韓敏《清代同治年間陝西回民起義史》（西安：陝西人民出版社，2006 年）、胡雲生《傳承與認同：河南回族歷史變遷研究》（銀川：寧夏人民出版社，2007 年）、楊大業《明清回族進士考略》（銀川：寧夏人民出版社，2011 年）、宴波《近代甘肅東南地區政治地理研究》（上海：復旦大學博士學位論文，2012 年）趙維璽《湘軍集團與西北回民大起義之善後研究》（上海：上海古籍出版社，2014 年）以及樊瑩《族群如何記憶——六盤山涇河上游「陝回」族群的民族學研究》（蘭州：蘭州大學博士學位論文，2014 年）等。

〔註 34〕 馬塞北：《清實錄穆斯林資料輯錄》，銀川：寧夏人民出版社，1988 年。

〔註 35〕 該書內容分爲兩部分，第一部分是專著文集類，共收錄 20 餘種，如《秦難見聞記》、《再生記》、《壬戌華州回變記》、《咸京被難記》、《多忠勇公平陝事略》、《憂憤疾書》等。第二部分是地方志類，共收錄陝西省 57 種地方志中有關回民起義的各種記載。由於該書沒有正式出版，只刊印了 1,000 冊，非常珍貴。邵宏謨、韓敏編：《陝西回民起義資料》，西安：陝西省地方志編委會，1987 年。

〔註 36〕 代林，回族，內蒙古呼和浩特市人，原籍陝西省府谷縣。現任呼和浩特市人大常委會委員，並有包括中國回族學會副秘書長在內的眾多社會兼職，著有《呼和浩特回族武林人物》和《內蒙古清眞寺》等書，主編有《大盛魁聞見錄》、《呼和浩特回族史料》（第 3 集至第 10 輯）等。詳請參見政協呼和浩特市回民區委員會編《呼和浩特回族史資》，呼和浩特：內蒙古出版社，1994 年，第 10 集，第 1 頁。

樣的成果可能比一些所謂的專著，更能傳之長久。

（二）西方學界研究概述 〔註 37〕

西方早期的「中國研究」往往被視作「漢人研究」的同義詞，但是實際上，至少從 19 世紀末期開始，隨著大批西方傳教士、學者、探險家進入中國腹地，中國社會中那些存在已久，曾經或者現在仍然產生重大影響的非主體民族的文化與歷史，開始引起西方學界的注意。而生活在中國西北內陸地區的回回族群以及以他們爲主體的穆斯林社會，則是被重點關注的對象之一。

西方早期的中國回族、穆斯林社會及伊斯蘭教研究主要來源於基督教傳教士，〔註 38〕部分東方學家的工作也極具價值。〔註 39〕出於傳教的需要，傳教士群體對中國穆斯林社會進行了廣泛的接觸，在這一過程中，他們中的很多人有針對性的進行了資料的搜集、書目整理，並進行了諸多實地調查和研究，在此基礎上形成了一系列的成果。其中，除了少數圖文並茂的遊記性作品外，絕大多數都是比較認眞嚴肅的研究性論著。此外，還有一些專門對漢文伊斯蘭教書籍、文獻等進行搜集彙編的索引性著作。英國傳教士海思波（Marshall Broomhall）1910 年出版《伊斯蘭教在中國：一個被忽視的問題》〔註 40〕是第一本由西方傳教士以第三者的眼光完成的對中國伊斯蘭教系統研究的著作，也是其中最經典的一部。該書內容宏富，涉及穆斯林社會生活的諸多方面，對 19 世紀的西北戰爭、20 世紀初的人口統計與現狀等問題亦有關

〔註 37〕 該部分内容，可以參見沈青《國外的中國伊斯蘭教研究》（《文史知識》1995
　　　　 年第 10 期）、王建平《國外學界研究中國伊斯蘭著述簡介》（《上海穆斯林》
　　　　 2001 年第 1 期）以及周傳斌《他山之石──西方學界對中國回族伊斯蘭教的
　　　　 研究述評》（《西北民族研究》2005 年第 1 期）等綜述文章。

〔註 38〕 傳教士群體數量相當龐大，他們中的很多人都曾在中國的最基層長期工作、
　　　　 生活，他們的記述對於瞭解和研究當時的中國社會最有重要的史料價值。就
　　　　 中國穆斯林社會的相關研究來講，美國傳教士安德魯（F. G. Andrew）、宇威默
　　　　 （S. M. Zwemer）、畢敬士（C. L. Pickens）、梅益盛（Isaac Mason）、匹肯斯
　　　　 （Claude Pickens）的工作尤其值得關注。

〔註 39〕 在歐洲的東方學（Orientalism）領域，法國的東方學家獨樹一幟，成就非凡。
　　　　 其中維希爾（Vissieres）、德弗瑞（G. Devria）、梯爾桑（D. Thiersant）、考迪
　　　　 爾（G. Cordier）等人，都是著名的伊斯蘭研究專家。德弗瑞的著作《中國伊
　　　　 斯蘭教的源頭》（*OriginedeI. Islamismeen Chine*. Paris: ImprimerieNationale,
　　　　 1895.），更是被海思波評價爲在他之前出版的最嚴謹和有價值的著作。

〔註 40〕 Marshall Broomhall. *Islam in China, a neglected problem*. London: Darf
　　　　 Publishers, Ltd, 1987.

注。書中保留了大量有關中國穆斯林社會的文獻材料，不但具有較高的學術水準，也具有重要的史料價值。自 1910 年出版以來，該書就備受西方學術界的重視，基本上代表了 20 世紀前半期西方研究中國穆斯林和伊斯蘭教的頂峰，至今仍然是西方學術界瞭解和研究中國穆斯林的必讀書。拉鐵摩爾《中國的亞洲內陸邊疆》一書中有關西北回族與回族的部分論述，就引用了他的研究。〔註41〕1911 年基督教會創辦的季刊《穆斯林世界》（The Moslem Word），刊登了大量有關中國回族、穆斯林社會及伊斯蘭教的文章，〔註 42〕也對相關研究起了重要的推動作用。

20 世紀 50 年代以後，由於全球化的冷戰格局，西方學術界對中國穆斯林的研究逐漸陷於低潮之中。這種狀況，直到 30 多年以後，才發生改變。自 20 世紀 80 年代以來，隨著中國的改革開放和冷戰禁錮的打破，眾多西方學者開始紛紛到中國的穆斯林社會進行實地和田野考察工作，一大批高水平的學術論著也相繼出版。1990 年，杜磊（Dru C. Gladney）《中國穆斯林：人民共和國的族群民族主義》〔註43〕一書出版，這部著作堪稱 20 世紀 80 年代以來西方學界關於中國回族伊斯蘭教研究領域最具代表性的作品。1998 年，杜磊又出版了專著《中國的族群認同：一個穆斯林少數民族的締造》。〔註44〕這兩部著作奠定了他的學術地位，使他成為當代西方最優秀的中國回族穆斯林研究者之一。在實地調查基礎上，杜磊對回族民族認同的多元化、認同標誌的共通性等問題都頗有見地。雖然他的研究受到不少中國學者的批評，但杜磊把對中國回族的研究提升到族群理論的國際對話之中，影響深遠。

1997 年，李普曼（Jonathan N. Lipman）出版了專著《熟識的陌生人：中國穆斯林歷史》。〔註45〕該書也是一部研究中國回族穆斯林重要的著作。李普曼的研究建立在對「民族」、「族群」之類的學術話語的反思和質疑之上，他比較善於就具體的歷史事件和人物進行微觀的分析，而不是構建宏大敘事的

〔註41〕 〔美〕拉鐵摩爾著，唐曉峰譯：《中國的亞洲內陸邊疆》，南京：江蘇人民出版社，2010 年，第 123～127 頁。

〔註42〕 從 1911 年至 1949 年間，該刊物共發表有關中國伊斯蘭教的文章 130 餘篇。

〔註43〕 Dru C. Gladney (1991). *Muslim Chinese: Ethnic Nationalism in the People's Republic*. Cambridge: Harvard University Press.

〔註44〕 Dru C. Gladney (1998). *Ethnic Identity in China: The Making o f a Muslim Minority Nationality*. San Diego: Harcourt Brace College Publishers.

〔註45〕 Jonathan N. Lipman (1997). *Familiar Strangers: A History of Muslims in Northwest China*. Seattle: University of Washington Press.

民族史。〔註 46〕「熟悉的陌生人」一詞，比較準確地描述了西北穆斯林社會作為徘徊在「伊斯蘭」和「漢地」之間的地理空間和文化空間，既缺乏伊斯蘭社會調節機制，又缺少中國社會調節機制的不確定狀態，同時，也非常恰當地揭示了回族穆斯林社會與主流漢人社會之間獨特的互動形式。

除了杜磊、李普曼外，美國的白蓓莉（Barbara Pillsbury）、〔註 47〕以色列的拉斐爾‧以色拉利（R Israeli）〔註 48〕以及澳大利亞的唐納德‧萊斯利（Donald D. Leslie）〔註 49〕等。他們的研究也都具有相當重要的影響。總之，自 20 世紀 80 年代以來，西方學界有關中國回族、穆斯林社會和伊斯蘭教的研究雖然在西方學術中仍然處在比較邊緣的位置，但也名家輩出，研究成果眾多。

（三）日本學界研究概述〔註 50〕

日本學者對中國伊斯蘭教和穆斯林問題的關注與研究也很早，學界主流的說法一般認為，遠藤佐佐喜在 1911 年發表的論文與桑原騭藏在 1912 年發表的論文應該是日本學界研究中國伊斯蘭的開端。日本國內沒有研究伊斯蘭學的傳統，對中國伊斯蘭教的研究沒有充分的資料來源。至少在第二次世界大戰結束以前，日本的中國回族穆斯林研究大都具有濃重的政府背景，是為配合侵略中國的「大陸經營」計劃而作準備。獨立的個人研究者從來都不是研究的主體。1924 年，由滿鐵庶務部調查課主辦，太宰松三郎執筆的《中國回教徒研究》〔註 51〕一書完成。該書共分五章，概括敘述了中國回族穆斯林的歷史與現狀，是其中比較有代表性的著作。

九‧一八事變後，日本政府設置了以回族、穆斯林社會為對象的專門機構，在資金方面給予了大力協助和支持。日本的中國伊斯蘭研究由此走上組

〔註 46〕 馬海云：《熟悉的陌生人——讀一部西北穆斯林史》，《回族研究》2000 年第 4 期。

〔註 47〕 Barbara Pillsbury (1973). *Cohesion and Cleavage in a Chinese Muslim Minority.* Unpublished Ph. D. dissertation.New York: Columbia University.

〔註 48〕 R Israeli (1987). *Muslims in China: A Study in Cultural Confrontation.* Surrey: Curzon Press.

〔註 49〕 Donald D. Leslie. Islam in Traditional China: A Short History to 1800. *The Journal of Asian Studies*, 1987, 77 (4).

〔註 50〕 該部分內容，可以參閱魯忠慧《日本對中國伊斯蘭教研究概述》（《回族研究》2000 年第 3 期）一文。

〔註 51〕 〔日〕南滿洲鐵道株式會社庶務部調查課著，太宰松三郎執筆：《支那回教徒研究》，東京：太空社，1924 年。

織化、集團化的道路。尤其是 1937 年後，日本全面發動侵華戰爭，相關研究更是進入了一個前所未有的階段。在文獻學領域內日本的研究者傾注了很大的精力，代表人物當屬田坂興道，其代表作《伊斯蘭教在中國的傳入及其發展》，介紹了從唐代至明末的中國回教史，在日本學界中有「最具分量、材料搜集最全的中國回族史」的美稱。〔註 52〕具體研究之外，在田野調查的基礎上，大批實用性極強、極爲細化的調查報告不斷出爐，對於後世的研究，具有更重要的史料價值。其中，有關西北回族的調查報告有：《中國西北羊毛貿易和回教穆斯林的作用》、《第一期蒙疆回民調查項目》、《西北的宗教》、《西北貿易和回教徒》等。除此以外，第二次世界大戰結束後，許多調查成果大都以研究機構或個人的名義發表。還有一些個人的調查成果，也相繼以論文的形式發表。〔註 53〕

第二次世界大戰結束後，隨著戰爭中設置的調查機構相繼解散或被接收，原來的研究者或改做他行，或改變研究方向。冷戰格局形成後，中日間交往，在相當長一段時期內，也幾近停滯，日本的中國回族穆斯林研究陷入低潮。部分仍然堅持的研究者，則將工作重點轉向了回民起義及蘇菲主義等方面。中田吉信被認爲是繼田坂興道之後的日本研究中國伊斯蘭教的第一人，他的研究，比較善於運用東洋史學的方法，基於傳統漢文文獻，對中國學術界公認的論點進行實證性研究。中田吉信主要關注中國的回民起義，尤其是清代西北回民起義問題，自 20 世紀 50 年代以來，他連續發表數十篇相關學術論文。代表成果有《清代回教穆斯林的一個側面——馬承廕和馬新貽》、〔註 54〕《同治年間的陝甘回民起義》〔註 55〕以及《西北回民起義考》〔註 56〕等。另一位學者片岡一忠的研究也頗有建樹，他的代表成果有《從刑事案資料來看清朝的回民政策》、〔註 57〕《有關光緒二十一、二十二年的甘肅

〔註 52〕 〔日〕田坂興道：《中國回教的傳入及其弘通》，東京：東洋文庫，1964 年。

〔註 53〕 請參見房建昌撰《日本興亞院蒙疆連絡部與蒙古善鄰協會西北研究所始末及其對西北少數民族的調查研究》，《西北民族研究》2002 年第 3 期。

〔註 54〕 中田吉信：《清代回教穆斯林的一個側面——馬承廕和馬新貽》，《東洋學報》1953 年第 36 卷第 1 期。該文由陳健玲翻譯後，以《清代回族的一個側面》爲題，刊發在《回族研究》1992 年第 1 期上。

〔註 55〕 中田吉信：《同治年間的陝甘回民起義》，《近代中國研究》1959 年第 3 輯。

〔註 56〕 中田吉信：《西北回民起義考》，《就實女子大學史學論集》（三），1988 年。

〔註 57〕 片岡一忠：《從刑事案資料來看清朝的回民政策》，《史學研究》1976 年第 136 號。

回民起義》〔註58〕等。

　　在比較概略地回顧了國內、西方以及日本學術界有關中國回族、穆斯林社會以及伊斯蘭教的學術研究之後，我們可以看出，雖然大家研究的理論、方法與側重點存在諸多不同，但在總體的發展趨勢上極為相似，尤其是最近30餘年來，對回族穆斯林及伊斯蘭教研究都是在中國改革開放重新回歸世界體系的大背景下，重新興起並日漸繁盛的。隨著學術交流的便利和加深，學者可以進行田野調查的機會越來越多，高水平的研究人員和研究成果也隨之不斷湧現。然而，就整體而言，有關中國回族穆斯林的研究在研究者各自學界中所處的地位，仍然比較邊緣化。要想改變這種現狀，需要學界繼續努力，也需要有更多的研究者加入。

　　西方的研究者，比較鍾情於建構和解構諸如「民族」、「民族國家」等「想像的社群」，並力圖以此為切入點，用全面地反思精神來質疑學界先前曾經流行的那種族群現象的表述與解讀。近來有關回族問題新族群理論的出現和發展，就表明了這種「醒思」精神的逐漸細化。日本的中國回族穆斯林研究者，大都是東洋史專家，他們比較擅長在解讀傳統中文文獻基礎上，進行精細化的實證研究。就研究對象而言，日本學者的中國伊斯蘭研究幾乎就是回回這個民族的研究，宗教問題不是他們的興趣所在。中國的研究者則長期深陷於「民族壓迫」和「階級鬥爭」史觀的泥沼之中，即使在改革開放後的較長一段時間內，仍難脫其窠臼。近年來的研究，或將西方國家想像社群的理論不斷神化，頂禮膜拜；或將日本精細實證研究作為範式，小步亦趨。真正具有自己的特色，真正深入的研究比較缺乏。

　　回顧國內外以往的研究，應該說，有關中國回族、穆斯林社會以及伊斯蘭教的各個方面，幾乎都有所涉及。但對於回族人口，這一最原初、最本質的問題，似乎從來都不是學界關注的重點。馬金寶在20年前倡導回族人口地理學時，曾呼籲開展回族歷史人口的研究。〔註59〕但時至今日，真正相關研究仍然很少。不少研究在論及清代回族人口數量及空間分佈這樣兩個最基本的問題時，仍然引用20世紀上半葉太宰松三郎、海思波、安德魯、考迪爾等人書中那些道聽途說、訛誤頻出的數據。至於清代回族人口的戶籍管理制度

〔註58〕片岡一忠：《有關光緒二十一、二十二年的甘肅回民起義》，《大阪教育大學紀要》1979年第27卷第2、3號。
〔註59〕馬金寶：《論回族人口地理學研究的幾個問題》，《回族研究》1997年第3期。

以及這種制度的區域差異，回族人口規模的峰值與谷底，人口聚落空間分佈狀態及前後變化，同治西北戰爭下回族人口的空間流動模式以及人口變動導致的制度變遷與歷史重新書寫等問題，則是更缺乏深入地研究。

對這些基本問題的研究與解決，是本書研究的主體。筆者希望，通過深入系統的研究，可以解決或者部分解決上述長期困擾中國回族人口史、移民史研究的疑點和難點問題，近而推動相關領域的研究向縱深拓展。同時，也希望這一研究，可以為西北區域社會史、民族史等多學科的發展提供一定的借鑒與參考。

第二節　研究對象與研究時空範圍的界定

對著作所關注的學術命題進行基本概念的界定，是從事科學研究的必要前提和基本規範。本書研究涉及的很多概念，如「回回」、「回民」、「回族」等，皆眾說紛紜，歧義叢生，而又無法避開，必須要認真面對。故而，筆者需要在此進行必要的說明。歷史人口是典型的具有時間序列特徵的空間數據，對研究對象所涉及的空間和時間範圍進行界定，也是本書最首要的基礎性工作。

一、研究對象的界定

目前已知傳統漢文文獻中有關「回回」一詞的最早記載，應該是北宋沈括的《夢溪筆談》，該書卷五「凱歌詞」中有「銀裝背嵬打回回」一句。儘管無法確定其中的「回回」一詞確切含義，但在宋金漢人的觀念中，「回回」與「回紇」、「回鶻」經常是同義語詞。〔註60〕姚大力認為，「回回」一詞，本身應當是派生於「回紇」、「回鶻」的又一漢語異寫，是宋金時代對西北域外情形不甚了然的華北漢人，對同屬於這一方向上自己尚能有所知曉的最外緣人群的統稱。由於蒙古人對於西域的熟悉程度遠勝於內地漢人，他們清楚地知道「回鶻」一詞（元代稱為「畏吾兒」）所涵蓋的人群，與更遼遠西部的中亞諸人群的差別。所以，入元以後，即大約十三、十四世紀之交，「回回」不再包括畏吾兒，而成為畏吾兒以西中亞諸人群的集體稱謂。這是「回回」一詞真正轉義為伊斯蘭或伊斯蘭信仰者的起點。入明以後，隨著漢地社會與蒙古

〔註60〕田坂興道：《中國回教的傳入及其弘通》（卷上），東京：東洋文庫，1964年，第81〜88頁。

人的隔絕，以「伊斯蘭」、「伊斯蘭信仰者」為基本的詞義的「回回」一詞，
逐漸成為內地回族人口的他稱。近而，更成為回回人的自稱。〔註61〕

　　回回先民進入中國的歷史，最遠可以追溯至 7 世紀。但中國回回人民族
的認同，大概要晚至明清之際才逐派形成。姚大力先生的研究表明，「明代晚
期內地回回的種族認同，基本上圍繞著回——漢差異而滋生發育起來。就區
分回、漢而言，這條界線大體是明確的。」〔註62〕因此，僅理論上來講，清
代的「回回」人或「回民」應該是一個概念非常明確的人們的群體。但是，
實際上，當我們在面對清代回回或回族人口的相關史料時，試圖對其進行
清晰地辨別和準確把握仍然是一件非常困難的事情。這是因為，清人視野
中的「回」與圍繞著回——漢差異滋生發育起來的「回民」，也就是現代意義
上的「回族」人的主體，並不是完全相同。所以，研究清代西北回族人口，
必須首先要回答一個問題，那就是清人眼中的「回民」具體是哪一個人們的
群體。

　　清人對「回回」人的描述和稱謂相當繁雜，「回回」一詞或冠以地域、方
位以示區分，如「陝回」、「甘回」、「河回」、「東回」、「西回」、「東鄉回」；或
冠以族群以示有別，如「漢回」、「撒拉回」、「保安回」；又或以服飾冠帽等外
在特徵進行稱呼，如「漢裝回」、「紅帽回」、「纏回」、「纏頭回」等。「陝回」，
指陝西省的回民；「甘回」指甘肅省的回民；「河回」指河州的回民；「西回」，

〔註61〕姚大力：《「回回祖國」與回族認同的歷史變遷》，見劉東主編《中國學術》第
　　　　 1 輯，北京：商務印書館，2004 年，第 90～135 頁。

〔註62〕學界對於回回人形成今天被稱為「民族」的這樣一種民族共同體的時間，有
　　　　 多種不同說法，至今並沒有達成統一的認識。在較有影響力的觀點之中，最
　　　　 早的主張在元代中後期，最晚的則認為要遲至 20 世紀 50 年代初。比如，著
　　　　 名回族史學家楊志玖認為，回回民族的形成大約在元朝中後期（楊志玖：《元
　　　　 代回族史稿》，天津：南開大學出版社，2003 年，第 2 頁）；金吉堂認為這一
　　　　 時期應在元代至明代中期（金吉堂：《中國回教史研究》，北平：成達師範，
　　　　 1935 年，第 133 頁）；姚大力認為，應該在明末清初之際（姚大力：《「回回祖
　　　　 國」與回族認同的歷史變遷》，見劉東主編《中國學術》第 1 輯，北京：商務
　　　　 印書館，2004 年，第 90～135 頁）；杜磊和李普曼等美國學者則反對將現代民
　　　　 族的範式，應用於回民穆斯林的歷史，他們認為，在中國政府於 1950 年代正
　　　　 式承認它是一個民族之前，業已存在的某種程度的種族的意識是相當地方
　　　　 化、並且缺乏充分條理化的（Dru C. Gladney (1991). *MUSLIM CHINESE: Ethnic
　　　　 Nationalism in the People's Republic*. pp.96~97. Jonathan N. Lipman (1997).
　　　　 FAMILIAR STRANGERS: A History of Muslims in Northwest China,
　　　　 pp.215~217.）。對比以上所有觀點，筆者認為，姚大力的觀點最為有力，本文
　　　　 採用其說法。

指的是陝西西府的回民，也就是鳳翔府的回民。亦有內地回民以此稱新疆「纏頭回」者；〔註63〕「東回」則指陝西東府回民，也就是同州府的回民。在清人的敘事文本中，「纏頭回」特指自公元 840 年代後分佈在塔里木河流域及旁近地區的、今天自稱並被他稱爲「維吾爾」的那個特定民族群體。

以地域爲劃分標準的稱謂背後所代表人們的群體其實存在極大的差異。「陝回」的人口構成比較單一，清人又或稱之爲「漢回」或「漢裝回」，這部分人群實際上是聚居於漢語區內的伊斯蘭文化共同體，其所代表的人們的群體與現代意義上「回族」是基本一致的。與之相反，同治以前「甘回」的人口構成卻非常複雜。這首先源於歷史上甘肅是一個多族群人口雜居的省份，現代意義上的回、藏、撒拉、東鄉、保安、蒙古、哈薩克以及土族等 20 餘個少數族群人口，在清代的甘肅境內都有分佈；而另一方面，清人對於「回」這一稱謂的理解和使用又非常籠統和隨意，諸如撒拉回、東鄉回以及保安回等人群，雖然清人也隱約地認識到他們與「漢回」之間有所區別，部分情況下稱謂上也略有不同；但是，從法律層面上講，他們和「漢回」之間又沒有什麼不同，清人完全視之爲「回」。這一點從乾隆四十六年（1781）蘇四十三事變後的善後事宜案內可以看得比較清楚，針對事變主要參與者撒拉回民的處罰性措施也完全適用於甘肅境內其他被清廷視之爲「回」的族群。

實際上，這部分人群往往也自視爲「回」的一部分。比如，東鄉族歷來就自稱爲「撒塔」，中華人民共和國成立前所謂東鄉，純屬地域概念，因臨夏原稱河州，群眾對東、西、南、北有四鄉的習慣稱謂。「撒塔」是「撒爾塔」一語的轉音，「撒爾塔」泛指中亞一帶的穆斯林，即回回人。〔註64〕資料顯示，直到中華人民共和國成立，東鄉人並沒有強烈的民族意識，自認爲是回民，他們把東鄉語叫作「土話」，意思相當於方言，並沒有因語言的不同而自認爲是一個獨立的民族。20 世紀 50 年代以後，隨著官方意志的介入，尤其是當民族屬性與現實的政治經濟利益緊密結合在一起時，這種民族意識才產生和高漲起來。〔註65〕其他如撒拉、保安等族群情況皆有與之相似之處。

在清代的官方文書中，往往將「纏頭回」稱爲「回部」。雖然「纏頭回」

〔註63〕 也有學者認爲西回是甘肅回族對新疆維吾爾人的稱呼，見民族問題研究會編《回回民族問題》，延安：民族問題研究會，1941 年，第 14 頁。
〔註64〕 馬自祥：《東鄉族》，北京：民族出版社，1987 年，第 5 頁。
〔註65〕 陳文祥：《東鄉族族源「撒爾塔」說商榷——兼論東鄉族的形成》，《西北第二民族學院學報（哲學社會科學版）》2007 年第 2 期。

與內地回回人都同樣信奉伊斯蘭教，並且清人口語化的日常表達中，「回」、「回人」、「回眾」，或者帶有蔑稱意義的「回子」等稱謂也都混雜使用。但在清代官方正式的書寫文本中，「回部」與「回回」很少混稱，兩者的界線非常清晰。顯然，對清人來說，回人中的回回與回部，是有明顯區別的。「回部」自稱突厥，稱內地回人為「東幹」，不論是自視還是他視，其與內地回人之間在人種、語言、服飾等諸多方面的固有差異還是相當鮮明的，是完全不同的種類。在實際管理中，回部屬理藩院，適用《欽定回疆則例》等專門的管理章程與例律，與內地回民不同。

在清人的描述中，伊斯蘭教又往往被稱為「天方教」、「清真教」、「回教」等，實際上這種把族群與宗教混為一談的稱謂是極不科學的。中國穆斯林不是一個單一的族群，而是全體伊斯蘭信徒的通稱，他們包括回、維吾爾、哈薩克、東鄉、柯爾克孜、撒拉、塔吉克、塔塔爾、烏孜別克以及保安等至少10 個 20 世紀 50 年代民族識別之後界定的族群。〔註 66〕其中，東鄉、保安和撒拉本來就是甘肅特有的土著族群。除此之外，漢、蒙古、藏、土等族群的元素也融合在回回族群之中。即使是清代與「回」擁有完全不同法律身份的「纏頭回」，也有一部分最終融合在回回族群之中。〔註 67〕因此，清代的回回族群是一個人口構成龐雜，而又不斷發展壯大的人們的群體，這和現代回回族群這一概念的內涵與外延有非常大的區別。在這種情況，如果以現代回回族群的這種概念來描述和界定歷史上的回族人口，就顯得非常不恰當。而面對史料中清人對「回回」這一稱謂混亂的理解和描述時，實際上，在很多情況下，我們既分不清楚，也沒有必要分清他所指的到底是哪一種「回」。

胡雲生把清代回回界定為「狹義」和「廣義」兩種，狹義概念上的「回回」指中國境內，即漢語區的伊斯蘭文化共同體，是回族，當為特定民族實體的專稱。而廣泛意義的「回回」指信仰伊斯蘭教的人。〔註 68〕實際上這樣

〔註 66〕 Barbara L.K Pillsbury. The Muslim Population of China: Clarifying the Questions of Size and Ethnicity. *Journal of Muslim Minority Affairs*, Volume 3, Issue 2 Winter 1981, pp.35~58.

〔註 67〕 乾隆《重修肅州新志》卷三○《西陲紀略》載：「哈密夷人於故明時徙居肅州衛東關鄉居住者三族。曰維吾兒族，其人與漢俗微同；曰哈喇灰族，其人與夷同；曰白面回回，則回族也。今皆男耕女織，為邊氓矣。士商營伍，咸有其人。」其中「白面回回」、「回族」，均指當地因皈依了伊斯蘭教而一度喪失了畏吾兒族群認同的「纏頭回回」。

〔註 68〕 胡雲生：《論清代法律中的回回問題》，《回族研究》1998 年第 4 期。

一個似是而非的概念，雖然具有極強的普遍意義，但是其所涵蓋的人群卻比清人視野裏的回回更加複雜和模糊。實際上，清代的回民雖然不容易給出一個確切的概念，但其所涵蓋的人群相對比較清晰。那就是廣泛意義上的「回回」是以漢語區的伊斯蘭文化共同體，也就是現代意義上的回族人為主體，並且包括了其他被清人視之為「回」的人們的群體。比如，撒拉人、東鄉人、保安人等主體居住於甘肅境內的穆斯林（不包括生活在南疆地區的維吾爾人）以及某些只居住在新疆也信奉伊斯蘭教的群體。簡單地講，本書定義的回民特指以現代意義上的回族先民為主體的內地信奉伊斯蘭教的文化共同體。也就是清人著述中反覆提到的「漢回」、「漢裝回」、「甘回」、「陝回」等，但不包括聚居於南疆的「纏頭回」，即現代的維吾爾人以及塔吉克、哈薩克人等。

在 2017 年 5 月 6 日於上海召開的第五屆邊疆中國論壇暨「社會轉型、知識話語與新邊疆學」學術研討會上，部分學者認為，應該使用「回回」而非「回族」來描述這樣一個人們的群體。「回」或者「回回」，在清代是這樣一個人們群體的自稱和他稱，從這一角度講，研究清代這樣一個人們的群體，使用「回回」似乎更合適一些。但是，在當下的語境中，不論是日常生活的語境，政治生活的語境，還是學術研究的語境，擬或是正式發表的語境，仍然堅持使用「回回」這樣的稱謂，似乎顯得不太適合。比如，《回族研究》這一刊物的研究對象，不僅僅局限於當下的回族人口，也包括歷史上那些所有被稱為「回」或「回回」的人口，這些人口包括但不限於今天的東鄉族人、保安族人以及撒拉族人等，甚至包括部分維吾爾人，也就是清代被稱為「纏頭回」者，在內的更廣泛的穆斯林群體。按照這部分學者的觀點，《回族研究》這一刊物的名稱似乎應該改為《回回研究》才更合適？顯然這種名稱在當下是不合時宜的。姚大力教授在《「回回祖國」與回族認同的歷史變遷》這篇長達數萬字長文中，對中外學界關於中國回回人民族認同問題的爭論進行了系統的梳理和研究，其結論歸納為一句話就是「至少在明代晚期，基本上圍繞著回——漢差異而滋生發育起來內地回回民族的或種族認同，已基本形成。」如果這一結論是正確的，那麼，在嚴肅的學術研究語境中，我們是可以用「回族」這一詞來稱呼清代被稱為並自稱為「回」的這樣一個人們的群體，儘管這樣一個「回族」的概念，不論內涵與外延，都與 20 世紀 50 年代民族識別之後的「回族」有很大不同。

二、本書研究的時空範圍

　　理論上講，本書研究的時間範圍應該始於順治元年（1644），迄於宣統三年（1911），即貫穿整個清代。但是，人口史研究的主要問題應該是在一個特定時間序列中宏觀或微觀的人口動態信息，而不是靜態的切面。就西北地區而言，清前中期整個區域人口的發展態勢與康熙中期以後清朝疆域不斷向西北拓展的進程緊密相關。在這樣的歷史大背景下，區域內回族人口開始從封閉靜止的狀態，往西北方向流動。從這樣一個研究問題出發，本書真正的研究時段，上限實際上起於康熙中期，下限止於宣統三年。此外，需要說明的是，在一個更長時段內分析研究對象的總體變動趨勢時，時間上可能有所前伸或下延。從區域人口發展的角度看，在這樣一個時段內，回族人口經歷了長期穩定增長期，戰時急速銳減期以及戰後的緩慢恢復期，有一個相對比較完整的發展過程。而從回族人口史研究的角度看，在這樣一個發展過程相對完整的時段中，主線非常清晰，那就是同治西北回族戰爭與回族人口。所有與人口有關的議題，人口制度、人口規模、人口分佈、人口遷移、人口結構、人口與文化、人口與經濟等，都因為這樣一場導致區域人口發生滄桑巨變的戰爭，發生了巨大的變化，在這樣一個過程中，有太多的重要問題值得關注。

　　本書研究的空間範圍是清代西北陝、甘、新三省，筆者以《嘉慶重修大清一統志》所載嘉慶二十五年（1820）西北政區，也就是譚其驤先生主編的《中國歷史地圖集》第八冊《清時期》中「陝西」、「甘肅」和「新疆」三幅圖所劃定的區域，作為本書研究的基礎區域。具體研究中，根據實際需要或略作調整，在此不一一列舉。其中陝、甘兩省總共包括了 15 個府 10 個州，分別是：西安府、同州府、鳳翔府、漢中府、興安府、延安府、榆林府、邠州、鄜州、乾州、商州、綏德州（以上屬陝西）、蘭州府、涼州府、甘州府、西寧府、鞏昌府、寧夏府、平涼府、慶陽府、肅州、安西州、階州、秦州、涇州（以上屬甘肅）。新疆包括哈密、巴里坤、古城、烏魯木齊、塔爾巴哈臺、喀喇烏蘇、伊犁、喀什噶爾、烏什、阿克蘇、庫車、喀喇沙爾、吐魯番、和闐以及葉爾羌 15 個政區單元。從地圖上看，清代西北三省的轄區範圍與今天三省轄區有很大的區別，其中變化最大的就是甘肅和新疆兩省。清代的甘肅省不但幾乎包括今天甘肅省和寧夏回族自治區全部，還包括青海省青海湖以東的核心地區以及內蒙古西北部一小塊區域。而新疆省則比現在新疆維吾爾自治區大很多。具體範圍，請參見圖 0.1。

圖 0.1　嘉慶二十五年（1820）西北政區概圖

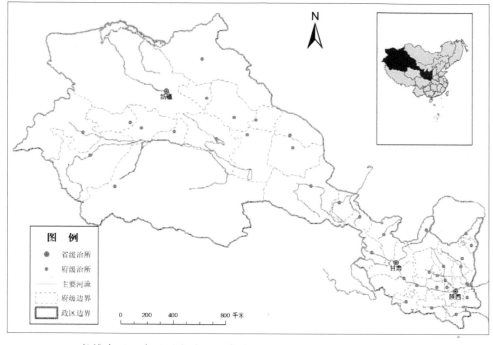

数據來源：中國歷史地理信息系統（CHGIS）V4 1820 年數據。

選擇這一區域作爲研究的基礎區域，主要基於以下幾點考慮：

其一，西北地區是一個相對比較完整的人文區域：清初較長一段時間內，西北地區一直屬於同一個大的行政區，即使在分設巡撫和布政使司之後，三省在相當長的一個時期內也同屬一個總督管轄，歷史上及現實中均有相當廣泛而密切的聯繫，這是區域人口可以進行總體研究的內在邏輯。

其二，西北地區是一個相對比較完整的自然區域：西北地處中國內陸，面積廣大，雖然內部地形地貌極爲複雜，但由於絕大部分地區位於中國大陸第二階梯之上，東阻黃河，西至國境，南北則高山高原對峙，是一個比較封閉且獨立的自然區域，這是區域人口可以進行整體研究的自然基礎。

其三，西北地區是回族人口傳統聚居區：清代西北地區回族人口不但數量極多，而且分佈密集，成片帶狀分佈的格局極其明顯。其人口主要集中在一縱一橫兩條線上。橫的一條是自河西走廊最西端東行，經蘭州，越隴州，穿關中平原，直達潼關。縱的一條是從河湟谷地沿黃河向北行，經蘭州直達寧夏平原及平慶一帶。本書界定的西北區域範圍，可以涵蓋這兩條線，這是

區域人口可以進行整體研究的對象要件。

其四，有高質量的標準基礎地理數據：清代西北政區變動相當頻繁，不同時期，轄區存在很大差異，因此，我們需要確定一個研究的標準區域。嘉慶二十五年（1820）政區代表的是清代政區沿革過程中最成熟、最穩定的一個階段，譚其驤先生主編的《中國歷史地圖集》第 8 冊即以此年作爲清代圖組的標準年代。因此，選擇嘉慶二十五年西北政區作爲研究的基礎區域對於具體研究來講，比較方便。同時，這也是區域人口研究可以與相關研究進行對比討論的基礎。

第三節　研究方法與主要研究資料

史料是所有史學研究的基礎，其重要性毋庸多言。對於回族人口史的研究來講，史料的重要性有更深一層的意義。因爲，除了西方學者擅長的並且爲國內學者所推崇的那種鍾情於解構和建構諸如民族國家等想像的社群研究外，回族史研究最大的困難就是史料缺乏。如何從不同切入點，深入挖掘和系統梳理傳統史料中有用的成分，是把研究往前推進的重要一環。也正是因爲這一原因，新的研究方法的引入，對於回族人口史研究極有必要。

一、主要研究方法

傳統歷史文獻學的研究方法是本書研究中使用的最主要方法。盡最大可能搜集、整理、研讀相關的歷史文獻，抄錄、整理相關的歷史檔案，並在此基礎上進行歸納、推理、總結，這既是前輩學者的治學經驗，也是被實踐檢驗過的正確方法。此外，人口學的人口統計理論與技術也是研究歷史人口問題的必備方法。當然僅有這些還是不夠的，多種方法的結合、文獻資料與非文獻資料的研究結合，爲我們提供了最大限度地復原移民歷史事實的可能性。因此，社會學的田野調查方法、地理學的區域研究法等都是在具體的研究過程中不可或缺的研究手段。此外，地名學的方法也不能忽視，地名是社會文化的載體，許多地名具有強烈的移民特色，從中我們可以捕捉到人口遷移的軌跡，對研究移民問題也非常有效。

歷史人口是具有時間屬性的空間數據，這類數據本身具有非獨立性，不符合經典統計學的基本假設。人口史的研究對象發生在過去，研究數據來源於歷史資料。對於清代西北回族人口史來講，由於嚴重缺少建立在現代人口

普查基礎上的高質量人口數據以及可以替代的相關數據或資料。所以，哪怕是對中國人口史最基本的認識和最粗略的分析，研究者往往也要甚至是只能依賴或借助於歷史學的方法和手段，通過對相關歷史資料的搜集、整理、研讀與分析，才能獲取。

這一研究方法，中國人口史的研究者非常熟悉，其過程大概包括從史書、史料，到數據、圖表，最後到論文、專著等幾個步驟。在這一過程中，研究者需要將大量的時間和精力聚焦在原始史料的搜集、整理、分析、歸納與總結上，人口數量的歷史學考證和人口數據本身的統計學分析是研究者關注的重點，獲取數據的過程可能就是主要的（甚至是全部的）研究過程。往往歷史人口規模考證出來了，整個研究也就結束了。至於數據背後所隱含的那些真正值得認真審視的現象與規律反而被研究者有意無意地忽略了。

任何歷史事件、人文要素的發生、發展和變化都是在特定的時間和空間裏，而歷史人口作為典型的具有時間序列特徵的空間數據，它具有非獨立性，因此，以 GIS 為代表的專門的空間分析理論和技術在過去的二三十年間迅速發展，日益成為社會科學研究中的重要研究方法和手段。GIS 是管理空間數據的計算機系統，更是一門以處理和分析空間數據為靈魂的科學。GIS 的核心是空間數據，從人口史的角度講，就是史料。通過使用 GIS 空間分析的理論與方法，我們可以對現有的、經過細緻研究獲取的大量研究數據，進行深入地挖掘和分析，探究數據背後的規律與特徵。GIS 這一「文獻耙梳，數據提取，空間模型建立，分析」，最後生成新結論的工作範式，是被已有研究證明的行之有效的方法。〔註69〕

二、主要研究資料

回民對於自己歷史的記載相當淡漠，傳統漢文文獻中有限的回民信息，大都來源於他者的視角。在這樣的敘事範式中，回民形象要麼被刻意忽視和掩蓋，要麼被故意歪曲和醜化。這種基於單方面主觀性史料的研究，當然是有問題的。所幸戰後有關回民的記載稍豐富一些，而且馬長壽當年的調查對象有部分回民，通過他們的口述，我們可以從其自身的角度，瞭解當年戰爭的另一個側面。另外，還有一群被稱為東幹人的陝甘回民，落居中亞之後，

〔註69〕 潘威等：《GIS 進入歷史地理學研究 10 年回顧》，《中國歷史地理論叢》2012
年第 1 期。

由於與祖輩故土曾經世代聚居的遷出地長期處於物理上的隔絕狀態，又與遷
入地周邊的人口，在人種、語言、文化及所有相關方面完全不同，而保留了
較多原來的生活方式，成爲清代西北回族人口的活化石。來自這樣一群人的
相關文獻和記載，對於研究同治以前西北回族人口具有重要的意義。總之，
本書所使用的研究資料，以傳統漢文文獻爲主，兼及各類調查及口述史料。
主要資料分述如下：

　　1、督撫奏摺及上諭。奏摺是清代廣泛使用的一種由高級官員向皇帝奏事
進言的文書。清代從康熙朝後期開始，奏摺的使用就比較廣泛。及至雍正帝
繼位以後，規定內外諸臣，對凡屬宜守機密或應速遞上聞的國家庶政，都可
以使用密摺先行奏聞，然後再用題本正式奏請，批示遵行，此後遂成定制。
〔註70〕因此，有清一代舉凡地方上發生的重大事宜，奏摺中一般都會有反映，
而且多數情況下，奏摺中記載內容相對較爲可信，具有很高的史料價值。在
本書的研究中，筆者認眞查閱了中國第一歷史檔案館編《雍正朝漢文朱批奏
摺彙編》〔註71〕、《乾隆朝上諭檔》〔註72〕、臺北故宮博物院編《宮中檔雍正
朝奏摺》、〔註73〕《宮中檔乾隆朝奏摺》〔註74〕等。同時更仔細研讀了清代官
方彙編的涉回奏摺集成《欽定平定陝甘新疆回匪方略》。這些經過整理出版的
督撫奏摺，雖非原始檔案，但對研究者來講，其實和原始檔案沒有什麼本質
的區別。在資料的搜集過程中，筆者從以上奏摺中摘錄了超過 20 餘萬字的相
關史料。尤其是《欽定平定陝甘新疆回匪方略》一書，作爲清代官修編年體
史料彙編，收錄了自咸豐五年八月至光緒十四年九月間的所有與西北回民戰
爭有關的奏報和上諭，內容豐富翔實、卷帙浩繁，史料價值頗高，對本書的
研究極爲重要。較多地使用了奏摺資料是本書的特色之一。

　　2、宣統人口調查甘肅「地理調查表」分村戶口數據。宣統人口調查是中
國歷史上第一次現代人口普查，在中國人口史上具有劃時代的意義。」地理

〔註70〕　王劍：《近 50 年來清代奏摺制度研究綜述》，《中國史研究動態》2004 年第 7
　　　　　期。

〔註71〕　中國第一歷史檔案館編：《雍正朝漢文朱批奏摺彙編》，南京：江蘇古籍出版
　　　　　社，1989 年。

〔註72〕　中國第一歷史檔案館編：《乾隆朝上諭檔》，北京：中國出版年鑒社，1992 年。

〔註73〕　臺北故宮博物院編輯：《宮中檔雍正朝奏摺》，臺北：臺北故宮博物院，1979
　　　　　年。

〔註74〕　臺北故宮博物院編輯：《宮中檔乾隆朝奏摺》，臺北：臺北故宮博物院，1982
　　　　　年。

調查表」分村戶口數據是這次人口調查基層數據匯總的簡表，是這次調查最原始的文獻。同時，也是目前已知唯一一批民國以前具有現代人口普查意義的原始戶口檔案。它把中國人口史研究的精度，第一次提升到村落這樣一個級別。使用這批檔案，可以爲以往那種主要依賴簡單的匯總數據的傳統研究，提供一個堅實的支點。甘肅圖書館西北地方文獻部所藏宣統人口調查甘肅」地理調查表」以州縣爲一簿冊，以村爲最小單元。調查表式以城鄉聚落爲經，名稱、方向、里數、戶口、附記及承辦紳董六項爲緯，每個聚落一行，依次排列。個別地方，如《化平廳地理調查表》，有相當詳細的回族人口信息記載，也有清眞寺、水泉、學校及相關聚落信息的記載。通過這些珍貴的信息，我們可以瞭解晚清民國年間，西北地區回族人口及聚落的更多細部節點。這對於清代西北回族人口與經濟的研究，具有重要的史料價值。

3、地方志、地名志、政書等。地方志是記載地方歷史、地理、政治、經濟、文化、風俗等各方面事務的百科全書，包含有大量的地方史料。本書作爲區域人口史的研究，地方志是不可或缺的必備書目。根據《中國地方志聯合目錄》粗略統計，西北兩省方志有 540 餘部，其中大部分爲清代方志，尤以同治、光緒朝最爲集中。在本書寫作過程中，筆者翻閱了其中超過半數的地方志，摘錄了 10 餘萬字與回族人口、聚落以及移民等有關史料。「地名志」大都編修於 20 世紀 80 年代，爲移民史的研究提供了部分重要線索。政書是記載官方法規及典章制度的史籍，對於人口管理制度方面的研究有較大幫助。

4、清人著作、書札、年譜等。清人著作一般都具有非常鮮明的個人立場，對於事件的描述大都具有很強的偏向性，這是在研究過程中必須注意的。但是，對於那些作者親歷的地方重要事件，其記載仍具有重要的參考價值。本書參閱的清人著作比較重要者如余澍疇《秦隴回務紀略》、楊毓秀《平回志》、易孔昭等《平定關隴紀略》等。書札是個人往來書信集，年譜是記載譜主生平事蹟的編年體資料集，對於那些重要歷史事件參與者來講，其書札和年譜，實際上也是一部史料集。在本書的研究中，左宗棠年譜及書札都是重要的參考資料。

5、民國時期的西北考察報告、筆記及 20 世紀 50、60 年代進行的民族地區實地調查記錄。晚清以來，在西北邊疆危機的大背景下，眾多內地學者前往西北考察。抗日戰爭爆發後，西北地區作爲中國的大後方，更是日益受到

國人的關注，由此掀起了新的西北考察熱潮，這一時期出版的許多考察日記保存了相當多的史料。同一時期，日本人在西北的調查及西方傳教士的考察記錄，也具有重要的史料價值。20 世紀 50 年代馬長壽主持的同治年間西北戰爭歷史調查以及 60 年代進行的少數民族史志調查等，對本書的研究具有重要的參考價值，尤其是根據馬長壽先生調查資料整理出版的《同治年間陝西回民起義歷史調查記錄》一書，保存了大量的民間口述史料、碑刻和民間孤本藏書。雖然由於各種所限，書中部分內容時代色彩較重，也有部分訛誤之處。〔註 75〕但是，該書具有不可替代的史料價值，是研究清代西北人口聚落分佈及人口遷移必不可少的參考書目之一。

　　6、政協文史資料、近人論文和著作。各地政協文史委員會編纂的文史資料具有極為鮮明的地方特色，其中收錄的很多文章，大都為作者或資料提供者根據本人親身經歷，或所見所聞撰寫而成，保存了相當一部分地方口述史料。這在研究回族人口、聚落分佈的時候，具有相當高的參考價值。學術研究是日漸累積的過程，學界前輩與同仁有關清代西北人口問題的既有研究成果，是筆者繼續前進的基石。本書的研究，是在充分吸收既有研究成果的基礎上進行的。認真檢閱已有的成果，不但可以避免進行重複性的無效勞動，而且也能以最快的速度推進到問題研究的最前沿。站在前人的研究基礎之上，可以前進是更遠一些。

第四節　區域自然環境與政區沿革

一、本書研究的自然環境〔註 76〕

　　西北地區地處中國西北內陸，位於東經 71°50'～111°25'，北緯 31°50'～49°50'之間。東隔黃河與山西相望，東南與河南、湖北接壤，北部與內蒙古諸盟旗及烏里雅蘇臺諸部為鄰，西至國境，南界西藏、青海、四川及湖北等省區。全區地域東西長，南北窄，形狀似一把放置的湯勺，又似一把鐵錘，東

〔註 75〕劉霖映：《馬長壽同治回變〈調查〉序言一些偏說之辨析——讀〈同治年間陝西回民起義歷史調查記錄〉》，《懷化學院學報》2014 年第 2 期。

〔註 76〕本段主要參考了以下著作：韓憲綱編著《西北自然地理》（西安：陝西人民出版社，1958 年）；轟樹人編著《陝西自然地理》（西安：陝西人民出版社，1981年）；甘肅省地方史志編纂委員會編纂，孫民主編《甘肅省志・概述》第一章《自然概況與行政區劃》（蘭州：甘肅人民出版社，1989 年）等。

西直線距離最長 3,880 餘千米，南北直線距離最寬 1,870 餘千米，區域面積共約 324 餘萬平方千米。〔註77〕

本區域內部山原起伏，河川縱橫，地形複雜多樣。山地、高原、平川、河谷、沙漠、戈壁、盆地等地貌類型齊全，其中以山地、高原爲主。地勢上總體表現爲西高東低，但西半部地勢自西南向東北傾斜，東半部則呈明顯的南北高、中間低的特點。本區內部多山，最主要的山脈首推崑崙山、喀喇崑崙山、天山、阿爾泰山、祁連山、秦嶺、烏鞘嶺、大巴山、賀蘭山、六盤山，其次諸如阿爾金山、馬鬃山、合黎山、龍首山、西傾山、子午嶺山等，多數山脈屬西北——東南走向。境內的森林資源多集中在這些山區，大多數河流都從這些山脈形成各自分流的源頭。

本區河流可分爲內陸河與外流河兩大類，內陸河主要分佈在河西走廊以北、嘉峪關以西地區，其中較大者如塔里木河、伊犁河、額爾齊斯河、瑪納斯河、蘇賴河（又稱布隆吉河）、黨河、額濟納河、三岔河、赤金河、水磨川、古浪河等。內陸河古今河道變化很大，有些已經完全消失。外流河以秦嶺隴南山地爲界，分屬黃河、長江兩大流域，境內最大外流河爲黃河，其他如湟水、大通河、大夏河、洮河、清水河、甜水河、渭水、涇水、洛水等皆其支流。秦嶺以南的嘉陵江、漢水以及商洛地區的丹水等皆爲長江支脈。以上內外流水系及其支流共同構成了本區域的水道網絡。

全區大體可分爲數個不同的地形區域。比如，天山北麓、塔里木盆地、祁連山地、河西走廊、河湟谷地、寧夏平原、陝北隴中黃土高原、關中平原以及隴南陝南山地等，這些大的地貌區又可劃分出若干小的地貌區。其中伊犁河谷、河湟谷地、河西走廊、寧夏平原以及關中平原等處，地勢低平、土壤肥沃、河渠縱橫，自然條件優越，有利於農業生產，是重要的農業區。祁連山地處河西走廊以南，長達 1,000 多千米，大部分海拔在 3,500 米以上，終年積雪，冰川逶迤，是河西走廊的天然固體水庫，植被垂直分佈明顯。陝北隴中黃土高原區位於今甘肅省中部和東部和陝西省北部，東以黃河爲界，西至烏鞘嶺畔，海拔 900 米～1,500 米。是在中生代基岩所構成的古地形基礎上，覆蓋新生代紅土和很厚的黃土層，再經過流水切割和土壤侵蝕而形成

〔註77〕 經緯度、區域面積及東西南北直線距離數值爲使用 ArcGIS 10.3 軟件根據中國歷史地理信息系統（CHGIS）1820 年數據自動計算而得。中國歷史地理信息系統（CHGIS），復旦大學歷史地理研究中心，2003 年。

的。黃土高原上溝壑縱橫，支離破碎，形成典型的原、梁、峁、溝等黃土地形。關中以南的秦巴山地，兩山夾一川的地勢結構十分突出。秦嶺、巴山的西部有漢中盆地，東部爲安康盆地。再往西即爲隴南山地，實際上是秦嶺西延的部分。

　　本區大部地方屬溫帶大陸性乾旱、半乾旱氣候，由於深處內陸，受季風影響較小，因此，氣候乾燥，降水較少，且晝夜溫差大，太陽輻射強。年平均氣溫在 0℃～14℃之間。年均降水量 300 毫米左右，但各地差異很大，自東南向西北減少，而且降水各季分配不勻，主要集中在 6 月～9 月。區域內大部分地區光照充足，光能資源豐富，年日照時數爲 1,700 小時～3,300 小時，自東南向西北增多，如河西走廊年日照時數爲 2,800 小時～3,300 小時，是日照最多的地區。甘南高原一帶屬高原大陸性氣候，平均氣溫低，降水量少，雨熱同期，太陽輻射強、光照充足。陝南盆地爲亞熱帶濕潤氣候，冬涼夏熱，四季分明，年降水量在 700 毫米～900 毫米之間，其中陝南的米倉山、大巴山和秦嶺山地中、西部高山地區，年降水量多達 900 毫米～1,250 毫米。由於本區大部分地區降水較少，農業生產主要以人工引河水灌溉爲主，因此，水源是影響農業生產和人口聚落分佈的主要因素。

　　從自然環境看，整個西北地區是一個相對較爲封閉的地理單元，自渭水入河處往北，逆時針方向，首先，陝西省的東部、北部以及甘肅東北部的寧靈諸地，隔黃河與山西、內蒙古相接望。往西，甘肅中北部的甘、涼、肅諸府地方，外接伊克昭、阿拉善與額濟納諸部，以長城爲界，接壤之處爲農牧交錯地帶，且有北山阻隔，多處又有沙漠逼近，自然環境與河西地區相差較多。再往西，新疆東北與烏里雅蘇臺之札薩克、科布多諸部相連，自然環境更迴異。而北疆及河西走廊的南緣，前有天山，後有祁連，重重阻隔，萬難逾越。往西南，河湟以外，鞏、階之屬地接青海及四北等處，多爲番屬之地，亦是高寒之區。關中往南，先有秦嶺，再有米倉、大巴以及伏牛等山，皆橫向分佈，亦是重重阻隔，翻越不易。

　　總體上看，西北地區絕大部分區域都位於中國大陸第二階梯之上，從東往西，處於第一階梯往第二階梯過渡，西南則處於黃土高原往青藏高原的過渡，整個區域，在地形地貌上，過渡性特徵比較明顯。這對於區域人口、聚落的空間分佈及變動，都有重要的影響。

二、本書研究的人文環境〔註78〕

　　清沿明制，西北區域為陝西布政使司轄地，駐西安府，共領西安、延安、鳳翔、漢中、臨洮、平涼、鞏昌以及慶陽八府，興安一直隸州以及陝西都司、陝西行都司所領各衛所等。順治初設陝西總督，全稱總督陝西三邊四川等處軍務兼理糧餉。後因由陝入川用兵，此後多稱陝西四川總督，或更簡稱為川陝總督，年羹堯、岳鍾琪等著名封疆大吏，均曾擔任過此職。康熙二年（1663），分陝西布政使司為左、右二布政使司，陝西左布政使司駐西安府，分理西安、延安、鳳翔、漢中四府，興安一直隸州和榆林一衛。陝西右布政使司駐鞏昌府，分理臨洮、平涼、鞏昌、慶陽四府以及陝西都司所領寧夏三衛（寧夏、寧夏中、寧夏后）和靖遠四衛。陝西行都司則統領甘州五衛（前、後、左、右、中）和山丹、涼州、永昌、盾番、西寧、肅州、莊浪十二衛，高臺、古浪、碾伯、鎮彝四所。六年（1667），陝西左布政使司改為陝西布政使司，陝西右布政使司改為甘肅布政使司，甘肅省分置自此始。八年（1669），甘肅布政使司自鞏昌府徙駐臨洮府屬蘭州，蘭州為甘肅省會自此始。

　　雍正二年（1724），於寧夏衛、西寧衛、涼州衛以及甘州五衛地分置寧夏府、西寧府、涼州府和甘州府，至此甘肅始領八府。雍正八年（1730），於原榆林衛地置榆林府，十三年（1735），升同州為同州府。乾隆四十二年（1777），昇平涼府屬之涇州為直隸州，至此甘肅總共領八府、五直隸州。乾隆四十七年（1782）升興安直隸州為興安府，至此陝西始領七府、五直隸州。詳見圖 0.1。

　　乾隆後，清朝疆域逐漸拓展至天山南北、伊犁河谷等處，遂於乾隆二十七年（1762）置伊犁將軍，在新疆實行軍府制。但新疆東部地區仍隸屬陝甘總督，統轄所及，至烏魯木齊而止。〔註79〕乾隆三十七年（1772），清廷又設烏魯木齊參贊大臣（次年即改稱都統），負責管理烏魯木齊及其以東地區軍政事務。由於這種特殊的歷史沿革，該區域實際上長期處於陝甘總督和烏魯木齊都統共管的情況。各級官員的行政管理權雖歸烏魯木齊都統，但行政建

〔註78〕　本段參考牛漢平主編的《清代政區沿革綜表》（中國地圖出版社 1990 年）和周振鶴主編，傅林祥、林涓等合著的《中國行政區劃通史·清代卷》（上海：復旦大學出版社，2013 年）等書。

〔註79〕　《清高宗實錄》卷六一二，「乾隆二十五年五月丙子」條。

置則由陝甘總督管轄。〔註 80〕新設建制也多以「甘肅」來冠名。比如，乾隆
三十八年（1773），「於甘肅新疆巴里坤地方置鎮西府」，「置甘肅昌吉、綏
來、阜康三縣，隸迪化直隸州」。除此之外，即使伊犁將軍任所的部分官員，
也由陝甘總督派任。正是基於這種曾經存在的歷史上的密切關係，光緒十年
（1884）清政府在新疆建立行省時，新的省區仍以「甘肅新疆省」這一併稱
來命名。〔註 81〕光緒十一年，向隸甘肅安肅道管轄的哈密廳通判化歸鎮迪道
管轄。〔註 82〕十二年，又割迪化、鎮西兩府往屬新疆。自此以後，新疆東部
在行政上隸屬於甘肅的傳統才被打破，甘肅、新疆兩省之間有了清晰的行政
區劃界線。

　　總之，從人文環境看，整個西北地區也是一個有著內在有機聯繫，但又
相對比較獨立的區域。自漢唐以來，夾於蒙古游牧區與藏地高原之間，從關
中平原往西，經河西走廊一直延伸到天山北麓的狹長地帶，是漢地農耕區往
西北的延伸段。19 世紀中期後，清朝最西部的邊界，通過一系列不平等條約
的形式逐步固定下來，原來那種傳統的緩衝帶式的模糊邊界逐漸被現代國家
共同遵守的明確清晰的線條狀邊界所取代。在這種狀態下，整個西北地區的
西部邊界由開放轉為封閉。而過去那種曾經在蒙古草原上長期存在的橫貫歐
亞大陸的人口遷移運動，也止步於國境以內。從白彥虎帶領殘餘部隊撤入俄
境的艱苦行程及之後中俄間的反覆交涉〔註 83〕來看，一般小民想越過邊境線
是非常困難的。

〔註80〕 管守新：《清代新疆軍府制度研究》，烏魯木齊：新疆大學出版社，2002 年，
　　　　第 96 頁。
〔註81〕 陳建平：《清末「甘肅新疆省」省名辨析》，《歷史教學》2013 年第 11 期。
〔註82〕 《欽定大清會典事例》卷二六二。
〔註83〕 王國傑：《東幹族形成發展史──中亞陝甘回族移民研究》，西安：陝西人民
　　　　出版社，1997 年，第 10～23 頁。

第一章　衝突與融合：同治以前西北回、漢關係的正反面

　　西北地區深居我國內陸，歷史上，以長安為起點的陸上「絲綢之路」自東而西貫穿全境。特殊的地理位置使得這一地區成為沿絲路東來的回回先民的必經之地和最早的落居地。歷經元、明兩朝的發展，及至清朝同治以前，西北已成為全國回族人口數量最多、分佈最集中的地區。其中陝西省回民眾多，號稱中國回回教門之根，〔註1〕而甘肅回族人口尤多於陝西。今天我們所看到的西北回民的人口狀況，是在經歷了同治年間那場滄桑巨變之後，一百多年來不斷發展變化的結果。本章主要探討西北回族人口源流及同治以前區域內部回、漢雜居的場景與相互關係。

第一節　西北回族人口源流

　　根據已有的研究，簡單回顧一下西北回族人口的歷史淵源有助於我們更加清晰地認識清代同治以前西北回族人口的真實狀況。儘管圍繞著回——漢差異滋生發育起來中國回回人民族的認同，可能至少要到明清之際才開始真正生成。但是，對於西北回族人口歷史淵源的考察卻可以追溯到更久遠的歷史。一般認為，西北回民的來源是多元的，從其發展歷史來看，唐宋以來沿陸上「絲綢之路」東來並留居西北的西域「蕃客」與「胡商」，是西北回族最早的先民。宋元之際，因跟隨蒙古軍隊西征而遷居西北的回回士兵、工匠及

〔註 1〕　馬光啟：《陝西回族概況》，見馬長壽主編《同治年間陝西回民起義歷史調查記錄》，西安：陝西人民出版社，1993 年，第 214 頁。

商人等，也是西北回民的重要來源之一。而明清兩朝，大批從西域內附的中亞人則更是西北回民的重要組成部分。

唐朝盛世促進了「絲綢之路」的空前繁榮。唐高宗永徽二年（651），大食國第三任哈里發歐斯曼正式派遣使節來到唐都長安，學界一般將此年作爲伊斯蘭教入中國的開始。自此以後，西域胡商沿「絲綢之路」東來者絡繹於途，他們中的相當一部分屬於信奉伊斯蘭教的穆斯林。中唐之世，「自安遠門西盡唐境萬二千里，閭閻相望，桑麻翳野，天下稱富庶者無如隴右。」〔註2〕隴右所指當即河西走廊一帶。這些西來的回回先民，經新疆首先進入河西諸郡，聚居互市，河西由此成爲西來穆斯林最初的匯聚之所。自此三分，又或東出直抵關中平原，或北上又達寧夏河套一帶，或南下則進入河湟地區。民國時期回族學者金吉堂稱：「回教之不斷的傳來此間，與培植深厚之種子，以待異日蔚成一大民族者，則大食商賈之力也。大食商賈在回教出世以前，即來中國通商，及其既奉回教之後，東來之勢益盛。及其日久，多有留居不去，冠漢姓，娶漢人女子爲妻妾者，是爲今日伍千萬回教民族最初之源。」〔註3〕商人以外，關中、寧夏等地又流傳有「安史之亂」後援唐的大食兵士留居靈州之說，〔註4〕而河州八坊回族中則流傳有唐時阿拉伯十大「上人」（即有一定伊斯蘭學識的賢者）駐居，死後葬於南關大寺一側之說。〔註5〕這些西來的胡商、伊斯蘭學者以及援唐的大食兵士等，都是最早一批來到中國的回族的先民。中唐以後，歷經宋、元，雖然「絲綢之路」時或阻隔，但西域穆斯林商人絡繹東來者從未中絕，這批人是回回族群的重要來源之一。

北宋時期，雖然受契丹、党項等割據政權阻隔，河西商路不通，但由于闐改經西寧、河州、秦州入陝的東西陸上貿易通道並未斷絕，西域胡商絡繹東來者，關中地區仍爲必經之地。元代是中國回回族群發展歷史上的關鍵時期。元代疆域廣闊，東西商路暢通無阻，穆斯林商人往來於東西貿易者人數眾多，其中沿「絲綢之路」落居西北各地經營貿易者不絕於書。滅宋以後，蒙元在西北地區駐屯大批兵士，戍邊屯田，其中有很多是穆斯林者。而隨著蒙古人勢力的西進，大批中亞的穆斯林軍士、工匠、平民、商人等被強制東

〔註2〕 〔北宋〕司馬光編纂：《資治通鑑》，「唐玄宗天寶十二載八月」條。
〔註3〕 金吉堂：《中國回教史研究》，北平：成達師範，1935年，第51頁。
〔註4〕 丁國勇主編：《寧夏回族》，銀川：寧夏人民出版社，1993年，第16頁。
〔註5〕 高占福：《甘肅回族源流考略》，見《中國少數民族社會歷史調查資料叢刊·回族社會歷史調查資料》，北京：民族出版社，2009年，第2頁。

遷，編入軍籍，成為「西域親軍」或「探馬赤軍」的一部分，其中多有分佈於河西一帶者。對於戍屯穆斯林軍士的管理，元政府亦派遣穆斯林統轄。所以，跟隨這些穆斯林官吏進入西北的家口及部屬為數亦相當可觀。如至元元年（1264），賽典赤・瞻思丁及其長子納速刺丁先後出任陝西四川行中書省及陝西行中書省平章政事，就有大批穆斯林官員、軍民隨之入陝。史載，賽典赤・瞻思丁入陝後的三年間即增加軍民戶口 21,820 戶，其中大半為穆斯林。〔註6〕

　　除此之外，部分蒙元貴族及其部屬集體皈依伊斯蘭教，也是西北回族的另一個重要來源。其中，最著名的要數元世祖忽必烈之孫阿難答。史載阿難答自「幼受一回教徒撫養，皈依回教，信之頗篤。因傳佈回教於唐兀之地。所部士卒十五萬人，聞而信教者居其大半。」〔註7〕唐兀，據白壽彝先生考證，其範圍大體有今寧夏全部甘肅北部及青海東北部，也就是清代甘肅的東北部。這部分穆斯林信眾，對後來甘肅，乃至整個西北回族的形成和發展都產生了重要而深遠的影響。元代大批穆斯林落居西北，成為西北回族形成過程中最主要的來源。這一時期，西北穆斯林人口得到了較大的發展，史稱：「元時回回遍天下，及是居甘肅者尚多。」〔註8〕這說明，當時的穆斯林在甘肅的人口中已佔有相當大的比重。

　　明代西北疆域止於嘉峪關，但永樂以來，「西域之使，歲歲不絕。」〔註9〕每次往往多至數百人，明朝為此不得不限定來使人數及次數，同時僅允許小部入京，其餘留駐甘肅等待，由是寄居河西之回益多。整個明代入居中國內地的西域穆斯林人數相當可觀，其中僅見於記載的入附人口就有十五六萬之多。〔註10〕除此之外，明政府用兵西北，不少來自東南各省的穆斯林軍士因此落居於此，如現在臨潭（明洮州衛）的回民，據說就是當年西平侯沐英平定洮州十八族叛亂時帶去的長江下游和福建一帶的回回兵。〔註11〕以上人群作為西北回回先民的新鮮血液，成為明代西北穆斯林人口增加的因素之一。

〔註6〕　〔明〕宋濂等編纂：《元史》卷一二五《賽典赤・瞻思丁傳》。

〔註7〕　〔瑞典〕多桑著，馮承鈞譯：《多桑蒙古史》，北京：中華書局，1962 年，第340 頁。

〔註8〕　〔清〕張廷玉等編纂：《明史》卷三三二《撒馬爾罕傳》。

〔註9〕　〔清〕張廷玉等編纂：《明史》卷三三二《西域四》。

〔註10〕和龑：《明代西域入附回回人口及其分佈》，《內蒙古社會科學（漢文版）》1990年第 2 期。

〔註11〕〔清〕張廷玉等編纂：《明史》卷二《太祖本紀二》。

明代歷朝大都對穆斯林採取比較寬容的態度，西北回回人經歷了一個比較長的穩定發展階段，因此人口增長較快。及至明末，回回人幾乎遍及西北全境，史稱：「迄明末清初，西起瓜、沙，東至環、慶，北抵銀、夏，南及洮、岷，所謂甘回及東幹回之蹤跡，已無處無之。」〔註12〕尤其是甘肅一省，其數更多，明人陸深言：「甘肅地近西域，多回回雜居。」〔註13〕民國時期回族學者竹籬稱：「甘肅在明代，幾爲回民全部區域。」所言雖有誇大之嫌，但明代西北回民得到了長足的發展是事實。明代甘肅回回人口的大發展，使得回族人口在分佈格局上有了兩個比較明顯的變化：其一，從元代以來從主要聚居於河西、關中一帶的分佈格局，逐漸轉變成以河西、關中爲中心，遍及西北全境的分佈格局。其二，西北地區逐漸成爲全國回族人口最主要的聚居區，這極大地改變了宋朝時那種「回回皆以中原爲家，江南尤多」〔註14〕的分佈格局。

宋元之際，兩軍交兵有不少穆斯林兵士散落於陝南地區。及至明清時期，又有關中及四川等地的回民遷入定居；總之，西北回族的來源是多元的，其祖源最早是來自中亞的阿拉伯人、波斯人等，後期又融入了駐戍西北各地蒙古軍隊中的色目人。共同的伊斯蘭信仰使得這一雜糅了中亞、漢、蒙以及維吾爾等諸多元素的人們的群體，在面對漢地社會的主體人口和主流文化時逐漸意識到並強化了自身的特殊性。自明代中晚期開始，陝西及全國的回回作爲一個新的人們的共同體或族群——現代「回族」的某種前現代的歷史型態〔註 15〕——登上歷史舞臺。西北地區因其特殊的政治地位和地理位置，成爲中國回族人口最初和最主要的分佈地區之一。回民風俗自成體系，世代相傳，習慣上又盛行早婚並可有多妻，故其族發展、繁衍較快。〔註16〕

〔註12〕 吳景教：《西陲史地研究》，上海：中華書局，1948 年，第 56 頁。

〔註13〕 〔明〕陸深：《谿山餘話》，見〔明〕陳繼儒輯《尚白齋鐫陳眉公家藏秘笈續函》，秀水沈氏尚白齋萬曆刻本，第七九函，卷九九。

〔註14〕 〔宋〕周密：《癸辛雜識續集》卷上。

〔註15〕 姚大力先生認爲，並不是所有的現代民族都必定具有其前現代的歷史形態；同時也有很多具有「民族」的前現代形態的人們群體最終未演變成現代民族。爲了與「現代意義上的民族」相區別，姚先生以「種族族群」或「種族」來稱呼民族的前現代形態。參見劉東主編《中國學術》第 1 輯，北京：商務印書館，2004 年，第 90～135 頁。

〔註16〕 張天路等著：《中國穆斯林人口》，銀川：寧夏人民出版社，1991 年，第 34頁；郭琦、史念海等主編，周偉洲著：《陝西通史‧民族卷》，西安：陝西師範大學出版社，1997 年，第 272 頁。

　　所見文獻中明人對西北回族的描述不多，但從有限的史料中仍然可以看出明代中後期西北回族人口分佈的大體狀況。明人張瀚在《松窗夢語》中寫道：「自華以北，渡渭水，投清涼寺，一望漠漠黃沙，無寸草人煙，僅有小村，皆回回種類。」〔註17〕華者，華山也。清涼寺確切方位不詳，從下文「渡洛水，至同州，城郭甚整，民居寥寥，」等來看，清涼寺當在華山大荔間的渭河以北地區，因此，張瀚所言的回民集中分佈區當在同州府涇、渭兩岸。吳彌光《勝朝遺事》中稱：「回回種遍天下，陝西延（安）、慶（陽）間尤眾。」〔註18〕瞿九思在《萬曆武功錄》中亦指出：「西、延、慶、平、鳳、漢間夷也。郡縣編入版籍，名曰回夷。」〔註19〕陝北綏德一帶亦有相當數量的回民，部分還曾出將入相，官居高位，如郝淵之即曾累官至浙江道御使、山西布政使右參政等職。〔註20〕由此可見，除關中涇、渭、洛流域的西、同兩府之外，北部自延安至隴東慶陽、平涼一帶，西自鳳翔至隴東涇、秦二州以及陝南漢中、興安兩府等處也是回族人口分佈較集中的地區。甘肅回族人口數量則更多，分佈也更廣泛。

　　入清之後，雖然順治、乾隆朝的兩次短暫的回民事變對局部地區的回族人口造成了一定程度的損失，但從整體上來看，整個西北地區的回族人口仍然保持了明代那種強勁的發展態勢，並且與整個西北地區的人口一樣，經歷了一個較長時段的穩定增長期。歷經康、雍、乾、嘉四朝的高速發展，至道、咸年間，西北回族人口的絕對數量已經有了相當大的增長，在區域總人口中所佔的比例也有了顯著的提高。道、咸以後，清人多有西北回族人口眾多，甘肅回民尤多於漢人的直觀印象和說法。及至同治西北戰前，區域回族人口發展到了極致，不但數量眾多，而且分佈廣泛，尤其省垣及所隸府、廳、州、縣，大半參居回民。〔註21〕與此同時，眾多成片帶狀的回民聚居區域也開始形成。

　　同治以前，陝西回族人口分佈的主要範圍大體從涇、渭、洛三河流域上游的鳳翔、邠州開始往東直抵黃河沿線，其中心區則在咸陽以東、潼關以西

〔註17〕〔清〕張瀚：《松窗夢語》卷二《西遊記》。

〔註18〕〔清〕吳彌光輯：《勝朝遺事》第二編卷八《後鑒錄》。

〔註19〕〔明〕瞿九思：《萬曆武功錄》卷一《陝西回夷列傳》。

〔註20〕順治《綏德州志》卷八《選舉·舉人》，康熙《山西通志》卷七八《職官》。

〔註21〕〔清〕楊毓秀：《平回志》卷三，見中國史學會編，白壽彝主編《回民起義》
　　　　第3冊，上海：神州國光社，1952年，第107頁。

的涇、渭、洛三河下游狹長地帶，尤其是在西安、同州兩府的交界地帶，回民分佈更爲集中，「回巢之巨者，在大荔曰王柯邨，曰喬店，曰羌白。在渭南曰禹家莊，曰倉渡，曰邸家莊。界於華、荔、渭者曰乜家灘。其餘星羅棋佈，不下數百邸堡。」〔註22〕所指即此。多隆阿亦稱：「東路自大荔之王閣村起，至渭南之倉頭鎭止，老巢林立，悍賊皆總匯於此……自大荔之羌白鎭、王閣村起，至渭南喬幹村、孝義鎭等處，接數十里，均係賊巢。」〔註23〕王閣村即南王閣，喬幹村應爲喬店村，均爲回民巨堡。同治以前，這一地區爲陝西省回族人口最精華所在。除此之外，地處秦嶺以南漢中、興安兩府，亦有相當數量的回民分佈。

　　甘肅省邊邑處處與陝西省接壤，同治以前，各郡縣回民聚族而居，倍多於陝，「州縣向無回民者僅止數處，其餘各屬皆係漢、回錯居。」〔註24〕其群居之處，西路之甘、涼、肅，西寧之西樂、互、大，南路之清水、徽縣、秦州，東路之平涼、固原、化平、海原，北路之寧夏所屬之寧夏縣、寧朔縣、中衛縣以及平羅縣等，皆與漢人錯雜而居，而唯河州最多，其種類亦最強。〔註25〕甘、涼、肅即今之甘肅河西走廊的張掖、武威、酒泉三市，樂、互、大即今之青海樂都、互助、大通三縣，南路秦州即今之甘肅天水市，固原、化平、海原今皆在寧夏回族自治區境內，化平即今之寧夏涇源縣。同治二年（1863）三月初八日（甲寅）陝甘總督熙麟奏稱：「甘省回種之繁，除慶陽五屬外，如涇州、平涼、寧夏、蘭州、鞏昌、秦州、涼州、甘州等屬，回莊林立。」〔註26〕護理陝甘總督恩麟同治三年（1864）七月十五日的奏摺中亦指出，從寧夏至平涼千餘里，盡係回莊，而南路秦州、秦安一帶回村亦與西北之鳳翔、隴州相接。〔註27〕由此向東，更與陝西省關中回族聚落群連爲一體。

〔註22〕　〔清〕楊毓秀：《平回志》卷三，見中國史學會編，白壽彝主編《回民起義》第3冊，上海：神州國光社，1952年，第60頁。

〔註23〕　同治元年（1862）十二月初九日丙戌、十一日戊子多隆阿奏，見〔清〕奕訢等編修《欽定平定陝甘新疆回匪方略》卷三〇。

〔註24〕　同治元年（1862）閏八月二十五日（乙巳）陝甘總督熙麟奏，見〔清〕奕訢等編修《欽定平定陝甘新疆回匪方略》卷二二。

〔註25〕　慕壽祺：《甘寧青史略·副編》卷一二。

〔註26〕　同治二年（1863）三月初八日（甲寅）陝甘總督熙麟奏，見〔清〕奕訢等編修《欽定平定陝甘新疆回匪方略》卷三七。

〔註27〕　同治三年（1864）七月十五日（癸丑）護理陝甘總督恩麟奏，見〔清〕奕訢等編修《欽定平定陝甘新疆回匪方略》卷七一。

從上述史料來看，清代同治以前，甘肅有以下五大回民聚居群區：其一，河西走廊中西部的甘州、涼州、肅州回民聚居區。其二，西南河湟流域的西寧府諸縣回民聚居區。其三，中部省城蘭州附近及其西南河州回民聚居區。其四，東部的平涼、慶陽、秦州等與陝西省相鄰的各府州回民聚居區。其五，北部以寧夏府治爲中心的寧夏平原回民聚居區。

清代民間及官方對西北回族人口的描述都遠比明代更爲詳盡而豐富，這從一個側面表明，西北回族人口在清代前中期得到了較大的發展，在社會生活中的地位或影響已經壯大到足以引起官方或民間注意的程度。此外，與明代相比，清代西北回族人口及聚落的空間分佈有比較明顯的變化。其中河西、平慶、蘭鞏、關中、漢中等處的回族人口都保持了相當高的發展速度，尤其是關中地區的涇渭流域，回族人口發展很快，規模龐大，分佈廣泛、人口密集，在清代主流社會中具有相當大的影響力。與之相比，陝北延、榆、綏等府州的回族人口發展則較爲緩慢，人口數量稀少，分佈零星，寥落不堪，不成規模。和明代相比，人口反差極爲強烈。究其原因，可能和明清之際的戰亂有關。

第二節　同村共井、互爲鄉梓：同治以前西北回、漢關係的一個側面

西北地區是我國回族人口最重要的傳統聚居區，自入清以來，關隴腹地不睹兵革者百餘年，區域人口以生以息，經歷了一段較長時間的穩定發展期。及至咸豐末年，西北回、漢戶口之繁，已臻於極盛。與其他地區相比，清代西北地區的人口分佈格局，有一個非常顯著的特點，那就是數量極其龐大呈成片帶狀分佈的回族人口與漢族人口廣泛而深入地錯雜聚居在一起，同村共井、互爲鄉梓，彼此之間，關係相當密切。

同治以前，西北地區的回族人口在空間分佈上，顯現出鮮明的「大分散、大聚居」的特點。不論是從城鎮到鄉村，還是從平原到山區，凡有漢人分佈之處，亦多有回民聚居。聚落人口構成以回、漢雜居者爲主，純回族或純漢民者很少。這種格局使得區域內的回、漢人口在最廣泛的空間內、最大的程度上彼此相互交融、錯雜聚居在一起。馬長壽對馬氏祖塋碑所載西安四鄉六十四回坊的調查顯示，許多古老的村子，雖以漢民爲主，仍有回民附居。比

如，西安漁化寨，就是一個古老的漢村，有少量回民住在村外；杜城村也是如此，漢民人口眾多，回民依附在村南門外的小巷內；另一方面，即使那些已明確標注爲回坊的聚落，也雜居有相當數量的漢民。比如，沈家橋，原分沈家南橋、沈家北橋兩個村子，以橋爲界，橋南是回民村，橋北爲漢民村。〔註 28〕同治以前，這種情況當然不只是出現在西安的四鄉，實際上，整個關中地區乃至整個西北地區的聚落人口構成大都如此。區域內目前已知的聚落大部分都是回、漢雜居的村落，即便是在回族人口最爲稠密的西、同兩府的交界地帶，很多回民巨堡中仍然有漢人雜居其間。比如，大荔縣王閣村是由南北兩個緊鄰的村子組成，北王閣爲漢人，南王閣則爲回民。這些在地理空間上顯示爲回、漢雜居的村落，實際上所代表的是回、漢兩個不同族群，在同一個鄉村社會空間中彼此獨立又相互聯繫的依存關係。

同治以前，回、漢兩族共同生活在這樣的地理空間裏，社會空間的方方面面亦由此受到諸多的影響。馬長壽當年調查時，咸陽縣有位 75 歲的耆老叫王寶誠，他在民國時曾任縣教育科長，是渭河以南的東賀村人。據他講：「賀村的南邊有方樓子村，西北邊有捨家村，東北邊有鎮家村，原來都有回民居住，有的村是漢、回雜居，平時回民牧羊，羊到漢人地裏吃麥，漢人便擄其羊以鍘刀鍘之，遂相仇恨。但是有的漢、回人民感情很好，有交朋友的，有結乾親的。在回亂時，漢人被擄去者，有的被回民救出。」〔註 29〕兩族雜處，禮尚往來，睚眥小憤，都是人之常情。這種爭鬥，首先表現出來的是個體因素，而不是族群因素。所以，戰前頻繁發生的這種所謂衝突與矛盾，與其說發生於回、漢之間，不如說產生在鄰里之間，這本身就是世俗生活的不同面相和組成部分。正因爲如此，史料裏有太多這種和睦相處與互相打鬥的記載。比如，戰爭以前，同治府大荔縣南王閣村的回民「素與潘邑、八女井的漢人爲仇，與北王閣的漢人關係還好。」〔註 30〕潘邑舊稱「美陽鎮」，在官道上，鎮大人多，與王閣村地境相連。八女井即今八魚村，在南王閣的東邊，兩村緊鄰，僅里許。王閣與這兩村交惡，多因地畔之爭。而秋冬回民牧羊，

〔註 28〕 馬長壽主編：《同治年間陝西回民起義歷史調查記錄》，西安：陝西人民出版社，1993 年，第 476～477 頁。
〔註 29〕 馬長壽主編：《同治年間陝西回民起義歷史調查記錄》，西安：陝西人民出版社，1993 年，第 264 頁。
〔註 30〕 馬長壽主編：《同治年間陝西回民起義歷史調查記錄》，西安：陝西人民出版社，1993 年，第 127 頁。

有越界啃食漢民麥苗，漢人則將回民的羊直接捉住殺掉。同治元年（1862）回民起手後，南王閣回軍，先破潘邑，再破八女井，最後破北王閣。破北王閣原因主要是該村位於南王閣與羌白鎮之間，是回軍北進的必經之地。破村前，有南王閣回回老人們對北王閣的漢人說：「親家，我村人反了！」言下有顧念舊交之意。〔註31〕

　　臨潼雨金鎮西南的十三村一帶，回、漢之間相處的比較融洽，「回人常娶漢女為婦，漢女便改信回教。回回人家待漢人媳婦很好，回民無子女者，亦常抱漢人小孩為子女。」〔註32〕而有過節者，則互不來往，甚或仇視謾罵，持械打鬥。原陝西省戲曲修審委員會的李靜慈士任，對陝西掌故頗為熟悉，對西北回民起義的民間史料亦極注意。他所講的同州八里橋村的回、漢關係也很有代表性，八里橋距同州城七八里，是一個小村，「原有二十餘戶人家，三分之一是回民。起義前兩族人民彼此相安，有認乾親的，有拜把兄弟的；起義之後，兩族父老相約，既不內訌，亦不干預外事。」〔註33〕

　　咸陽賀村、大荔南北王閣、臨潼十三村以及同州八里橋的事例，比較直觀地描述了傳統鄉村社會中，普通小民日常生活非常鮮活的一面。傳統中國的家族主義文化強調和重視家庭、親戚和血親關係，西方學者認為，中國人的信任是建立在親戚關係或親戚式的純粹個人關係之上，對外人則是普遍的不信任。〔註34〕這種他者的認知與描述雖然有些絕對，但血緣共同體的家族優勢和宗族紐帶，不論是現在還是過去，的確被國人普遍視為產生與維繫信任的重要基礎。而彼此互婚、抱養子嗣、互認乾親以及結拜把兄弟等方式，在同治以前關中地區的鄉村社會中是普通民眾泛化血緣關係，拓展個人、家庭，乃至整個家族社會關係的重要手段。清人稱：「回、漢教道久分，往往有漢民改為回民。究其所以，有回民乏嗣抱養漢民為子，有無賴漢奸，貪財歸回者。」〔註35〕由此可見，在多種現實原因和利益促使下，同治以前，回、

〔註31〕馬長壽主編：《同治年間陝西回民起義歷史調查記錄》，西安：陝西人民出版社，1993年，第127頁。
〔註32〕馬長壽主編：《同治年間陝西回民起義歷史調查記錄》，西安：陝西人民出版社，1993年，第230頁。
〔註33〕馬長壽主編：《同治年間陝西回民起義歷史調查記錄》，西安：陝西人民出版社，1993年，第192頁。
〔註34〕〔德〕馬克斯・韋伯著，王容芬譯：《儒教與道教》，桂林：廣西師範大學出版社，2008年，第284頁。
〔註35〕乾隆《循化志》，龔景瀚編纂，西寧：青海人民出版社，1991年，第322頁。

漢之間互婚及改教的案例相當多。

　　雖然以上史料反映的都只是同治以前西北的回、漢關係中的瑣碎細節，但實際上，回、漢之間，由於地理空間上的同村共井，轉化爲社會空間上的互爲鄉梓，彼此關係，遠不只是這樣少量的史料羅列和簡單文本分析就可以描述清楚的。回、漢之間這種長期存在的共存交融的局面，使得兩者的關係千絲萬縷、錯綜複雜。歷史從來都不是二元的，不是非黑即白，非惡即善的兩個方面。它的複雜性，多面性，用任何臉譜化的、符號化的觀點，都無法正確解讀。同樣，任何簡單化、程序化的詞彙也都不足以恰當描述同治戰前的回、漢關係。

第三節　衝突與協調：同治以前西北回、漢關係的另一面

　　同治西北戰爭爆發的原因是多重的，簡單地歸結於清朝統治的壓迫與歧視並不能從根本上說明問題。因此，從歷史研究的角度出發，盡量嘗試復原同治戰前回、漢之間眞實的社會生活狀況，或許比僅僅著重於做出一些評價性的結論更有意義，如果不是這樣，那至少也可以從不同的角度來補充或完善學界對這一歷史問題的認識。因此，本節將從微觀的視角出發，嘗試勾勒出同治西北戰爭爆發地，即關中地區回、漢兩個族群社會生活中眞實場景的一個側面，並由此展現雙方矛盾不斷集聚並最終激化的過程，進而希望能夠通過這種闡述和研究，或多或少地揭示出導致這場戰爭發生的部分眞實原因。

一、羊頭會：回、漢鄉村社會生活的一個縮影

　　關於「羊頭會」的起源，說法較多。據原華縣師範學校語文教員關榲天講，同治以前，回民多在渭河沿岸牧羊，有時損傷漢農田禾，漢農拉住回民的羊，切下頭，以圖報復。因此看莊稼的組織就叫作「羊頭會」。「羊頭會」後來也被誤稱爲「羊犢會」。民國十年（1921）以前，這種組織還很普遍。〔註36〕三原李文卿的描述更爲形象，他講：「回民的牛羊吃了漢人的田禾，漢人便把牛羊捉來殺吃了，把羊頭掛在村外樹上，這便是『羊頭會』之名的開始。最初，這種做法是由少數人開始的。後來相繼成風，渭河兩岸各農村都

〔註36〕馬長壽主編：《同治年間陝西回民起義歷史調查記錄》，西安：陝西人民出版社，1993 年，第 75 頁。

有這種社規了。有的把羊拉來吃了，並不掛羊頭，也叫羊頭會。後來，不管抓來的是牛、驢、馬、騾，不管吃與不吃，也叫作羊頭會。」除此之外，還有一種說法稱：「從前農村定社約時，自己先宰一隻羊，請大家吃肉。吃了羊頭會的肉，以後有回回羊來吃禾，大家就把它宰了吃了。」〔註37〕

從這些描述來看，「羊頭會」最初可能只是一種村民自發的單純以看護莊稼爲職責的鬆散組織，主要目的就是防止牲畜踐食禾苗，保護莊稼。「羊頭會」的產生說明，同治以前，關中渭河一帶民間飼養牛羊的情況比較普遍，牛羊踐食禾苗的情況也可能相當頻繁。但關中地區不可能只有回民才飼養牛羊，牛羊踐食禾苗的情況當然也不可能只發生在回、漢之間。因此，「羊頭會」最初可能不是專門來針對回民牲畜的，而是針對所有牛羊踐食禾苗這種破壞行爲的。也正因爲如此，羊頭會往往與青苗會並立，具體職責，相當清楚。比如，崇信縣，「立多立禁條制止牛羊踐踏青苗曰羊頭會」。〔註38〕宣統《固原州志》則記稱：「漢民每春二月秋八月村莊間演戲酬神，謂之過會。更有青苗會、羊頭會諸色，所以儆綹竊及踐踏田禾之徒。或數小村爲一社，或一大堡爲一社，每社事以會首、堡頭、鄉約、農畯經理之。」〔註39〕

鄉規社約是鄉村內部的自律條規，社規中開始有「羊頭會」的相關規定表明，在這些地區「羊頭會」可能已經從原來村民自發的鬆散組織發展成以村社爲單位的鄉村組織。「羊頭會」的性質和職能可能也因此發生了變化，它不再以看護莊稼、防止牛羊踐食禾苗爲主要目的，而是以固守村界，村落自治爲職責。比如，固原州的青苗會和羊頭會就以「儆綹竊及踐踏田禾之徒」爲己任。隆德縣的羊頭會、青苗會，則「聯合結社，舉里鄉公正紳耆充當社首，嚴立法條，以資保護農田之偷盜並畜牧者。」〔註40〕發展到後來，羊頭會看護青苗防止牛羊踐踏的職責甚至完全消失，徹底變成了一種鄉村自治的組織。至於爲什麼叫羊頭會，甚至都沒有人知曉或者無人關心了。比如，關中的藍田縣，民國年間，每至收穫時節，「眾相議結社，名羊頭會（原書注：未詳其意），立有條約，互相糾察，人無敢犯，有合守望相助之意」〔註41〕鎮原

〔註37〕馬長壽主編：《同治年間陝西回民起義歷史調查記錄》，西安：陝西人民出版社，1993年，第238頁。
〔註38〕民國《重修崇信縣志》卷四《軼事》。
〔註39〕宣統《固原直隸州志》卷一一《軼事志·社會》。
〔註40〕民國《重修隆德縣志》卷一《民族·社會習尚》。
〔註41〕民國《續修藍田縣志》卷一一《風俗》。

縣的羊頭會則叫火莊,「謂一莊之人夥夥而防賊盜也,祭者殺羊以敬方神,取古人歃血同盟之義⋯⋯羊頭會名目,隴東各縣皆有,惟山外莊浪縣每歲於夏曆十月朔日成立,其地點則僅廟宇辦公,其首領則以紳士當選,其器械則由人民自備,其規則書於木板,與羊頭懸於十字路口,組織完密,鼠狗盜不致爲閭閻害也。」〔註42〕對於羊頭會得名的解釋,乃祭祀殺牲,取古人歃血爲盟之義,顯然是修志者對於羊頭會的來歷不甚瞭解,望文生義,胡亂猜測。

同治戰前,關中回民,多居於「三邊兩梢」等田土較差之處。〔註43〕相較於漢民,農耕之外,以牛羊爲主的畜牧業和屠宰業是關中回民重要的經濟補充。時人稱:「陝甘回民習俗強悍,販馬游牧爲生⋯⋯尚有布魯特、安集延風氣。」〔註44〕從圖1.1展示的民國時期寧夏固原一帶的回民與羊群,可以想見當年西北回民牧日牧羊的場景。在這一背景下,回民牛羊踐食漢民禾苗的情況可能更爲常見。

圖 1.1　民國時期寧夏固原的回民與羊群

資料來源:王建平編著:《中國陝甘寧青伊斯蘭文化老照片:20世紀30年代美國傳教士考察紀實》,上海:上海辭書出版社,2010年,第123頁。

〔註42〕民國《重修鎮原縣志》卷六《民政志》。
〔註43〕馬長壽主編:《同治年間陝西回民起義歷史調查記錄》,西安:陝西人民出版社,1993年,第476～477頁。
〔註44〕〔清〕余澍疇:《秦隴回務紀略》,見中國史學會編,白壽彝主編《回民起義》第4冊,上海:神州國光社,1952年,第215頁。

「沙地冬日草死，回民就須牧羊於沙苑以北，偶有漢民多麥被吃，漢人便把羊捉來殺了。加以好事者以石頭投擊羊群，羊群便亂踏漢人的麥地，因而事態更為擴大。」〔註45〕華州從火車站到秦家灘有羊路，相傳昔年回民常在此放羊，惹起風波。〔註46〕有些時候，踐食禾苗可能只是一個藉口，回民的牛羊並未越界同樣遭到擄殺。渭南縣「回民從西北浦城縣趕羊到（渭南縣）南劉村附近，本地鄉團以羊吃莊稼為名，便把羊殺了。回、漢糾紛因起。」〔註47〕在此類糾紛頻繁發生的地區，單純由牛羊踐食禾苗引發的糾紛可能更多地表現為回、漢兩個族群之間的衝突。

眾多史料顯示，在同治以前西北地區的回、漢衝突中，以「羊頭會」為代表的漢人鄉村組織扮演了很不光彩的角色，糾紛與摩擦往往因其而生，矛盾與爭鬥亦往往因其而激化。實際上，以「羊頭會」代表的因牛羊踐食禾苗而引發的衝突，只是回、漢衝突的一個縮影。同治以前，關中地區回、漢之間衝突表現在鄉村生活的諸多方面：

（一）地畔相爭

在中國傳統農業社會中，土地既是最重要的生產資料，也是最重要的投資產品。而對於農民來講，土地則是最主要的生活來源，佔有土地的多少，直接影響其生活水平的高低。同治戰前，回、漢之間的地畔相爭，是鄉村生活中，最易引發衝突的一個方面。皮影戲《打羌白》第二齣，回回頭目馬盛上臺有四句道白：「家住沙窩在馬家，地畔相爭動殺伐。」〔註48〕所謂「地畔相爭動殺伐」一句，指的就是同治西北戰爭，起於彼此間的地畔相爭。同治以前，回、漢田畔相爭事件，主要發生在回、漢人口分佈密集、人均土地較少的地區。關中回民人多地少，對農耕之事相當重視，不但吃苦耐勞，而且懂得精耕細作。為了增加地力以提高糧產，甚至不惜以小麥換取漢人的糞灰用來肥田。〔註49〕正因為如此，很多原本不為漢民所重視的邊角旮旯之地，

〔註45〕馬長壽主編：《同治年間陝西回民起義歷史調查記錄》，西安：陝西人民出版社，1993年，第103頁。

〔註46〕民國《華縣縣志稿》卷三《建置志・回教條下》。

〔註47〕馬長壽主編：《同治年間陝西回民起義歷史調查記錄》，西安：陝西人民出版社，1993年，第41頁。

〔註48〕馬長壽主編：《同治年間陝西回民起義歷史調查記錄》，西安：陝西人民出版社，1993年，第52頁。

〔註49〕民間口述史料中普遍流傳回民以麥易灰糞田故事，這一故事版本頗多，請參見馬長壽主編的《同治年間陝西回民起義歷史調查記錄》，西安：陝西人民出

經過回民墾種，大都變成了收穫頗豐的高產之區。比如，大荔沙苑回民就很善於農事，會經營沙地，護沙的工作做得很好，白馬營的糧食產量很高，從前被人稱爲「金糧」的產地。〔註 50〕相對於一般的漢人，回民較爲富裕，也有一定經濟能力去購買新的土地，而地少人多的現實情況也使得這種土地擴張的欲望變得更爲迫切。

以回民巨堡南王閣村爲例，該堡回族人口眾多，有一千數百戶。堡子北部的羌白鎮、東部的八女村以及西部的畢家村等均爲漢民所居，唯有南部爲回民勢力範圍，但又鄰近沙苑，良田較少。回民富裕地少，所以盡力向漢人買地，至同治戰前，南王閣西面金水溝一帶的土地已逐漸購爲己有。對於那些離本村較遠的田地，只要漢民肯賣，回民也不惜受跋涉之苦，重金買入。南王閣的回民在距離本村 20 里路的姚期寨買地，地裏沒有糞，要從南王閣運去，每日只能運一趟半。〔註 51〕漢人一方面想利用回民買地的急切心意圖高價把地售出；但另一方面，又擔心一旦售地與回民，便永不能贖回來了，所以又不願把地售給回民。〔註 52〕矛盾彷徨之中，衝突由此而生。

（二）文化衝突

同治戰前，漢地社會主體人口對回回人的普遍成見背後更眞實的原因是，主流文化對於回民所信奉伊斯蘭文化的偏見和傲慢。信奉伊斯蘭教的回民在現實生活中有很多宗教禁忌和獨特習俗。同治以前，在回、漢矛盾比較尖銳的關中地區，因文化衝突，尤其是宗教原因導致的肢體衝突，是矛盾糾紛的一個重要方面。漢人不尊重回民的宗教禁忌，或故意以此挑釁，往往導致嚴重的流血事件。比如，光緒年間，渭南縣長尹長齡捉到一個回人刀客，頭上給套了個豬尿泡。刀客說，我不怕殺，只怕此法。尹長齡說，此法不是我發明的，這是同治年間渭南縣令某整治回回的辦法。〔註 53〕由此可見，地

版社，1993 年，第 129 頁。

〔註 50〕從前縣裏的糧稅分爲金糧、銀糧、銅糧、鐵糧、錫糧五種，金糧最高，錫糧最低。把沙田經營成「金糧」的產區，是很不容易的。馬長壽主編：《同治年間陝西回民起義歷史調查記錄》，西安：陝西人民出版社，1993 年，第 103 頁。

〔註 51〕馬長壽主編：《同治年間陝西回民起義歷史調查記錄》，西安：陝西人民出版社，1993 年，第 128 頁。

〔註 52〕馬長壽主編：《同治年間陝西回民起義歷史調查記錄》，西安：陝西人民出版社，1993 年，第 121 頁。

〔註 53〕馬長壽主編：《同治年間陝西回民起義歷史調查記錄》，西安：陝西人民出版

方官員在處理此類事件時，會以宗教禁忌作爲懲罰的手段之一，而且歷來有之。大荔縣流傳一個更有情節的案例，據該縣城里人李蔚若講：「回、漢雜居時，常有無賴漢人侮辱回民。有一漢人以豬肉觸到回民的衣衿，回民當面就把衣衿割去，遂至成訟。漢官不僅不能解決糾紛，且嚇唬回民說：『拿豬肉觸你衣衿，你便割去衣衿，若拿豬腸繞你的頸項，你也持刀割去你的頭嗎？』此回民聽後，憤怒萬分，然以人少勢微，不敢和漢官爲敵。」〔註 54〕這種以宗教禁忌爲手段進行懲罰或報復的做法，會造成回民心理上和情感上的雙重傷害。有時，心理上的傷害可能比單純肢體上的傷害更大，由此引發的後果可能也會更嚴重。

（三）商業利益之爭

週期性的集市或廟會既是鄉村商品交換的場所，也是人員彙集、大眾娛樂的場所，在鄉村生活中佔有重要地位。趕集時，雙方往往因爲細故小事發生爭鬥，甚至引發械鬥，殺傷人命，這也是同治戰前回、漢衝突的一個重要方面。同治以前，關中渭河兩岸回民從事畜牧業者人多，但集市牙行則多由漢人把持。據說，涇陽縣的經紀牙客對於販羊牛爲業的回回就很不公平。漢人來賣豬，經紀牙客很順利地給的是好價錢。回回賣牛羊，他們百般刁難，估的價錢很低。因此涇陽縣流行著兩句話：「黑豬賣的是白銀子，白羊賣的是爛銀子。」而且，回回賣了牛羊，往往不能及時收到錢，有時甚至長達一兩個月。〔註 55〕西安魚化寨一帶過去是漢、回雜居狀態，雙方常因細故打架，後來便鬧成大禍。那些農曆七月十一日是雙水廟漢人過會的日子，回民小販常到這裡來趕會。回民吃柿子論把兒（蒂）算錢，但漢人或把把兒吃下去，或拋掉，結果打起架來，回民經常吃虧。農曆八月十四日是三會寺回民的會，漢人就去趕集。有一天集上雙方打了架，死回民六人，漢民一人。結果告到官府，回民被轟下去，從此回民便懷恨在心，以致積怨成仇，弄得不可收拾。〔註 56〕

社，1993 年，第 188～189 頁。

〔註 54〕馬長壽主編：《同治年間陝西回民起義歷史調查記錄》，西安：陝西人民出版社，1993 年，第 102 頁。

〔註 55〕馬長壽主編：《同治年間陝西回民起義歷史調查記錄》，西安：陝西人民出版社，1993 年，第 234 頁。

〔註 56〕馬長壽主編：《同治年間陝西回民起義歷史調查記錄》，西安：陝西人民出版社，1993 年，第 196 頁。

同治以前，有些地方的漢人集市甚至禁止回民上集。比如，臨潼十三村回、漢感情不睦，雨金鎮集市的漢人就拒絕回民上集。回民無法，便成立了自己的一個新集市，這便是新集村的由來。自從新集市成立以後，回民市場日新月異，繁榮起來，雨金鎮的漢人集市反而蕭條下去。漢人為了繁榮自己的市場，設法把所有的糧行都集中到雨金，並從臨潼縣府買回設立糧行的權帖，從此回民的新集市裏不准買賣糧食。回回本諱食豬肉，而漢人故意在新集市殺豬，這樣就使回民對漢人痛恨萬分。〔註 57〕天下熙熙皆為利來，天下攘攘，皆為利往。商人、牙行重利盤剝，本是單純的商業行為，但在漢人對回回人大眾性成見的背景下，單純的商業競爭最終演變成為兩個民族間的溝壑。

（四）看戲時發生的衝突

唱戲和演劇在鄉村屬於大型的娛樂活動，但其作用遠不止於僅僅滿足鄉民放鬆身心、調劑生活的娛樂要求。實際上，唱戲是傳統鄉村社會中少有的公共產品。它不但有著敬天祭神、祈福避禍的儀式感，更是鄉村信息交流和人際關係溝通的媒介。〔註 58〕因此，眾多人員參與其中，往往成為各派勢力角逐的舞臺和日常中積累不滿與矛盾的發洩場。同治戰前，回、漢間常因看戲發生衝突與摩擦，究其原因，雖然五花八門，多種多樣，但大都和唱戲本身沒有關係。比如，據平涼蘇梅軒講，回民年輕人看戲時不看前臺，光看身後（指身後漢人婦女），所以人家不准回民看戲。〔註 59〕平涼上九社的閻正林講，孝義鎮財東多，時常唱戲，漢人說，回回看戲只是看後臺婦女，因而就聚眾毆打回民。回民中亦有類似的說法，如平涼於建功阿訇講，回民婦女是不看戲的，男人到漢人臺前看戲，有些無聊青年不看前臺，看後臺，專看人家婦女。漢人氣不過，開會集議，商定遇有這種回民就用煙袋鍋打，馬二師傅的弟弟就挨過人家的煙袋鍋。〔註 60〕由此來看，此種糾紛應該確有其事。

〔註 57〕馬長壽主編：《同治年間陝西回民起義歷史調查記錄》，西安：陝西人民出版社，1993 年，第 148～149 頁。

〔註 58〕〔美〕杜贊奇著，王福明譯：《文化、權力與國家——1900～1942 年的華北農村》，南京：江蘇人民出版社，2003 年，第 16 頁。

〔註 59〕馬長壽主編：《同治年間陝西回民起義歷史調查記錄》，西安：陝西人民出版社，1993 年，第 408～409 頁。

〔註 60〕馬長壽主編：《同治年間陝西回民起義歷史調查記錄》，西安：陝西人民出版社，1993 年，第 425 頁。

這些因無聊青年引發的糾鬥，看似細小瑣碎，有時也會引發大規模的衝突，造成嚴重的後果。咸豐六、七年間臨潼縣回、漢唱戲時，因漢人無賴青年推搡回民老人發生衝突，最終鬥殺人命。咸豐八年（1858）臨潼縣唱戲時，也因漢民無故打傷回民小兒發生衝突，引發械鬥。

　　鄉村唱戲時回、漢之間的衝突，除了上述莽撞青年無事故意招惹事端，背後其實還有更深層次的經濟糾紛。在鄉村社會中，唱戲是「村界甚至跨村界組織下，與地方經濟聯繫緊密的鄉村『公務』。〔註61〕這使得全體鄉民對唱戲活動的最直接參與就是分攤戲價。在這種狀態下，往往因分攤戲價而產生利益衝突。咸豐七年（1857），渭河以南演戲攤派款項，回眾以宗教關係，拒不接受，遂起械鬥。後雖經官府禁止，但地方紳士起而反對，以為演戲自古皆然，豈能以「回匪」關係，便行禁止？〔註62〕因記載過於簡單，這一事件的具體情況我們不甚清楚。但是，此類衝突顯然是發生在回、漢雜居的村落或村落群之中，鄉村中公權與教權發生矛盾是導致衝突發生的重要原因之一。

（五）其他日常糾紛

　　回、漢習尚不同，風俗有異，彼此雜處，日久而居，難免會有睚眥細故。回民尚清潔，戒嗜好，勤操作，富團結力，身體強健。漢人則人眾而好事。「昔日沙苑回民多種西瓜……回民重仁義，過路人有偷瓜的，回民在樹上窺見，下來斷蔓使你拿去吃，瓜雖不要錢，但得留下瓜子，此風至今猶存。回民種豌豆，漢人過路，吃了人家的豌豆，還罵回民說：『豌豆角，不納糧，過來過去叫爺嘗。因此，回民憤憤不平。』」〔註63〕同州府回、漢交惡時，回民常鋸漢人的樹，鋸時取其中間的一小段，拋到河裏，取其上段到家中，待涉訟時，官方派人查，也難對在一起，以此常相打捶。〔註64〕

　　灞橋附近有一小橋，有回民婦女騎牲口從橋上經過，漢人惡少常常擋住她們，要求將頭上的蓋頭揭去給他們看看，否則不准通過。更有惡劣的，常

〔註61〕韓曉莉：《社會變動下的鄉村傳統——〈退想齋日記〉所見清末至民國年間太原地區的鄉村演劇》，《史學月刊》2012年第4期。

〔註62〕馬霄石：《西北回族革命簡史》，上海：東方書社，1951年，第6頁。

〔註63〕馬長壽主編：《同治年間陝西回民起義歷史調查記錄》，西安：陝西人民出版社，1993年，第41頁。

〔註64〕馬長壽主編：《同治年間陝西回民起義歷史調查記錄》，西安：陝西人民出版社，1993年，第407頁。

將回婦由牲口上拖下，要她們斂手下拜。侮辱倍至，一哄而散。此事常惹得回民怨憤。據涇陽南屯某鄭姓老人講，涇陽原是西北大碼頭，回民在這裡以馱運為業，這裡有一家萬盛店，專供陝甘行商歇腳。城東北角有幾處回村，有一天，他剛出店，即見由南來了許多漢人少年，搶了幾個回婦，安於萬盛店內。第二天，回民結黨來這裡劫了回去，漢人少年趕上，兩家就大斗起來。回民遂反。〔註65〕

二、衝突的升級：械鬥與族群割裂

爭鬥頻繁發生，漢人又往往以眾凌寡，回民因此常常吃虧，摩擦和衝突也隨之產生，怨恨與矛盾則逐日累積，最終引發了大規模的械鬥。陝西省回、漢械鬥，由來已久。早在乾隆年間畢沅撫陝之時，長安一帶回、漢械鬥之案就頗多。〔註66〕道、咸年間，兩族械鬥之風更盛，睚眥細故，動輒百十成群，持械鬥毆。械鬥事件發生的地點以關中地區的西安、同州兩府為多，尤其是省城西安以東渭河沿岸的幾個州縣，回、漢械鬥之風最盛。東府地區不僅回族人口眾多，而且強悍好爭，漢人、回回又皆喜好打拳，偶有衝突便相互打捶。〔註67〕道光中，雲南監察御史徐法績（陝西涇陽人）稱：「陝西回民所在多有，而頑悍者惟此地，械鬥者惟此處……陝西西安屬之臨潼、渭南，同州府之大荔、蒲城、朝邑一帶毗連之處名羌白鎮，地面寥廓，回、漢雜居，因事械鬥，無歲無之。」〔註68〕及至咸豐朝的中後期，渭河下游的西安、同州一帶械鬥之風更為激烈，不但械鬥次數頻繁，而且規模龐大，聚眾人數動輒成百上千，鬥殺人命亦屢見不鮮。

同州府首廓大縣荔縣西南沙苑一帶，為回民世居之所，人口眾多，村落密集，回、漢衝突也最為頻繁。舊志稱，沙苑回、漢「以種族之見，互相猜忌……沿沙各村丁壯日夜練習拳勇，即學塾兒童夕假歸，亦群赴河灘，結隊成軍，磚擊梃舞，入夜不息，每與回械鬥，東西聯絡，必勝後止，愈激愈

〔註65〕 馬長壽主編：《同治年間陝西回民起義歷史調查記錄》，西安：陝西人民出版社，1993年，第188～189頁。

〔註66〕 韓敏：《清代同治年間陝西回民起義史》，西安：陝西人民出版社，2006年，第17頁。

〔註67〕 馬長壽主編：《同治年間陝西回民起義歷史調查記錄》，西安：陝西人民出版社，1993年，第122頁。

〔註68〕 〔清〕陳法績：《敬陳陝西回、漢械鬥情形疏》，《道咸同光四朝奏議》，臺北：臺灣商務印書館，1970年影印，第224頁。

烈。」〔註69〕道光八年冬，大荔八女井發生械鬥，「彼此集眾多數百人，並有鳥槍鉛藥兵器，傷害多命。」與大荔相比，華州械鬥更是有過之而無不及。「咸豐八、九年，械鬥尤烈……秦家灘，多回族，與漢民械鬥，往往糾眾至數千人。」〔註70〕時人劉東野在《壬戌華州回變記》一文中亦記載稱：「余家大漲里，毗連回族，每歲冬春，回族放羊踏田動起衝突。咸豐八、九年間械鬥最烈，地方官召集紳首和解而已，大吏亦以漢、回相仇，易之。」〔註71〕

　　西安府東部，與同州府相接的幾個州縣。比如，臨潼、涇陽、渭南等，械鬥之風也非常嚴重。咸豐六、七年間，臨潼縣行者橋、回回道兩村漢、回因看戲發生衝突，並引發械鬥，最後導致至五人死亡。〔註72〕時隔不到兩年，也就是咸豐八年（1858），臨潼縣再次因看戲引發嚴重的回、漢械鬥。據甘肅布政使司張集馨稱，械鬥緣起，先是漢民無故打傷回民小兒，挑起事端，後又濫殺與事件無關的藍田回民，導致事態擴大。事件發生以後，地方官員又採取了完全錯誤的處理方式，致使矛盾激化，最終釀成悲劇。張集馨指出「向來地方官偏袒漢民，凡爭訟鬥毆，無論曲直，皆抑壓回民。漢民復持眾欺凌。不知回性桀驁，億萬同心，日積月長，仇恨滋深……履霜堅冰，殆非一日。」〔註73〕這是當地官員對此類事件發生原因比較客觀的分析。而地方官員的這種反思，恰恰說明，歷來官民習以為常的回、漢衝突開始越來越頻繁，也越來越嚴重，整個局勢有逐漸失控的風險。看似平靜的社會表面之下，是洶湧翻滾的暗潮。

　　咸豐十一年（1861）正月，涇陽縣又發生了一次比較嚴重的械鬥。據涇陽縣馮子明先生講，事件起因最初係回民在縣城南關妓院玩耍，與店主陳廣林發生衝突。正月十五日，漢、回又因看戲發生衝突，陳廣林唆使漢民打死回回一名。二月，本縣回民糾合大荔、高陵回眾五百餘人在南關放火，殺了陳廣林，並搶掠了妓院及城內富戶。縣官帶兵鎮壓，將為首的回民郭四虎、

〔註69〕民國《續修大荔縣舊志存稿》卷四《土地志·風俗一》。
〔註70〕民國《華縣縣志稿》卷三《建置志·回教條下注》；卷一一《人物志·衛歸文傳》。
〔註71〕〔清〕劉東野：《壬戌華州回變記》，見馬長壽主編《同治年間陝西回民起義歷史調查記錄》，西安：陝西人民出版社，1993年，第77頁。
〔註72〕馬長壽主編：《同治年間陝西回民起義歷史調查記錄》，西安：陝西人民出版社，1993年，第141頁。
〔註73〕〔清〕張集馨：《臨潼紀事》，見中國史學會編，白壽彝主編《回民起義》第3冊，上海：神州國光社，1952年，第17頁。

胡大海等 20 餘人斬首示眾，並把回民蘇萬元等七人關入牢獄。〔註74〕這是距離同治西北戰爭較近的一次械鬥，這一事件與華州「聖山砍竹」事件一樣，最終也成爲直接導致同治西北戰爭爆發的一個因素。同治元年（1862），涇陽縣的回回聚眾劫獄，就是爲了劫索蘇萬元等七人出獄。

　　摩擦、衝突、大規模的械鬥以及由此引發的嚴重人身傷亡事件，使得衝突地區回、漢之間的矛盾越來越尖銳，彼此之間互相敵視和對立的情緒也越來越嚴重。而這種越來越嚴重的敵視和對立情緒反過來又增加了彼此之間發生衝突乃至大規模械鬥的可能性。及至咸豐年間，隔閡已經從捲入某一特定事件的衝突雙方，擴大到回、漢兩個族群之間。凡有衝突，不分曲直，只視漢、回。在鄉村生活的諸多方面都深深地打上了這種族群隔裂的烙印。

　　某些地區，回民不能走漢人的路，不能進漢人的村子，也不能在漢人的集市上進行交易。渭南縣孝義鎮東北門外以前有條大路，是蒲城通華州的大路。這條路的地稅是蒲城商人納的，回回販糧無路，所以只好在田邊行走。〔註75〕回回小販賣東西，不能進入漢村，只能在村外叫賣。此外，回民販羊，每過漢人田內，便被拉走宰了。〔註76〕新築鎮以北一帶「回、漢一般說原來處得不太好，漢人常欺侮回回。例如我們南北余家唱戲，回回就不敢去，去了就要挨打，回回只能偷偷去我們西余家。渭河邊上的回民要上新築鎮，必須路過我村，但回民卻得繞道過去。」〔註77〕漢民鎮裏有集市，不讓回民上集。回民無法，才在花市禮拜寺附近自立集市，但也讓漢民上回民的集市。〔註78〕雨金鎮集市的漢人拒絕回民上集。十三村回民無地，就成立了自己的一個新集市，這便是新集村的由來。〔註79〕

　　更有甚者，在村子內部或村與村間豎起隔離圍牆或圍欄，以防越界。村

〔註74〕馬長壽主編：《同治年間陝西回民起義歷史調查記錄》，西安：陝西人民出版社，1993 年，第 251 頁。

〔註75〕馬長壽主編：《同治年間陝西回民起義歷史調查記錄》，西安：陝西人民出版社，1993 年，第 48 頁。

〔註76〕馬長壽主編：《同治年間陝西回民起義歷史調查記錄》，西安：陝西人民出版社，1993 年，第 46～47 頁。

〔註77〕馬長壽主編：《同治年間陝西回民起義歷史調查記錄》，西安：陝西人民出版社，1993 年，第 197 頁。

〔註78〕馬長壽主編：《同治年間陝西回民起義歷史調查記錄》，西安：陝西人民出版社，1993 年，第 57 頁。

〔註79〕馬長壽主編：《同治年間陝西回民起義歷史調查記錄》，西安：陝西人民出版社，1993 年，第 148～149 頁。

裏修建圍牆的大都是回、漢雜居的大村子，而村與村之間修建圍牆大都在純漢村和純回村間。比如，渭南縣孝義鎮西北角原有回民二百餘家，有一座清真寺，還有一口公用的大井，他們和漢人街房間有柵欄。〔註80〕而在大荔縣回村南王閣與漢村八女井間也有一道隔離圍牆，俗稱「攔羊牆」或「攔馬牆」，是一道高一丈二三尺的土牆，由八女村附近各漢村共同修建。最初是防止回民的羊群闖入村子或踐食禾苗。〔註81〕根據馬長壽先生的考證，界於八女井與南王閣的隔牆實際上共有三段組成，中間一段自羌白鎮西南東半道村向路經八女井西直達沙南回村，是八女井村修的。此外，八女井南又有一條與上述隔離牆相接的東西向的隔離牆，自皇甫村的西南折而北行。第三段的隔離牆在南王閣以西、畢家村以東，大體是圍繞新堡子而建的。見圖1.2。

圖 1.2　同治戰前大荔縣羌白鎮南漢、回之間隔牆圖

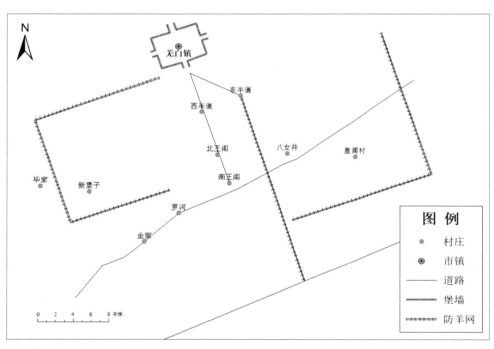

資料來源：本圖由筆者根據馬長壽等人當年調查所繪地圖改繪，可參見《同治年間陝西回民起義歷史調查記錄》，第136頁。

〔註80〕馬長壽主編：《同治年間陝西回民起義歷史調查記錄》，西安：陝西人民出版社，1993年，第61頁。
〔註81〕馬長壽主編：《同治年間陝西回民起義歷史調查記錄》，西安：陝西人民出版社，1993年，第126頁。

最初修建隔離牆者大都是漢人，及至咸、同之際，回民在部分地區也開始修建自己的隔離壕。據臨潼馬坊頭楊德林講：「回、漢關係壞了以後，回民築長壕以防漢人。這壕從大侯家起，經南王家，河上到黑虎廟，長有四五里，寬三丈多。壕上繫以繩，繩上拴著鈴，用以防漢人偷襲或拉牲口。平時漢、回之間，各自居住，各有市集，本來就有隔閡，如馬堡和回回道交界處就有官渠，回、漢不能逾界行走。回民的孩子到漢地割草，漢人把他的鐮刀都沒收了。到了打仗的消息傳來以後，形勢更為危險，堡的後面挖有地洞，漢人一部分藏在裏頭。又一部分逃到縣城。」〔註82〕

有形的隔離牆是回、漢雙方內心隔閡在現實生活中的極端表現，隔離牆加深了彼此的隔閡，也更加激化了彼此之間敵視和對立的情緒。對於主動修建隔離牆的一方來講，這樣做是防止羊群踐食禾苗，保護自身利益、避免發生衝突的最簡單最有效的方法。但是實際上卻顯露了內心對於頻繁發生的衝突摩擦的恐懼、無奈與迴避。

三、衝突的解決與協調：鄉紳、訟師與官吏

在中國傳統社會中，鄉村社會在相當程度上處於自治狀態。「耆老」、「鄉紳」等地方精英階層是連接官府與鄉村的紐帶，而國家權力也正是借助於他們的力量才把管理的觸角延伸至鄉村社會之中。儘管明中期以後，隨著巡檢司直接統轄鄉堡以及清初縣丞、主簿等佐貳官移駐鄉村，逐漸形成了縣下一級行政單元的雛形，國家行政權力也開始向縣以下滲透。〔註83〕但實際上，這樣的國家行政權力在基層社會的作用還是相當有限的，廣大的鄉村社會，基本上仍然處於皇權與紳權交融共治的狀態。地方士紳階層在眾多的地方公共事務，尤其是民商事務中，仍然發揮著舉足輕重的作用。同時，他們也是維繫鄉村社會秩序的中堅力量，並且有可能操縱農村社會生活。〔註84〕頻繁發生的衝突與摩擦，使得回、漢之間逐漸形成了一套行之有效的解決問題的機制。衝突的雙方與掌握司法裁量權的地方官之間通過鄉村精英這一階層，有機的聯繫在一起，使得衝突的解決得以從市鎮延伸到鄉村，從官府延伸到

〔註82〕 馬長壽主編：《同治年間陝西回民起義歷史調查記錄》，西安：陝西人民出版社，1993年，第146頁。

〔註83〕 胡恒：《「司」的設立與明清廣東基層行政》，《清史研究》2015年第2期。

〔註84〕 〔美〕孔飛力著，謝亮生等譯：《中華帝國晚期的叛亂及其敵人》，北京：中國社會科學出版社，1990年，第3~4頁。

民間。一旦衝突發生，這套機制就會啓動，根據衝突摩擦的強度、波及範圍及後果的嚴重程度，採取靈活多樣的處理方式。在大部分情況下，衝突和摩擦最終都能以一種至少表面上看起來雙方都可以接受的方式解決。

同治以前，關中回、漢衝突，大都緣於鄉村生活中的瑣碎細故，實際上，衝突及摩擦本身其實就是解決問題的一種方式。只要事情的結果不是不可收拾，雙方在衝突遭受的損失不是很嚴重或者彼此受損的程度差別不大，衝突結束也就意味著事情的解決。然而，一旦衝突超出某種可接受範圍，衝突本身就不再是解決問題的一種方式，而變成了新的需要解決的問題。在這種情況下，鄉村中的士紳等精英群體就開始粉墨登場了，代表各自利益的鄉村精英們通過直接或間接的溝通、協商，最終再以和平、妥協方式來解決因暴力方式所產生的一系列問題。

如果衝突繼續升級，或者無法通過協商來解決問題，那麼，訴諸官府就成爲爭鬥雙方解決矛盾和分歧的最後選擇。回、漢互訟之案，往往釁起戶婚田土事件，官府視之爲民間細故，並不重視。部分官員認爲，訟案的緣起乃在於人心不古，世風日下。因此必須對私人進行倫理道德教化，促使鄰里、家庭自相慈愛，以「忍」爲先，委曲求全，方可心底清靜，相安無事，以免傾家蕩產，親友失歡。〔註85〕比如清人陸隴其聽訟時，據說就常常如此勸導雙方當事人。〔註86〕在這種背景下，實際上相當一部衝突在訴至官府後，仍然會在地方官員的倡議或默許下，反過頭來，重新選擇由代表各自利益的鄉村精英人物進行溝通，協商解決。因此，很多情況下，問題的最終的解決，實際上是在不同的解決渠道之間，反覆拿捏和權衡之後的結果。在這一過程中，毫無疑問，以士紳爲代表的鄉村精英人物爲衝突的最終解決，起到核心的作用，扮演了非常重要的角色。

道光七年（1827），渭南縣孝義鎭回民與大荔縣西大村（孝義鎭東二里）漢民發生糾紛。這一事件中，回民羊群啃食漢人禾苗，漢人以此爲由越界邀羊，事情的原委曲直，比較簡單，雙方衝突也遠沒有激化到械鬥的地步。事發後，雙方均控上憲，但不論是回民所屬的渭南縣縣衙還是漢人所屬的大荔縣縣衙，都未進行審理，而是讓其自行調解，以息糾紛。漢民一方參與調解者是有功名的文、武生員和鄉約、族長，回民一方則是武生、鄉約和頭人。

〔註85〕鄧建鵬：《清代訟師的官方規制》，《法商研究》2005年第3期。
〔註86〕〔清〕吳熾昌：《續客窗閒話》卷三。

這些人都是鄉村中的頭面人物。事件最終的處理結果，似乎也還比較令人滿意，回民補償田苗，漢人將羊只如數交還，兩村和好，以息紛爭。〔註87〕

實際上，整個事件的處理，遠沒有表面上顯現的那樣公平合理。馬長壽先生指出：糾紛由雙方引起，而出名出錢立碑的是回民一方，顯然不平等。其次碑文所載「至於麥穀成熟，亦不得在地內偷竊」二句，應是污蔑之詞。因為事端發生於回羊踐食田禾，非發生於回民偷竊田禾，其理甚明。和事人中，回民紳士有三人為武生，無生員。漢人紳士則文生員多於武生，從此可略窺當時回民的社會情況，雙方力量對比以及對於解決問題的態度和內心變化，一眼即知。這一問題最終在回民做出一定讓步的情況下得以解決，但諸如此類的矛盾卻並未因此而完全化解。隨著衝突矛盾的不斷發生、和解、再發生、再和解，隱藏在永歸和好、各安其業表層下的不滿情緒逐漸積聚起來，最終從量變發展到質變。

相較於這種妥協調解的方式，訴諸官府後由官府審理的方式對回民往往更為不利。在涉回訴訟案件中，訟師似乎擔當了一個並太不光彩的角色，民間口述史料中亦多以負面形象示人。更有甚者，認為正是訟師撥弄是非、顛倒黑白，才加劇了回、漢之間的對立，激化了兩者之間的矛盾。其中一個比較有名的案例：漢人訟師就同一案由分別為回民與漢人辯護，在為回民寫狀子時，稱：「十冬臘月天，地凍如同磚；钁鍬鏟不下，羊蹄怎能搬？」在為漢人辯護時，又辯稱：「一凍一消，鬆得像馬勃。〔註88〕羊蹄一撥，連根帶梢。」〔註89〕實際上，所謂訟師，在回、漢訴訟案件中的影響和作用非常小，不可能左右案件的判決結果。但從另一個角度看，延請訟師的舉動，其實表明了衝突發生以後，回、漢雙方都希望通過和平方式來解決問題的良好願望。然而，向來回、漢衝突，地方官員大都袒護漢民，抑壓回眾，早已習以為常。問題往往因此得不到合理的解決，反而更加激化。

咸豐末，臨潼縣行者橋、回回道兩村發生械鬥，5名回人被打死，漢人僅有傷者。事後，回人首先向臨潼縣衙告狀，後又把狀告到西安。經西安布政使審理後，把行者橋七名漢人禍首關監，但不久這七個人全被放回。從此回、

〔註87〕 馬長壽主編：《同治年間陝西回民起義歷史調查記錄》，西安：陝西人民出版社，1993年，第59～60頁。

〔註88〕 馬勃為一種中藥，皮內為粉狀。

〔註89〕 馬長壽主編：《同治年間陝西回民起義歷史調查記錄》，西安：陝西人民出版社，1993年，第37頁。

漢之間感情十分惡劣。〔註90〕乾隆十八年，對械鬥等案的處理上，朝廷有「一命必有一抵」之旨，後朝歷代皆援引爲成案。〔註91〕臨潼縣府對此事具體是如何處理的，我們不得而知，但回民不滿且又訴至撫衙，顯係過於偏祖漢人，並未依例行斷。而撫憲的處理方式不過應付搪塞，鬥殺回民人命者僅被短暫關押即被放回，完全流於形式而已。

官府在解決回、漢衝突中偏祖漢人的做法，把處理此類糾紛的職責幾乎完全推向鄉村士紳一邊。從各個階層和組織中浮現出來的社會精英分子，憑藉各自掌握的鄉村資源，在擔當衝突調停人角色的同時，又把普通民眾的力量動員組織起來。從而使得，回、漢之間的衝突，部分演化成了回、漢鄉紳等鄉村精英階層之間的衝突。而他們本身之間的矛盾，又往往表現爲回、漢衝突的形式，反過來使事態進一步走向惡化，這樣的例子史料中並不鮮見；〔註92〕從另一方面來看，不掌握司法裁量權的鄉紳們沒有能力也不可能僅僅通過協商溝通的方式妥善處理所有衝突，尤其是那些比較激烈，或者雙方損失相差懸殊的衝突。在這種情況下，衝突的雙方就失去了解決問題的有效途徑。已產生的矛盾得不到有效的釋放，積聚起來，最終導致更大的衝突。

四、謠言與恐慌：戰爭前夜的群體性騷動

同治以前，關中地區頻繁發生的摩擦和衝突，大都以程序化的處理方式和看似公平的結果收尾，和日常鄉里糾紛以及訴及官府的普通的刑名獄訟沒有多大區別，官民視爲固然者久矣。即使在面對那些不斷發生的械鬥事件以及由此引發的大規模的流血衝突時，各方面的態度仍是如此。當時的人們，無論回民還是漢人，無論官紳還是士民，可能誰也不會想到，民間的各種不滿、焦躁以及歇斯底里的衝動恰恰就是在這種司空見慣頻繁發生的細小衝突中，在民眾的不經意間日積月累，逐漸聚集成一股可怕的力量。

同治元年（1862）初，回、漢間在華州聖山〔註93〕因購買竹竿發生械鬥，

〔註90〕馬長壽主編：《同治年間陝西回民起義歷史調查記錄》，西安：陝西人民出版社，1993年，第141頁。

〔註91〕《清史稿》卷一四四《刑法三》。

〔註92〕馬長壽主編：《同治年間陝西回民起義歷史調查記錄》，西安：陝西人民出版社，1993年，第446頁。

〔註93〕聖山村即今華縣赤水鎮南聖山村。民國《華縣縣志稿》卷三《建置志》聖山條下云：「聖山在聖山川口，初志云：聖山直通山外，刊木以營民宮室，器以用需鄰邑之樵蘇者。」所指即此。

此事舊史視爲同治西北戰爭的開端。據陝西巡撫瑛棨奏稱：「此次漢、回起釁由於華州境內回民購買竹竿，漢民增價居奇，互相爭鬧，遂致傷斃回民，當時經人勸散，不意是夜漢民暗赴回村燒毀房屋，於是回民糾眾報復，漢民齊團相鬥，渭南大荔一帶，聞風而起。」〔註94〕聖山砍竹事件發生後，各方的反應及事件的後續發展，錯綜複雜，從中我們可以看到，一個與此前頻繁發生的衝突摩擦相似的事件，是如何一步步脫離原有的發展軌道，逐漸走向激化的。

械鬥發生之後，逃歸渭南的回勇首先採取的是「赴州控訴」，即試圖通過官方的渠道來討回公道，但結果顯然並不令人滿意。事發地華州知州濮堯以回民越界砍竹，其錯在先爲由，「將砍竹者痛懲之」。隨後，受害回勇又訴至戶籍所在地的渭南縣府，孰料渭南「邑令曹士鶴不准理，反以荷校辱之，由是回情怨沸。」〔註95〕至此，回民企圖通過官府來解決問題的嘗試徹底失敗。此後，漢民李發元、回民馬利出面議和，鄉村內部業已形成的解決類似衝突的機制開始運作。不意正在雙方溝通之時，渭南團長張映蘭及州屬團長白祥生等人藉口緝拿回民間諜，又誅殺回民十七人，此事令回民「惡感愈深，而沿渭各村回族紛紛挈家北渡矣。」事情發展至此，雖仍沒有完全脫離之前回、漢衝突摩擦處理的一般軌道。但和以往相比，一些導致或標明事態逐漸惡化的苗頭或表象開始出現了。

第一，謠言開始產生，迅速滲透入社會的每一個角落，民間的恐慌情緒亦隨之產生，並逐漸漫延開來。劉東野《壬戌華州回變記》載，受害回勇向華州官府鳴冤報屈，知州濮堯曾公開堂諭「向後回傷漢民一以十抵，漢傷回民十以一抵。」〔註96〕華州爲關中回民麇聚之區，其數量龐大，人口稠密，具有相當的影響力，作爲華州知州的濮堯不會不知曉其中的利害關係。在處理涉回訟訴時，其中的輕重緩急、利弊得失，至少應該有所拿捏，因此，當堂諭稱等此類狂悖不羈之詞，似乎過於誇張，其中演義的成分頗多。但入清以來，各地基層訴訟中，地方官向來偏袒漢民，抑壓回民，則確是事實。李

〔註94〕 陝西巡撫瑛棨同治元年（1862）五二十六日（丁未）奏摺，見〔清〕奕訢等編修《欽定平定陝甘新疆回匪方略》卷一三。

〔註95〕 〔清〕余澍疇：《秦隴回務紀略》卷七，見中國史學會編，白壽彝主編《回民起義》第4冊，上海：神州國光社，1952年，第216頁。

〔註96〕 〔清〕劉東野：《壬戌華州回變記》，見馬長壽主編《同治年間陝西回民起義歷史調查記錄》，西安：陝西人民出版社，1993年，第77頁。

啓訥《憂憤疾書》記載：「渭南回民在華州圻買竹竿，漢人打傷回人，而官長不爲伸理，且爲漢人作主，有『打死回民，不必經官』之謠。當此之時，回民亦俯首帖耳，不爲少動。」〔註97〕以上對比，可以發現，劉、李兩人雖然對聖山砍竹同一事件的描述存在明顯差異，但有一點可以肯定，那就是導致事態走向惡化的謠言產生了，「向後回傷漢民一以十抵，漢傷回民十以一抵」與「打死回民，不必經官」的謠言如出一轍。

其二，漢人鄉團開始編織藉口，肆意緝殺回人。鄉村社會中，佛教今生來世的觀念根深蒂固，人們敬畏鬼神和生死，因此，剝奪一個人的生命是一件非常嚴肅的事情，除必須要符合既有的律文制度之外，還要有一系列格式化的程序和儀式。鄉團開始隨意取人性命，這在之前是不可想像的。謠言起了推波助瀾的作用，但鄉團不負責任的行爲則直接導致了事態的惡化。李啓訥指出，「團練之設，名曰弭亂，實爲亂階。推原其由，善良者畏事，絕不與聞；習猾者喜事，爭先恐後。迨至充爲團練頭目，嚇詐鄉鄰，藉端索求。又有無賴游民，每日支得口糧，百十爲群，搶劫成風，此風一熾，天下多事矣。如今關中回、漢相殺，雖屬回民滋事，實由漢人有以激之也。」〔註98〕鄉團惡習，由此可見一斑。鄉團的這一舉動使事態的發展開始偏離了原來解決衝突和摩擦的正常軌道，雙方試圖通過和談協商解決問題的途徑被切斷，彼此之間對立和互不信任的情緒逐漸加劇，事態開始滑入惡化的深淵。鄉團隨意擄殺回民的情況表明，地方官府已經無法完全禁止或約束這種非法行爲，鄉村原有的運行體系和統治秩序已經開始趨於崩潰。

接下來的數日間，事態的發展一波三折。四月十八日黎明，「聞有槍聲，頃刻間各團響應，集白泉鋪者近萬人，搜回諜誅之。」四月二十一日，太平軍至堠子鎮（即今藍田縣北堠子鎮，過此往北即爲華州境），雙方停戰和議。一聞有警，頃刻間萬人雲集，搜有回民，不問就裏，即以間諜誅之，這表明，華州一帶，原來回、漢雜錯居住的格局此時可能已經蕩然無存，彼此之間已經完全切割開來。而太平軍入陝，則使原來簡單的回、漢衝突，變成了回、鄉團、官府及太平軍四股力量交織在一起的局面，事情變得愈加複雜。其間有過短暫的轉機，在太平軍大兵壓境的情況下，回、漢雙方一度罷兵和談。

〔註97〕　〔清〕李啓訥：《憂憤疾書》，見馬長壽主編《同治年間陝西回民起義歷史調查記錄》，西安：陝西人民出版社，1993年，第84頁。
〔註98〕　〔清〕李啓訥：《憂憤疾書》，見馬長壽主編《同治年間陝西回民起義歷史調查記錄》，西安：陝西人民出版社，1993年，第84頁。

但局勢瞬息萬變，機會稍縱即逝。對於太平軍入陝，清廷表現出了極大的恐慌，多次諭令對回民「密爲防範，毋令反側。」官方的態度給了鄉團一個最好的口實，回民密謀與太平軍密謀勾結，成了鄉團大規模屠殺回民的最好藉口。四月十九日，捻軍兵至渭南赤水鎮，「華陰鄉團齊集華州，詢及回、漢研竹打架之事，而團練中有無賴者，忽起搶劫回民之念，然難以爲辭。遂聲言回民將作撚匪內應，必先除去內患，然後再堵賊匪。二華團眾即尋至華州之秦家村……聲言『回民造反，先行剿洗』……登時將秦家村放火燒毀，任意搶劫。」〔註99〕這一事件是一個重要的分水嶺，此後事態已不可逆轉的滑向惡化的邊緣。

　　火燒秦家村之後，漢人鄉團恐回民之鳴於官而治其罪也，於是開始傳帖滅回，上書「陝西不留回民，天意滅回，必將回民戮除淨盡，回房燒毀不留。各處見傳單後助糧助兵，有不從者，仍以燒房殺戮爲令。」據《秦難見聞記》載：「先是渭南刀匪馮元佐與本縣趙姓及大荔李姓共相唱合，潛行傳帖，聲言奉旨洗殺回民，愚民不知從而信之。於是自潼關以西，凡往來回民非鋤即殺，無得免者。」〔註100〕鄭士範《舊雨集》對此事亦有記載：「自渭南回變，有練總馮元佐者，飛布『見回不留』之語，以故渭南回子販土貨者，道鳳翔留不敢歸。」而回民之中亦盛傳「三州縣民傳帖約於三日內齊發，將盡殲我族類」，並且據說在捕獲的漢人身上果真搜到了類似傳帖，謠言由此再起，彼此對立情緒更加嚴重。

　　飛帖滅回外，民間又有渭南縣趙老五「三天平川、五天搜山」之謠，趙老五渭南縣孝義鎮大財頭，趙老五給他爸賀壽，請禹王三村人看戲，不料回、漢爲了看戲打架，涉訟到官。趙老五買通西安府的漢官十九人，他們在西安聯盟，要「三天平川，五天搜山」，在五日之內洗盡陝西的回回，然後在金勝寺擺太平宴。〔註101〕除此之外，民間還有「一百二十個漢人滅一個回回」之

〔註99〕　〔清〕李啓訥：《憂憤疾書》見馬長壽主編《同治年間陝西回民起義歷史調查記錄》，西安：陝西人民出版社，1993年，第85頁。捻軍入陝在同治五年（1866）底，並非同治元年（1862）。赤水鎮在華縣西並非屬渭南，李氏所言或有誤，但整個事件經過記載則大體無誤，〔清〕楊毓秀《平回志》、〔清〕易孔昭《平定關隴紀略》等書均有記載。

〔註100〕　〔清〕東阿居士：《秦難見聞記》，見馬霄石《西北回族革命簡史》，上海：東方書社，1951年，第93～94頁。

〔註101〕　馬長壽主編：《同治年間陝西回民起義歷史調查記錄》，西安：陝西人民出版社，1993年，第200頁。

謠。大體是說丁憂在家的張芾密謀與渭南孝義鎮趙老五屠殺陝西回回，張母曾加勸阻，張芾不聽，以菜籽做比喻講，漢多回少，120 個漢人殺 1 個回回，怕啥！〔註 102〕謠言四起，正是災難來臨之前，普通民眾在這種令人窒息的緊張空氣面前，內心極度恐慌和心理扭曲的外在表現。

從聖山砍竹以來的整個事件發展進程可以看到，秦家灘及其附近回民都與此沒有任何牽涉，鄉團藉口回民造反，先行剿洗，屠殺無辜回民，此事成為整個事件的轉折點。自此以後，牽涉其中者，不問是非，僅斷漢、回，兩個族群被完全割裂開來，並站到彼此的對立面上。貪欲、恐慌的情緒伴隨著歇斯底里式的破壞快感，與漫天的謠言交織在一起，迅速蔓延開來。民諺有「事由先趕秦家起，火燒秦川八百里。」〔註 103〕狡黠之徒摩拳擦掌，揮刀相向，而善良小民則夜不更衣，幾成驚弓之鳥，隨時準備隱遁遠行，或引頸就戮，如當時周板的秦家、灣灣的洪家、車村的吳家，三家人惡得很，外人很難惹他。俗語有「寧挨官家一刀，不與三家人結交」為證，三家人既然好事難惹，所以事態就一天一天擴大了。而各村漢戶舊有宿仇者亦趁機相報，如龍泉村的王、趙二戶素有怨隙，相互殺傷。〔註 104〕局勢完全失控，謠言所到之處，屠殺隨即開始。

居於城關的回民最先遭到屠殺，比同州府城，「己卯，城內回民蠢動，盡夷之。」〔註 105〕三原縣城關有回民數百家，原居於城內興和巷及西關一帶，五月十三日被聚而焚於清真寺內。〔註 106〕涇陽縣「（五月）十八日，武生靳殿魁率城鄉團勇搜殺城內回民，僅留廩生鐵果。」〔註 107〕鳳翔城內城內的官軍，聽聞城外回回造反了，「便洗盡了城內回民，相傳只有一人逃脫，藏在城隍廟的牌位後面，但被人發覺時已經餓死了。」〔註 108〕城居回民較少逃脫，主要

〔註 102〕民間流傳的同治戰前一百二十個漢人對一個回回的故事有多個版本。參見馬長壽主編《同治年間陝西回民起義歷史調查記錄》，西安：陝西人民出版社，1993 年，第 165、200 頁。

〔註 103〕馬長壽主編：《同治年間陝西回民起義歷史調查記錄》，西安：陝西人民出版社，1993 年，第 420 頁。

〔註 104〕馬長壽主編：《同治年間陝西回民起義歷史調查記錄》，西安：陝西人民出版社，1993 年，第 37 頁。

〔註 105〕光緒《大荔縣續志》卷一《軍事》。

〔註 106〕光緒《三原縣新志》卷六《人物・張潛傳》。

〔註 107〕宣統《重修涇陽縣志》卷七《武事》。

〔註 108〕馬長壽主編：《同治年間陝西回民起義歷史調查記錄》，西安：陝西人民出版社，1993 年，第 122 頁。

原因是城關地帶圍牆四隔，回民躲無可躲，藏無可藏。且城內大都有官軍駐防，勢力較強，而回民大都較少，力量比較弱小。及至六月初旬，清廷派勝保領兵入陝，關中又有「調集官軍，先洗回匪，後洗漢人」之謠。故漢人鄉團，紛紛散去，然至此事已不可爲矣。

五、武裝化與組織化：肢體衝突背後的深層原因

在同治以前相當長的一段時期內，西北回、漢之間同村共井、互爲鄉梓、融洽共處的大背景下，局部地區頻繁發生的單個的、零星的、小規模的衝突與摩擦，是如何一步步演化成爲回、漢兩個族群之間的嚴重敵視與對立，並最終以同治年間那樣一場大規模慘烈屠殺的形式集中釋放出來。正確解釋這一問題，探討肢體衝突背後更深層次的原因，以下兩個方面的情況值得探討：

其一，衝突摩擦與回、漢雙方武裝化。

長期頻繁的衝突與械鬥，使得回、漢雙方都被動或者主動的購買或打製兵器，武裝自己，以便在衝突中占得先機、避免吃虧，這種情況在同治以前的關中地區，相當普遍。據大荔縣的耆老蘇振娃講：「回回當年的兵器，以『關山刀』爲最多。刀一邊有刃，一邊鈍，原係刀客所操。這些『關山刀』都是被招來漢人鐵匠在南王閣村製造的。」〔註 109〕原羌白鄉完全小學教員宋之人的講述有些類似，他稱：「我的祖父宋世友，是個木匠，他在 1917 年死的，當時我年已十一歲，他給我說，他常在南王閣的回回家做活，親眼看到回回家請鐵匠製作武器，如刀矛之類。他問回回家人：『你們作刀矛幹啥？』回回帶笑說：『是殺你們呆迷的。』這事在當時是秘密的，是在咸豐末年。」〔註 110〕實際上，同治以前，隨著衝突與械鬥的發展，武裝化的過程是一個漸近的過程，這一過程中，漢人亦在購置兵器，如南王閣東面的八女井經常有壯丁，有刀槍，準備對回回打仗。而且武器遠比回民的先進，起事之初，回民自南王閣進攻八女村，當時漢團兵丁集中在二郎廟，回兵則集中在紅廟，相距只有二百尺。最初幾次仗，回軍失敗了。原因是由於漢團有抬槍，回軍

〔註 109〕 馬長壽主編：《同治年間陝西回民起義歷史調查記錄》，西安：陝西人民出版社，1993 年，第 106 頁。

〔註 110〕 馬長壽主編：《同治年間陝西回民起義歷史調查記錄》，西安：陝西人民出版社，1993 年，第 122 頁。

無此物。」〔註111〕民間口述史料中，常常把戰前回民打製兵器作爲其蓄意謀叛的標誌，顯然，這種說法是錯誤的。回、漢雙方武裝化的發展在客觀上加劇了衝突的烈度，也直接導致了衝突的進一步擴大和升級。

其二，衝突摩擦與回、漢雙方組織化。

長期的衝突與摩擦使得回、漢之間最初零星鬆散的爭鬥逐漸升級，在這一過程中，回、漢雙方的地方精英階層都起到了動員、組織乃至領導的作用。對於漢民來講，由士紳們把持的地方團練日漸膨脹，打著維護和恢復正常的統治秩序的幌子，不斷挑戰和背離民眾期望，在回、漢雙方的衝突中起了極其惡劣的作用和影響；對於回民來講，掌教阿訇等宗教精英人物權力的擴大和集中，也提高了回民社會的組織化程度，增加了在衝突中表達本族群共同訴求的籌碼。這在客觀上也加劇了回、漢之間的對立，日益強大的伊斯蘭宗教組織對既有統治秩序構成了嚴峻的挑戰。雙方組織化的發展，背後眞正角力的實際上是皇權、教權與紳權，在傳統鄉村社會中擴展及衝突。拉鐵摩爾認爲：「回教及其社會組織是綠洲生活機制的發展……比起從中國廣衍的農耕地區中搬來的而不習慣綠洲孤立環境的漢人要強得多。因此，我們放下特殊的爭論不談，甘肅『回亂』可以說是一種利用中國中央政治力量的衰弱，以回民較高的統一性及實施力來壓倒甘肅境內組織鬆懈的漢人的企圖。」〔註112〕在這樣一段論述中，拉鐵摩爾把同治西北戰爭中，回民被動的、有組織的反抗錯誤地理解爲主動的、有組織的壓制，並且用「孤立綠洲」這樣一個詞來描述晚清甘肅的地理景觀，極易讓不熟悉這一地區的人們產生空間上的錯覺。儘管如此，毫無疑問，他仍然關注到了戰爭狀態下，西北回民，相較於漢人，強而有力的組織性是存在的。回、漢雙方組織化發展，爲大規模衝突的爆發提供了組織上的基礎和可能，這是同治西北戰爭爆發後迅速惡化的一個重要原因。

通過對 19 世紀以來，興起於大規模民眾叛亂和中西衝突背景的各種地方武裝的討論，孔飛力揭示了晚清社會變革中一種重要的趨勢，即地方軍事化，並展示的叛亂（入侵）——平叛（抵抗）類型的軍事化模式。他認爲「軍事

〔註111〕馬長壽主編：《同治年間陝西回民起義歷史調查記錄》，西安：陝西人民出版社，1993 年，第 122 頁。
〔註112〕〔美〕拉鐵摩爾著，唐曉峰譯：《中國的亞洲內陸邊疆》，南京：江蘇人民出版社，2010 年，第 127 頁。

化既可以看作是一個過程，也可以看作是一系列的類型。它是人們從平民生活制度中分離出來的過程。它也是表示種種可能分離程度的一系列制度的類型。因此，『軍事化水平』這一術語表示特定制度離開平民一極而向軍事一極接近的程度。」〔註113〕簡單地講，軍事化實際上是一種可以將民間力量動員、組織起來並投入到武力行動的組織機制和過程。從這個意義上講，同治以前，關中地區長期存在的回、漢雙方的武裝化和組織化，也可以看作是一個逐漸軍事化的過程。

　　李恭忠在對19世紀華南社會普遍存在的土、客衝突進行研究後，土、客間的械鬥也是一種地方軍事化模式，而且，這種軍事化的模式組織程度高、人員捲入範圍廣、參與程度深、武力行動慘烈、武器裝備先進、傷害威力強、持續的時間久，在地方社會相當罕見。就其對地方社會運行的深刻影響而言，孔飛力展示的叛亂——平叛類型的地方軍事化根本無法與之匹敵。〔註114〕實際上，華南社會的土、客械鬥相比，西北地區回、漢之間的械鬥，有過之而無不及。他們不但組織化程度更高，受影響的人群更多，波及的範圍更廣，當然造成的傷害也更大。究其原因，肢體背後隱含著的文化衝突，尤其是宗教因素佔據了主導地位的文化衝突，遠比局部地方土、客間因現實的物質利益而產生的糾鬥影響更大。

　　中國傳統的漢地社會中，主體人口是漢人，主流文化是儒家文化，儒家的價值觀念一直被理所當然的視爲普世價值。國家內的所有人口、宗教以及文化理所當然地被視爲同質的沒有差別的對象。在這種背景下，作爲外來宗教的伊斯蘭教及信奉伊斯蘭教的回回人，往往被視爲「異類」。明中期的雅德之士陸容〔註115〕這樣記載他眼中的回人，「回回教門異於中國者，不供佛、不祭神、不拜屍，所尊敬者唯一天字。天之外，最敬孔聖人，故其言云：『僧言

〔註113〕〔美〕孔飛力著，謝亮生等譯：《中華帝國晚期的叛亂及其敵人——1796～1864年的軍事化與社會結構》，北京：中國社會科學出版社，1990年，第14頁。

〔註114〕李恭忠：《客家：社會身份、土客械鬥與華南地方軍事化——兼評劉平著〈被遺忘的戰爭〉》，《清史研究》2006年第1期。

〔註115〕陸容，字文量，號式齋，南直隸蘇州府太倉人。生於明英宗正統元年，卒於孝宗弘治九年。成化二年進士，授南京主事，進兵部職方郎中。陸容是明中期著名的飽學之士，生平尤喜聚書和藏書，與張泰、陸釴齊名，時號「婁東三鳳」。祝允明作有《甘泉陸氏藏書目序》，稱他才高多識、雅德碩學，購書多異本。錢謙益稱他好學，居官手不釋卷，家藏數萬卷，皆手自讎勘。詳見《明史》卷二八六《文苑傳二》。

佛子在西空，道說蓬萊住海東。惟有孔門眞實事，眼前無日不春風。』見中國人修齋設醮，笑之。初生小兒，先以熟羊脂納其口中，使不能吐嚥。待消盡而後乳之，則其子有力，且無病。其俗善保養者，無他法，惟護外腎，使不著寒。見南人著夏布袴者，甚以爲非，恐涼傷外腎也。」〔註116〕這段記載，很多回族學者往往隱去「天之外，最敬孔聖人」一句，試圖以此說明，至明中期，漢地士人對於回回的歧視就已經存在了。實際上，認眞通讀全文，陸容對於回回人種種與傳統儒家規範不符的做法與習俗，似乎並沒有太多的成見，甚至抱有些許獵奇的心態，將其視作可以觀賞談論的對象。如果陸容的觀點可以代表明中期主流士人普遍觀點，從陸容的學識、社會地位及影響來看，這樣推測大概沒什麼問題，那麼這種獵奇俯視的心態，當然首先與文化的自信有關，只不過，其背後隱含的更深的社會背景則是：回回這樣一個人們的群體，明中期時，在全國相當一部分地區，或者至少在陸容生平主要活動的江浙一帶，人口數量可能仍然不多，分佈可能也比較離散，還遠沒有形成清晰的民族認同，也不足以對主體人口和主流文化形成有力的挑戰。

　　及至明末清初，回回人在主流士人眼中的形象發生了根本性的變化。比如，在號稱明末清初三大儒的顧炎武在眼中，回回就「自守其國俗，終不肯變。結爲黨夥，爲暴閭閻，以累朝之德化，而不能馴其頑獷之習。」〔註117〕這種不講實事，只談結論的做法，明顯帶有極強的個人主觀色彩，鄙視、傲慢與成見躍然紙上。其實，只要隨著檢索一下明末以來的士人文集，就會發現，民間這種群體性偏見，不但歷史久遠，而且相當普遍。在完成於乾隆初年的一本清眞書籍中，回回人自己這樣總結了他者對於回人的種種疑慮與不滿，「有謂不遵正朔，私造憲書，以三百六十日爲一年，而群相慶賀者；有謂異言異服，揀擇飲食；甚者謂齋仍茹葷，白日何故不飲食？又謂禮拜不知所拜何神，而夜聚曉散，男女雜還；更謂齊髭以毀父母之遺體，而龐貌爲之異樣者。」〔註118〕入清以來，儘管在較長的一段時期內，官方對待回民的態度尚較寬容，但士大夫階層偏見和歧視卻甚囂塵上。雍正年間，山東巡撫陳世倌兩次上奏，指陳回民罪狀，請求禁絕伊斯蘭教。〔註119〕所奏內容雖爲一己

〔註116〕　〔明〕陸容：《菽園雜記》卷二。

〔註117〕　〔明〕顧炎武：《日知錄》卷二九《吐蕃回紇》。

〔註118〕　〔清〕金天柱：《〈清眞釋疑〉自序》。該序作於乾隆戊午年二月，即乾隆三年二月。

〔註119〕　雍正二年九月十二日陳世倌奏摺，《宮中檔雍正朝奏摺》第3輯，臺北：臺北

之詞，但這種思想在大清的官員們中，顯然比較有代表性。

對於那些通過科舉躋身仕途的回族官員們來講，在充滿歧視與偏見的官場之中，如何堅守自己的信仰，是一件非常困難的事情。根據伊斯蘭教規，安拉是唯一信仰，禁食豬肉，禁止飲酒。據說在平定苗疆戰役的慶功宴上，因哈元生是穆斯林出身，不食豬肉，高宗特賜羊肉給他吃。〔註120〕這一故事引自民國金吉堂的《中國回教史研究》一書，原始出處未知，初讀亦頗覺有演義的成分。即使事情為眞，亦為個案，不具代表性。官場中穆斯林眾多，皇帝不可能每次宴請都會單獨賜餐。很多情況下，他們在皇帝賜宴或共同宴飲時，往往無法恪守酒肉之禁。所以，清人稱：「凡以回籍服官者，洊擢至三品，即須出教，以例得蒙賞吃肉，不能辭也。」〔註121〕其意即此。除了飲食的禁忌，回回官員行走官場之中，時刻需要向皇帝以及其他崇拜的神或偶像進行跪拜，這一行為也嚴重違背宗教法典。為了在這樣的違禁行為中自我救贖，他們常常用一些只有自己知曉的方式來得到些許心理上的安慰，以此來迴避儀式的眞實性和重要性。比如，在對著叩頭時不讓頭與大地接觸，把寫有清眞的紙條放在匾額的後面，或者不直接對匾額叩頭等。中田吉信在《清代回族的一個側面》一文中，為我們詳細描繪了官場中回籍官員們戰戰兢兢、委曲求全的形象。〔註122〕

乾隆繼位以後，官方對待回民的態度開始逐漸發生了變化，當士大夫階層和各級地方官員中普遍存在的針對回民的文化歧視和宗教歧視上升為國家意志之後，對現實生活產生直接影響的司法歧視便產生了。從乾隆二十七年（1762）開始，在此後的 100 多年間，一系列專門針對回民的律文、例則被不斷地制定和完善起來。〔註123〕根據這些律則，因同一案由，回民比漢人的刑罰要重很多。比如，對搶奪行為的處罰：漢人結夥十人以上，及雖不滿十人，但執器械搶奪，為首照強盜治罪，為從減一等。十人以下，又無器械者，方略搶奪律治罪；回人則，凡搶奪結夥在三人以上，不分首從，俱實

故宮博物院，1979 年：雍正七年四月二十一日陳世倌奏摺，《宮中檔雍正朝奏摺》第 12 輯，臺北：臺北故宮博物院，1979 年。
〔註120〕 金吉堂：《中國回教史研究》，北平：成達師範，1935 年，第 93 頁。
〔註121〕 〔清〕徐珂：《清稗類鈔·宗教類·回教徒不食諸肉》。
〔註122〕 〔日〕中田吉信：《清代回族的一個側面》，《回族研究》1992 年第 1 期。
〔註123〕 〔美〕費正清、劉廣京編，中國社會科學院歷史研究所編譯室譯：《劍橋中國晚清史》，北京：中國社會科學出版社，1985 年，下卷，第 248 頁。

發雲、貴、兩廣極邊煙瘴充軍。如數在三人以下，審有糾謀持械逞強情形者，亦照前擬軍。若止一時乘間，徒手攫取，尚無逞兇情狀者，仍照搶奪本律擬徒。〔註124〕兩者比較，回民所受處罰要遠遠重於漢人，這使得回民逐漸淪爲法律意義上的「賤民」。清中期以後，地方官員在處理回、漢訴訟時揚漢抑回，處處偏袒的態度大都根源於此，而一般民眾對待回民的態度也深受其影響。

漢人欺負回民，往往認爲自己是主人，人多勢眾，有優越感。對於回民，則認爲他們是客戶，是少數人，無足輕重。〔註125〕是以肆意侮辱，毫無顧忌。衝突中有漢人將豬肉投入回民井中者，有在回民集市宰賣豬肉者，亦有以豬肉故意碰沾回民衣襟挑釁者，不一而足。清人稱：「漢、回雜處，宗教既異，回之防漢，恒虞待以異族；而漢之視回，尤輕蔑而獸畜之。」〔註126〕同治以前，頻繁發生的衝突與摩擦，漢、回未嘗交惡，或偶因羊豕啓爭，亦相怨一方而已，旁觀者不以爲然。〔註127〕從回民到漢民，從民間到官方，彼此都習以爲常，認爲其不過如漳泉大姓之械鬥，未必叛也。〔註128〕也正因爲如此，幾乎沒有人想到這種頻繁發生的衝突與摩擦，最終會以同治年間那樣一場慘烈戰爭的形式爆發出來。

第四節　同治西北戰爭概況

西北地區是我國回民的傳統聚居區，也是人口數量最多，分佈最集中的地區。而關中、寧靈及河西等處，連片帶集聚，其數尤眾。〔註129〕千百年來，回、漢兩族同村共井，「互訟之案，釁起戶婚田土事件」〔註130〕較爲普遍。瑣

〔註124〕王東平：《〈大清律例〉回族法律條文研究》，《回族研究》2000年第2期。

〔註125〕馬長壽主編：《同治年間陝西回民起義歷史調查記錄》，西安：陝西人民出版社，1993年，第121頁。

〔註126〕〔清〕張兆棟：《守岐紀事》，見中國史學會編，白壽彝主編《回民起義》第4冊，上海：神州國光社，1952年，第271頁。

〔註127〕〔清〕鄭士範：《舊雨集》，見馬長壽主編《同治年間陝西回民起義歷史調查記錄》，西安：陝西人民出版社，1993年，第363頁。

〔註128〕光緒《鄠縣鄉土志·兵事》。

〔註129〕路偉東：《高陵十三村回族聚落群與清代陝甘回民人口分佈格局》，《歷史地理》第28輯，上海：上海人民出版社，2013年，第185～195頁。

〔註130〕〔清〕余澍畴：《秦隴回務紀略》，見中國史學會編，白壽彝主編《回民起義》第4冊，上海：神州國光社，1952年，第215頁。

碎細故，本人情所不能，官民皆「視爲固然者久矣」。〔註131〕乾隆中期以來，隨著官方在法律層面對回民的公開歧視日益加深，〔註132〕回、漢打鬥有升級之勢，「睚皆細故，動輒百十成群，持械鬥毆。」〔註133〕東府渭河沿岸諸縣，械鬥之風尤盛。不但次數頻繁，而且規模驚人，聚眾往往成百上千，鬥殺性命亦不鮮見。

在歧視性的司法語境中，遇有糾鬥，地方官員往往右漢左回，處處偏袒，致使矛盾無法得到合理解決。而地方團練、蝻客匪勇〔註134〕在糾鬥之中復以眾欺凌，爲禍尤烈，常常導致矛盾激化。這一過程中，太平軍、捻軍入陝，掌教阿訇等宗教因素影響並推動的回民組織化、軍事化等，都在一定程度上也對衝突的擴大起了推波助瀾的作用。民間的不滿、焦躁以及歇斯底里的衝動恰恰就是在這種司空見慣、頻繁發生的衝突中，在官民的不經意間，日積月累，逐漸凝聚成一股可怕的力量，最終以一場慘烈戰爭的形式釋放出來。〔註135〕

同治元年（1862）四月初，渭南回、漢再起紛爭，不數日，縣屬「沙南、渭北諸屯堡焚殺無遺」。〔註136〕回軍遂占渭南，困同州，復陷高陵、華州、華陰，進而圍攻省城西安。其他州府回民亦聞風而起，朝邑、涇陽、三原、咸陽等縣城相繼被圍。同年八月兵發潼關，次年正月多隆阿領兵入陝。各方在渭河東西數百里間反覆拉鋸廝殺，村堡皆遭焚掠。關中沃野，良田鞠爲茂草。及至六年（1867）夏，左宗棠兵統兵西進之後，遂盡驅陝西回民入甘。八年

〔註131〕〔清〕曾毓瑜：《征西紀略》卷一，見中國史學會編，白壽彞主編《回民起義》第 3 冊，上海：神州國光社，1952 年，第 24 頁。

〔註132〕路偉東：《掌教、鄉約與保甲冊——清代戶籍管理體系中的回民人口》，《回族研究》2010 年第 2 期。

〔註133〕早在乾隆畢沅撫陝時，長安一帶回、漢械鬥案就頗多。見馬長壽主編《同治年間陝西回民起義歷史調查記錄》，西安：陝西人民出版社，1993 年，第 122 頁。

〔註134〕時人劉東野言：「其傑黠者結黨成群，本地無賴和之，始以借糧爲名，繼則掘窖藏，掠財物，牽驅馬，勒令出贖。近山有十八團之名，民間呼爲『蝻客』，一曰『搜山』。」〔清〕劉東野：《壬戌華州回變記》，見馬長壽主編《同治年間陝西回民起義歷史調查記錄》，西安：陝西人民出版社，1993 年，第 82 頁。

〔註135〕路偉東：《羊頭會、鄉紳、訟師與官吏：同治以前關中地區回漢衝突與協調機制》，《回族研究》2010 年第 1 期。

〔註136〕〔清〕楊毓秀：《平回志》卷一，見中國史學會編，白壽彞主編《回民起義》第 3 冊，上海：神州國光社，1952 年，第 61 頁。

（1869）二月底，回民自董志原敗走，清軍由此開始進圍寧夏。十年（1871）
元月，金積堡連同周圍數百回民堡寨盡被蕩平。十一年夏，河州馬占鼇等人
以勝利之師乞降。同年底，西寧回軍敗走河西。同治十二年（1873）九月二
十三日，清軍攻陷肅州。至此，陝甘戰事基本結束。

　　從同治元年（1862）初華州聖山砍竹事發，到同治十二年（1873）九月
底肅州城陷，陝甘戰事前後僅持續了 11 年多。這十餘年間，除了軍隊間的攻
伐，族群之間的互屠，還有團練匪勇對地方的盤剝與虐殺。戰事所及之處，
城堡屢陷，沃野繁華，盡爲焦土，田荒糧盡，人煙斷絕，熟地變成茂林，「殘
殺　口，輒死人民數萬，血流成渠，屍積如山，傷心慘目。」〔註 137〕而與戰
爭伴隨而來的拋荒、災歉、飢饉，貫穿始終，各地糧絕而人相食者，不絕於
書，人口損失慘重。慶陽董志原延袤數百里，地沃民豐，號隴東糧倉。「十八
營」〔註 138〕佔據其間，人口陡增數十萬，不久即發生糧荒。同治七年（1868）
麥熟後，回軍搶先刈割，民人僅「撿拾遺穗餘粒，少延殘喘，遂致斗粟賣錢
八串，後至十二串亦無可買之處，餓殍載道，人獸相食，其慘不可勝言。」
〔註 139〕同治七年（1868），隆德縣「歲大歉，斗米二十五六千文不等，人相
食，死者塞路。」〔註 140〕戰後平復時，全縣尚無二三十家。

　　除了殺戮與饑荒，瘟疫也是造成戰時人口嚴重損失的重要原因之一。戰
火波及之處，普遍發生瘟疫。究其原因，應該與飢饉導致的人口體質嚴重下
降和戰時緊張驚恐等心理應激反應導致的機體免疫力下降有關，也應該與飲
用水污染有關。戰時小民，尤其是老幼婦孺自我了斷的主要方式，除了仰藥、
自縊、跳崖外，就是投井。比如西安圍城期間，洗回消息日夕數警，城內回
婦皆持剪蹲守井口，隨時準備自盡。〔註 141〕又如臨潼縣姚家堡被圍七晝夜不
克，民如驚弓之鳥，聞縣城被攻破，即跳崖投井死者有千餘人。〔註 142〕官私
史料中此類小民跳井的記載極多，不可勝數。勝保兵入潼關，省城西安附近，
「荒煙蔓草，無從覓食。井中皆有積屍，求水亦不可得。」〔註 143〕此時戰事

〔註 137〕民國《創修渭源縣志》卷六《武備志・回變官民死事紀略》。
〔註 138〕韓敏：《董志原十八營元帥事蹟考》，《回族研究》1993 年第 2 期。
〔註 139〕民國《重修靈臺縣志》卷三《武備》。
〔註 140〕民國《重修隆德縣志》卷四《拾遺》。
〔註 141〕馬長壽主編《同治年間陝西回民起義歷史調查記錄》，西安：陝西人民出版
　　　　　社，1993 年，第 178 頁。
〔註 142〕光緒《臨潼縣續志》卷上《殉難人物》。
〔註 143〕〔清〕易孔昭：《平定關隴紀略》卷一，見中國史學會編，白壽彝主編《回民

方起不久，大量井泉既因小民投井而遭到污染。軍隊水源即已如此匱乏，水民飲水窘迫之情更毋庸言表。

　　而大量屍體無法及時妥善處置則可能是戰時瘟疫流行的更直接原因。同治六年（1867），崇信縣「瘟疫流行，城鄉傳染殆遍，棺木俱窮，多以蘆席捲埋。」〔註144〕官私文獻中相關記載頗多，光緒末年修《甘肅新通志》時，甚至闢有專門篇目來記錄相關內容。〔註145〕及時對屍體進行有效處理，可以極大減少瘟疫發生概率。會寧南石溝人李振西，「回亂後徙居侯家川，築堡寨，招流民，（同治）十三年冬大疫，死者甚眾，癘氣方熾，人莫敢殮屍，皆遠避野宿，振西延道家修醮逐疫，施棺掩屍，疫遂息，流民復安鄉鄰。」〔註146〕從同治戰後各地方志中大量旌表出資殮屍善行的記錄來看，戰爭期間，可能有更多的屍體無法得到及時掩埋。西北多日苦寒，黃沙白雪間，骸骨暴於野，除易遭狼犬啃食，對生者尚無大礙。但夏日酷暑，暑氣薰蒸，屍體極易腐爛，影響就極顯著。禮泉縣城被困期間，「生擒者俱戮於城門北牆下，時方炎暑，臭氣襲人，於是疫癘大作，日有死亡。」〔註147〕除此之外，亦有學者研究表明，在部分地區，瘟疫流行可能也與戰爭引發的生態災難有一定關係。〔註148〕

　　以上種種慘相，凡戰爭所及，幾乎每處皆同，「民不死於回，即死於勇，不死於回與勇，即死於瘟疫、飢餓。」〔註149〕現有研究表明，僅戰爭持續短短十餘年間，陝甘區域人口損失總數以千萬計，損失比例可能超過總人口的六成。〔註150〕同治西北回民戰爭是中國近代史，尤其是近代西北人口發展史

　　　　　起義》第3冊，上海：神州國光社，1952年，第255頁。

〔註144〕民國《重修崇信縣志》卷四《志餘》。

〔註145〕光緒《甘肅新通志》卷二《天文志·附祥異》。

〔註146〕光緒《甘肅新通志》卷七三《人物志·孝義》。

〔註147〕馬長壽主編《同治年間陝西回民起義歷史調查記錄》，西安：陝西人民出版社，1993年，第310頁。

〔註148〕李玉尚、曹樹基：《咸同年間的鼠疫流行與雲南人口的死亡》，《清史研究》2001年第2期；余新忠：《咸同之際江南瘟疫探略——兼論戰爭與瘟疫之關係》，《近代史研究》2002年第5期。

〔註149〕光緒《洮州廳志》卷一八《雜錄》。

〔註150〕曹樹基研究表明，1861至1880年間，陝甘人口損失超過2,000萬，損失比例高達63%。（葛劍雄主編，曹樹基著：《中國人口史》第五卷《清時期》，上海：復旦大學出版社，2001年，第717～718頁）此20年間，陝西省還遭到了光緒大旱災的沉重打擊，人口損失較重。研究表明，這一時期，災荒造成

上的重大歷史事件。這場戰爭，不但完全打斷了區域人口發展的歷史進程，徹底改變區域人口的民族結構和空間分佈，同時，更引發了大規模的區域人口遷移。

第五節　本章小結

　　儘管回回這樣一個人們的群體，圍繞著回、漢差異滋生發育起來的其民族的認同，直到明期末清初才開始形成。但回回先民進入西北地區的歷史可以往前追溯得很早。在回回族群形成並逐漸發展的過程中，包括漢人在內的大量其他族群的人口，都融入到這樣一個伊斯蘭文化共同體裏面來。千百年來，西北地區的回、漢兩族，同村共井，互為鄉梓。這一地區是中國回族人口最傳統和最主要的聚居區，他們和漢人一樣，都是這塊地區的主人。

　　以羊頭會為切入點，通過對關中地區回、漢兩個族群社會生活場景的勾畫，筆者儘量展現了同治西北戰爭爆發之前，雙方矛盾不斷積聚並最終激化的過程。進而通過這種闡述和研究，或多或少地揭示導致這場戰爭發生的部分真實原因。粗淺的研究表明，戰前關中地區的回、漢衝突主要體現在地畔、宗教文化、商業利益及日常生活瑣事等諸多方面。鄉村士紳階層在衝突的解決中扮演了重要的角色，肢體衝突的實質是文化衝突，衝突、解決、再衝突與再解決的過程實際上是一個組織化、軍事化的過程。

　　同治西北戰爭是西北近代歷史上的重大事件之一，同時更是西北人口史和回族人口史上的重大歷史事件。長達十餘年的戰爭，不但造成了嚴重的人口損失，也徹底打斷了區域回族人口發展的歷史進程，更改變了整個區域人口的民族結構。對於這樣一個影響巨大的戰爭，其爆發的原因是多重的，從長期以來農民起義和階級對立史觀的泥潭裏走出來，我們應該對其有更深刻的反思。

的陝西省損失的人口大概接近 1／5。（路偉東：《同治光緒年間陝西人口的損失》，《歷史地理》第 19 輯，上海：上海人民出版社，2003 年，第 350～361 頁）

第二章　清代西北回族人口管理制度

　　雖然理論上清代的回回或回民是一個概念非常明確的人們的群體，但是實際上，當我們面對相關史料時，試圖對其進行清晰地辨別和準確地把握仍然是一件非常困難的事情。造成這一困境的主要的原因是，我們至今不清楚清代官方辨別回回的標準是什麼？這種標準是否建立在官方戶口管理的層面上？或者說，在清代的戶口管理體系中，是否存在著專門的回民戶籍，或者至少是針對回民的特殊標記？如果答案是肯定的，那麼，什麼樣的人口會被官方認定並記錄爲回族人口，官方對回族人口的管理方式具體又是什麼樣的？進而，爲什麼在現存的清代官方文獻中幾乎看不到與回族人口相關的記錄？本章將對上述問題逐一進行解答，深入探討清代戶籍管理體系中的回族人口問題。

第一節　入清以來官方對回態度與政策

　　入清以來，與內地回回人對自身特殊性意識同步增強的，是漢地社會主體人口對回回人與日俱增的成見。尤其是在傳統的士大夫階層中，對內地信奉伊斯蘭教的回回族群的偏見和歧視更是普遍存在。但是，在較長的一段時期內，官方對待回民的正式態度，至少從表面上看起來，還是比較寬容的。康、雍兩朝曾多次頒佈諭旨，反覆申明回、漢同隸編氓、皆爲國家赤子政策。同時，對各級地方官員中普遍存在的故意歧視和惡意詆毀回民的言論，也給予了較爲嚴厲的批駁。比如，康熙三十三年（1694），北京牛街回民被誣謀反一事的處理，就很有代表性。這一事件的起因係該年有蒙古準噶爾部奸細，

冒充新疆「紅帽回」潛入京城，牛街禮拜寺宗教師馬騰雲以同教接待。後該奸細被抓，供出馬騰雲曾受招待一事。京城官員以此謠傳回民私通外寇，謀危社稷，主張剿殺京城回民或盡遣出京城。真相查明後，馬騰雲得以獲釋。康熙帝下旨安撫回民，稱：「漢諸臣分職時享君祿，按日朝參；而回逐日五時朝主拜聖，並無食朕俸，亦知報本，是漢不及於回也。通曉各省：如官民因小不忿，藉端虛報回教謀反者，職司官先斬後奏。」〔註1〕

雍正繼位之後，數年期間，不斷有地方官吏以回民自為一教，異言異服，強悍刁頑，肆為不法等為由，奏請對其進行嚴加懲治約束。這其中，最有代表性的就是山東巡撫陳世倌和安徽按察使魯國華二人。雍正二年（1724）九月，陳世倌曾奏，稱：

> 竊惟左道惑民，律有嚴禁，但倡為邪教，聚眾燒香，夜聚曉散，引誘鄉愚，此等情罪，固屬可誅。而律例既有明文，地方自可禁緝，未有身為紳士，實遵異端，聲援團結，濟惡害民，公行天下，莫可指斥如回教之甚者也。查回教不敬天地，不祀神祇，不奉正朔，不依節序，另立宗主，自為歲年。日用豬肉，指為禁忌，而椎牛共饗，恣其貪饕，人家有饌，絕不入口，而宰割物類，另有密咒。身故之日，寸絲不掛，舉殯之時，空棺撤底，種種矯誣，誕妄實甚。其始不過因回回遷入中華，散居各府，獨為一教，不相往來。以後種類日繁，交遊日廣，自京師以及天下，歸其教者，至不可勝數，各府中多有崇祠廣宇，名曰禮拜寺，俗稱回回堂，由來已久，不能禁絕。所可惡者，黨羽眾盛，到處橫行，打降逞兇，包娼窩盜，屠牛剝羊，掣鷹架犬，無所不為，一旦事發，則合黨群起，不呼而集。緣若輩教中，既多同心協力，而文武臣僚及衙監書役、行鋪中，莫不皆有其人，恃勢潑賄，官長莫制，鄉民側目，莫敢誰何。〔註2〕

此奏詳細羅列了回人種種與傳統儒家規範不符的做法與習俗，行文措辭已經從晚明清初主流士人那種俯視狀態下盛氣凌人的傲慢與偏見，變成了咬牙切齒的攻擊與斥責。在雍正七年（1729）四月的另一份密摺中，陳世倌又詳列回民不問晦朔盈闕，不論閏餘寒暑，不遵奉寶曆等違規之舉，奏請雍正

〔註1〕 牛街禮拜寺存康熙三十三年六月皇帝頒發的木製聖旨牌。見劉東聲、劉盛林編《北京牛街》，北京：北京出版社，1990年，第134～135頁。

〔註2〕 雍正二年九月十二日山東巡撫陳世倌奏，見臺北故宮博物院編《宮中檔雍正朝奏摺》第3輯，臺北：臺北故宮博物院，1979年，第177頁。

皇帝敕下各省督撫將各處禮拜寺拆毀，改立書院或祀神明。對出仕及身列衣冠充任胥役者，概令出教。如有甘心從教不可化誨者，不許混入仕籍應考充役。同時，埠頭行戶，不許回民佔據，內地百姓不准信奉回教，違者照師巫邪術律治罪等。〔註3〕及至雍正八年五月，安徽按察使魯國華又以相似情由上奏，請求嚴令回民遵奉正朔服制，禁革一切禮拜寺，對回民之私記年月、擅戴白帽者及地方官之容隱徇庇者，均依律治罪。結果，此奏引起雍正帝震怒，在其後的上諭中給予斥責，交部嚴加議處。該上諭如下：

> 回民之在中國，其來已久，伊既為國家之編氓，即皆為國家之赤子也。朕臨御天下，一視同仁，豈忍令回民獨處德化之外？是以曾頒諭旨，訓以興孝勸忠，望其型仁講讓，服教慕義，共為善良。即數年來，亦未見有回民作奸犯科，逞兇肆惡者。且其中有志上進者甚多，應試服官，同於士庶，而以武科名出身，洊登顯秩，為國家宣力效忠者，常不乏人。如從前之馬進良、馬雄，近日之哈元生者，不勝枚舉，皆令名勞績昭著者也。至回民之自為一教，乃其先代相沿之土俗，亦猶中國之大，五方風氣不齊，習尚亦因之各異，其來久矣，非近日加增之俗習，歷代並未通行禁約，強其畫一也。魯國華此奏甚屬苛刻怪誕，回民何嘗不遵正朔而只以其私記時日，即加以不遵正朔之名？回民何嘗不遵服制而只以其便用冠巾，即加以不遵服制之罪？至於禮拜、清正等寺名，亦不過如各省村邑崇奉其土俗之神，皆為祀典之所不載，何獨於回民刻意吹求，指為罪案乎？從前恭奏回民者甚多……今魯國華於朕已經降旨通行訓導回民之後，仍復如此陳奏，不知其出於何心？若回民果有干犯法紀之處，國憲具在，自當按律懲治，並無曲宥回民之條。倘回民本無過愆，而大小官員等但因其習尚少不同，衣冠小異，區區末節，肆意苛求，妄行瀆奏者，朕必嚴加處分。魯國華乃庸碌之材，因為道員尚不勝任，豈能稱臬司之職，只以安徽一缺需員署理，一時不得其人，是以暫且委用。伊於本分職掌有益於地方之事，不知細心辦理……而獨分外條陳回民風習，妄事更張，且請嚴定法律，通行禁約，使無辜之回民俱不得其所，此等條奏非有挾私報復之心，即欲惑亂國政，

〔註3〕　雍正七年四月二十一日山東巡撫陳世倌奏，見臺北故宮博物院編《宮中檔雍正朝奏摺》第 12 輯，臺北：臺北故宮博物院，1979 年，第 900 頁。

著將魯國華交部嚴察議奏，特諭！〔註4〕

之所以如此不厭其煩地將一奏一諭幾乎原封不動的大段抄錄於此，主要是因爲，幾乎所有的學者尤其是回族學者，在幾乎所有的相關論著中，都反覆引用這些奏諭來論證自己的觀點，那就是在清朝前期，有部分，實際上是相當一部分地方官員對待回民過於苛責與嚴厲，回民受到了嚴重的不公對待。但是，康、雍兩朝皇帝對待回民，都相當的寬容與大度，可以說恩惠有加。在這樣的敘事範式中，如果懷著極強的族群帶入感來重讀這些文字，於動情之處，幾乎可以讓人時而義憤塡膺，時而熱淚盈眶。然而，細細檢索，在這樣的研究成例中，幾乎所有的研究者都只是選擇那些自己認爲比較緊要文字，尤其是與自己論點密切相關的部分文字，進行論證。奏諭的其他部分，則有意或者無意地給忽略掉了。在這種線性的邏輯推理和論證過程下產生的結論，其可靠性與正確性讓人懷疑。因爲，這種結論根本無法解釋爲什麼在短短幾十年後，也就是乾隆朝的前期，官方對回態度與政策會發生根本性的轉變。

仔細研究上面的奏諭，可以發現，眞正導致雍正帝震怒的原因，不是魯國華的涉回表奏，而是魯國華在雍正帝降旨通行訓導回民之後，仍然如此陳奏。用最簡單最通俗的話來解釋就是，不是表奏內容，而是表奏這一事件，違反聖意，不識時務。實際上，這一時期，很多地方大員都有涉回表奏，其中最著名的，除了雍正上諭中提到的山東巡撫陳世倌外，還有官職更大的，那就是川陝總督、寧遠大將軍岳鍾琪。在雍正七年（1729）的一份密奏中，岳鍾琪稱，陝甘一帶「編戶之中，有回民一種，其寺皆名禮拜，其人自號教門，飲食衣冠，異於常俗，所到之處，不約而同，其習尚強梁，好爲鬥狠……杜漸防微，宜早爲計。」〔註5〕所有這些涉回表奏，都沒有受到雍正帝的斥責。在批覆陳世倌的上諭中，雍正帝的話就很耐人尋味，他稱：

此種回教，原一無所取，但其來已久，且彼教亦不爲中土所宗尚，率皆鄙薄之徒。即彼教中之稍有知識者，十居六七若似有出於不得已之情，從無平人入其教門之理。由此觀之，則彼之所謂教者

〔註4〕雍正上諭，見中國第一歷史檔案館編《雍正朝漢文諭旨彙編》，桂林：廣西師範大學出版社，1999 年，第 3 冊，第 232 頁。

〔註5〕雍正七年三月十七日陝甘總督、寧遠大將軍岳鍾琪奏，見臺北故宮博物院編《宮中檔雍正朝奏摺》第 12 輯，臺北：臺北故宮博物院，1979 年，第 694 頁。

亦不過止於此數，非蔓延難量之事。至彼之禮拜寺、回回堂，亦惟
彼類中敬奉而已，何能惑眾？朕令汝等嚴禁新奇眩幻駭人之事，如
僧、道、回回、喇嘛等，其來已久，今無故欲一時改禁革除，不但
不能，徒滋紛擾，有是治理乎？未知汝何具意見也。〔註6〕

　　這份上諭的語氣明顯不似斥責魯國華那份上諭嚴厲，實際上，通讀全篇，
不要說斥責，基本上連批評的語氣都沒有，更多的只是說教。雍正帝首先認
為，回教沒什麼可取之處，回人亦多粗鄙，不足為懼。其次，目前形勢下，
無緣無故地全部取締也根本不可能做到，只會白白增加麻煩，不符合治理的
常識。最後，他甚至以商量的口氣反問陳世倌，有什麼具體意見，這基本上
和問「你認為我說的如何」沒什麼區別，言辭之間盡是商量討論的口吻。那
麼，為什麼內容幾乎完全相似的涉回表奏，在幾乎差不多的時間上奏，雍正
帝的反應會有如此大的反差呢？其實，道理很簡單，只要把這一事件放置在
清初西北用兵的這一時代大背景之下，就很容易理解。

　　清初西北疆域止於甘肅，嘉峪關外幾乎盡為蒙古人所有。準噶爾盤踞天
山以北，縱橫於西起伊犁，東止興安嶺的整個蒙古高原，對清廷構成嚴重的
現實威脅。康熙二十九年（1690）六月，準噶爾大軍在距北京僅數百千米之
遙的內蒙古烏爾會河大敗清軍，〔註7〕京師為之震動。在這種現實的壓力面
前，整個清朝前中期的用兵重心都在西北。在這樣一個相當長的時期內，清
廷在這一地區一直都在有組織地、緩慢但又堅定地積蓄力量，步步推進，以
圖可以給準噶爾致命一擊，最終解除這種戰略上的嚴重威脅和生存上的巨大
壓力。比如，河西走廊鎮番等處的屯田在沙州等處的移民等。〔註8〕而西北陝
甘，正是回族人口最多的地區，從關中往西一直到河西走廊最西端的肅州，
回民幾乎無處無之。因此，安撫好回民，保持這一地區的穩定，是用兵西北
的重要基礎，也是繼續西進的堅定基石。對於康、雍二帝這種具有雄才大略，
並且深謀遠慮的戰略指揮家來講，他們當然知曉其中的利害。後世讀史者，

〔註6〕　雍正上諭，見臺北故宮博物院編《宮中檔雍正朝奏摺》第3輯，臺北：臺北
　　　　故宮博物院，1979年，第177頁。
〔註7〕　烏爾會河又名鄂爾虎河、賀爾渾河、和爾洪河，在今內蒙古東烏珠穆沁旗之
　　　　烏拉蓋高勒（烏拉根郭勒）。烏爾會河之戰詳見黑龍《烏爾會河之戰》，《清史
　　　　研究》2007年第1期。
〔註8〕　路偉東：《農坊制度與雍正敦煌移民》，《歷史地理》第22輯，上海：上海人
　　　　民出版社，2007年，第310～330頁。

完全可以想像雍正帝在讀到岳鍾琪密奏中的「杜漸防微，宜早爲計」一句時的心態。很顯然，清康、雍二帝對於主流士人及各級官吏中甚囂塵上涉回言論，不可能沒有覺察，而且，對於日益壯大的回回群體，也不可能無所忌憚，沒有防備。只是形勢逼人，情非得已而已。

封建時代，國即是家，家即是國，所以古語稱：「薄天之下，莫非王土；率土之濱，莫非王臣。」在家天下的統治秩序中，當權者擁有無限權力的同時，其實也面臨著無限的風險，因爲他所有的一切，包括身家性命在內，都與國綁定在一起，容不得任何閃失，經不得一點風險。歷史的經驗和教訓表明，幾乎每次的改朝換代，宗教都被用來作爲籠絡人心的工具，構建反抗力量的組織。所以歷來手握天下爲權謀者，對這一問題都極爲忌憚，相當謹慎，清朝的統治者自然也不會例外。入關之後，爲了鞏固自己的政權，清廷很快就對漢地社會廣泛存在的各類秘密教門組織。比如，徐公會、善友會以及白蓮教、大成教、混元教、無爲教等，進行了嚴厲地打擊和積極地取締，並且在《大清律集解附例》中增加了相關內容，以保持政策的統一。這種高壓態勢，整個康熙朝從未減輕和停止。雍正帝繼位後，即密令查禁教門，與康熙朝比，所有政策、措施更是有過之而無不及。河南、直隸、山東、山西、浙江以及江西等教門淵藪之區，均是重點排查之所。〔註9〕陳世倌涉回兩摺，其實就是在這一背景下密奏的。這是雍正帝自己布置的任務，陳世倌只是依令而行，雍正帝當然不可能以此來苛責他。

實際上，從雍正帝批覆陳世倌密摺的上諭中，言辭話語之間，可以看出，他對於回回及回教頗爲不屑。認爲回教一無所取，信眾率皆鄙薄之徒。之所以不同意陳世倌之奏，完全禁止回教。除了服從西北用兵安撫西北之回這一國家戰略之外，還有一個重要原因，與回教自身傳教的特點有關係。伊斯蘭教的傳播，僅在家族內部，不似基督教，公開傳教。所以，雍正帝認爲，其人數發展比較緩慢，至少在短時間內，還不足以構成眞正的威脅。

至於安徽按察使魯國華，雍正帝罵他「庸碌之材爲道員尙不勝任，豈能稱臬司之職，只以安徽一缺需員署理，一時不得其人，是以暫且委用。」最終交部嚴察議奏。雍正帝如此處理魯國華，可以看出，他至少有兩方面考慮與權衡：其一，就是魯國華太愚笨，完全看不懂戰略大局，自然也不明白雍

〔註9〕 鄭永華：《清代秘密教門治理》，福州：福建人民出版社，2003年，第53～127頁。

正帝的眞實意圖。雖然康、雍兩朝，地方官乃至京官中對於回民的偏見與歧視，已幾乎是完全公開。但朝中有不少回籍官員，君臣當然會有所顧忌。所以，不論雍正帝布置各地訪查回教，還是陳世倌等人涉回表奏，均是密摺，內容僅限於君臣二人之間。而魯國華所奏，可能是公開的，這當然會引發回籍官員的反彈，雍正帝不得不要有所表態，以示安撫之意。其二，是魯國華不堪用：安徽按察使一職，只是因爲缺員，一時不得其人，所以才讓魯國華暫且署理。對雍正帝來講，其職位無足輕重，完全不似山東巡撫陳世倌及陝甘總督岳鍾琪等封疆大吏重要。拿這樣一個人開刀，既沒有什麼損失，也可以給朝中回籍官員一個交代，並對民間的廣大回眾給予安撫，還可以配合朝廷用兵西北的大戰略，可謂一石數鳥。所以，整個事件，魯國華只不過是一個被拋棄的棋子而已。身處官場，無腦跟風，原本以爲可以得到獎賞，不知自己的一個小小舉動，已逆龍鱗，犯眾怒，最終引禍上身。而尤爲可悲之處在於，魯國華自己有可能至死都不會明白他爲什麼會受到責罰。

　　總之，乾隆中期，清廷對回政策完全轉向不是突然之間就發生的。在此之前其實早有迹象，並且有所準備。通過上面的分析，我們可以看得比較清晰。只不過，公開的上諭中冠冕堂皇的文字和由此刻意傳達的皇帝心懷赤子、一視同仁的態度，是如此的具有迷惑性，不僅當時人、當事者讀不懂其後的眞實意思，即使後世治史者亦往往受其誤導。這或許就是歷史最複雜，也最爲生動鮮活的一面。

第二節　乾隆朝官方對回態度的轉變及涉回法律條文的制定

　　從康熙朝中期開始，清朝與準噶爾之間連年征戰，雙方勞師費財，清朝國力消耗很大。及至雍正朝末，彼此都有停戰意願。雍正十三年（1725）三月，經過艱難談判，雙方暫定，以阿爾泰山一帶爲界，初步分界。〔註10〕此後，直至雍正末年，雙方疆界基本上維持不變，〔註11〕雖然此後邊疆上的戰事從未停息，但清朝地廣物豐，國力更勝一籌。尤其乾隆帝繼位以後，清朝

〔註10〕 《清世宗實錄》卷一五五，「雍正十三年閏四月丁酉」條。
〔註11〕 王稱：《試論雍正朝對西域的經營》，《新疆大學學報（哲學人文社會科學版）》2006 年第 2 期。

政局穩定、國力日趨強盛，這與內亂不斷、日益衰落的準噶爾形成鮮明對比。雙方短暫的戰略平衡開始被打破，局勢越來越向著有利於清廷的一方傾斜。而西北方向上來自準噶爾部的巨大戰略威脅，也開始慢慢減弱。

乾隆三年（1738），準噶爾主動派人入京表示誠心求和之意，雙方於次年春按清朝的主張，正式完成了邊界議定。〔註 12〕乾隆十年（1745）十月，準噶爾首領噶爾丹策凌病逝，準噶爾部上層發生奪權內訌，長近十年間，各派互相攻伐，篡奪相尋，分崩離析。〔註 13〕在這樣的形勢下，乾隆十九年（1754）底，清軍派大兵數萬從巴里坤、烏里雅蘇臺（今蒙古國的札布汗省首府）兩路出發，攻打準噶爾。一路勢如破竹，幾乎沒遇到任何真正有力的抵抗。不數月即攻陷準噶爾部政權中心所在地伊犁，圍殲準噶爾主力，活捉首領達瓦齊。〔註 14〕此後兩三年間，清軍先後剷除了北疆準噶爾的殘餘勢力以及南疆維吾爾貴族大小和卓領導的反叛力量。至乾隆二十四年（1759）底，徹底終結了天山南北自元明以來綿延數百年的分裂割據狀態，嘉峪關以西廣大地區盡為清朝所有。

至此，自康熙中期以來，就始終揮之不去的，來自西北的巨大戰略威脅也終於得以解除。而在這一過程中，有大量回族人口聚居的陝甘等處，邊地逐漸成為內陸，戰略地位也逐漸減弱。正是在這樣的大背景下，自乾隆帝繼位以來，清廷官方對待回民的態度也逐漸發生了改變。比如乾隆十五年（1740），廣西提督豆斌以回民惟恃強梁、不講忠義為由，密奏反對回民哈攀龍補授固原提督，具體行文如下：

> 固原人悍兵強，甲於全陝，附近多住回民。臣在河西三十年，回子居心行事，頗知其詳。前在固原提督任內，點閱營伍，見回子甚多，私竊駭異。詢其所以，俱云前任楊宏署提督三年，召募回子九百餘名。且誼重教親，任其肆橫。舉城兵民，道路以目。臣旋即調補廣西，聞十一年奪門鬧市之案，其中大半回民。此種人惟恃強

〔註 12〕《清高宗實錄》卷六一，「乾隆三年正月丁丑」條。
〔註 13〕乾隆十九年冬，鬥爭失敗的阿睦爾撒納率部二萬餘眾，入關請降。該年十一月初，阿睦爾撒納到達京城附近，因未曾出痘，乾隆帝特地在承德避暑山莊接見他，史載阿睦爾撒納行「抱見禮」，乾隆以蒙語詢問變亂始末，設宴款待後，賜給鞍馬，並封為親王。參見〔清〕昭槤《嘯亭雜錄》卷三《西域用兵始末》。
〔註 14〕楊鴻英：《乾隆朝兩次平定準噶爾始末》，《故宮博物院院刊》1988 年第 4 期。

梁，不講忠義。富則多事，窮則爲竊。其性原與人殊，今哈攀龍又
係回子，縱不瞻徇，其如教親何。

　　雖然此後哈攀龍仍然得以赴任，〔註15〕但是，從乾隆帝對此密奏批覆的
「所奏甚可嘉」五個字〔註16〕來看，很顯然，乾隆帝不但完全認同前任固原
提督豆斌對固原回人的成見，而且還給予表揚。這和雍正帝那種雖然較爲不
屑，但仍然比較平和的對回態度相比，有了比較明顯的變化。乾隆二十七年
（1762）六月、十二月，山東按察使閔鄂元以回民獷悍成習、結黨爲匪，僅
照常例辦理不足示懲爲由，先後兩次奏請加重對回民結夥行竊行爲的處罰，
其摺最後也得到了乾隆帝的認可。〔註17〕後經刑部議准，纂輯爲例，此即爲
《大清律例》中例 872 的雛形，也是清代所有涉回法律條文的濫觴。

　　在乾隆四十年（1775）五月的一份上諭中，乾隆帝稱：「朕每見法司爰
書，有以犯名書作惡劣字者，輒令改寫。而前此書回部者，〔註18〕每加犬作
『狗』，亦令將犬旁刪去。誠以此等無關褒貶，而適形鄙陋，實無足取。況當
海寓同文之世，又豈可不務爲公溥乎。將此通諭知之，所有原頒《明史》、及
《綱目三編》，俟改正時，並著查繳。」〔註19〕官方法律文書，乃至《明史》、
《通鑑綱目三編》等大部頭官修史書中，如此公開而且毫無顧忌的在回字左
邊加犬字來指稱回民，以示醜化和蔑視。連皇帝自己都覺得「實形鄙陋，
實無足取」，要求以後進行修改。由此可以看到，及至乾隆中後期，整個官方
層面對於回民的正式態度，已經從先前普遍的傲慢與偏見，發展到公開的人
格上的侮辱與謾罵。清廷官方的這種不公正對回態度，在由廟堂向民間層層
傳導的過程中，被無限放大，造成了極其惡劣的社會影響。乾隆朝以後，
地方官員在處理民間回、漢糾鬥事件時，公然揚漢抑回，處處偏袒，實皆源
於此。

　　就在這樣一個節骨眼上，乾隆四十五年（1780）九月，蘇四十三事變爆

〔註15〕《清高宗實錄》卷三七七，「乾隆十五年十二月戊戌」條。
〔註16〕《清高宗實錄》卷三七七，「乾隆十五年十一月丁卯」條。
〔註17〕《清高宗實錄》卷六六五，「乾隆二十七年六月庚申」條；《清高宗實錄》卷
　　　六七六，「乾隆二十七年十二月庚子」條。
〔註18〕清人往往將聚居於天山以南的纏頭回稱爲回部，並且在絕大多數情況下，清
　　　人也很少將「回部」與內地回民混稱，但具體行文來看，乾隆此處所指回
　　　部，大概範圍比較廣泛，官方正式文書中，概皆以「狗」相稱，以示醜化與
　　　蔑視。
〔註19〕《清高宗實錄》卷九八三，「乾隆四十年五月甲子」條。

發，這一事件對乾隆以後的西北回族，實際上最終是對全國回族都產生了極其重要而持久的影響。

蘇四十三事變原本起於回族內部的新、老教派之爭，初與官府無涉，更與漢民無關。蘇四十三是哲赫忍耶教派〔註20〕創始人馬明心的弟子，自乾隆二十六年（1761）起，馬明心開始在循化傳教。他主張靈活變通地理解和闡述教法，簡化宗教儀軌，反對教權世襲和阿訇私用布施，強調周濟貧苦。因此，在回族底層貧困小民中影響很大，發展迅速，很快威脅到了老教的利益，雙方矛盾由此而生。乾隆二十七年（1762），馬明心與老教教主馬國寶因講經不和致訟，最終，兩人皆被官府逐出循化。此後，蘇四十三逐漸成為循化新教首領。乾隆三十四年（1769），兩派再以講經起釁，互控對方為邪教至甘肅臬司。此後數年間，兩派又多次發生流血衝突和武裝械鬥。在這一過程中，官方多以騎牆之態應對，瀆職失責，沒能正確解決雙方矛盾，由是彼此積怨越來越深。乾隆四十五年（1780）九月，兩教因主持教徒喪事再生爭鬥，數月間，雙方各執器械，互相殺伐，事態逐漸擴大。至乾隆四十六年（1781）三月初八日，陝甘總督勒爾謹委派蘭州府知府楊士璣與河州協副將新柱統兵前往彈壓，未幾，兩人先後被新教回民斬殺。至此，局勢完全失控，二十一日蘇四十三帶兵攻佔河州，次日渡洮河，二十五日即由小路經唐汪川逼至甘肅省城蘭州，朝野震動。此後清廷迅速調集各路官軍進行鎮壓，將事變回民圍困於城西華林山，至同年七月初六日，蘇四十三等人全部戰死，事變結束。

在蘇四十三事件結束後，清廷在善後事宜處理上基本採取了大棒加胡蘿蔔的政策，在五月份的一份上諭中，乾隆帝稱：「此案辦理關鍵現在總以幫扶舊教滅除新教為詞，明白曉諭，以安舊回眾之心。」〔註21〕安撫老教回族，是要盡快平定地方；打擊新教，則是要根株盡絕，「不留餘跡，以期永不滋事。」〔註22〕同時，清廷在政治與軍事上也做了相應指揮調整，以加強控制。比如，將陝西提督遷至固原，將原固原總兵移至河州，並在循化增駐參

〔註20〕 哲赫忍耶是阿拉伯語 Jahriyya 的音譯，漢語意譯為「公開的」、「響亮的」、「高念的」，主張禮拜時高聲誦念，所以又稱「高聲派」或「高贊派」，與傳統默念派（虎夫耶）方法相對應。哲赫忍耶與虎夫耶、尕德忍耶、庫布忍耶並稱中國伊斯蘭教蘇菲派四大門宦。

〔註21〕 《清高宗實錄》卷一一三一，「乾隆四十六年（1781）五月癸巳」條。

〔註22〕 《清高宗實錄》卷一一三一，「乾隆四十六年（1781）五月庚寅」條。

將一員，兵八百，在太子寺設立州判，以分防稽查等。〔註 23〕實際上，這一事件的影響，遠不止於此。

從乾隆四十五年（1780）九月開始，到乾隆四十六年（1781）七月結束，這一事件持續的時間不過 10 個月，波及的範圍也僅限於循化、蘭州一線，但整個事件中的諸多細節卻非比尋常。循化事變發生後，先有地方兩教間的互相殺戮，後又有蘭州知府等官員被殺和州城陷落。待甘肅地方迅速將馬明心由定西解捕蘭州，進行關押。蘇四十三等人聞訊，竟又以區區千餘眾星夜馳赴省城，圍城救援。史稱二十七日午亥，蘇四十三等人見到城頭所立教主馬明心之後，「皆伏地跪拜誦新教經，明心俯向賊作番語，色甚厲，俄挽頭上巾擲城下，賊嘯而起，攻轉急。」〔註 24〕《蘭州紀略》的記載雖然簡略，但更傳神，稱教眾「皆跪乎經主，兼有哭叫聲」。〔註25〕及清軍大兵雲集，教眾被圍城西華林山，面對人數眾多，裝備精良的清軍正規部隊，從四月初八日，一直堅守到七月初六日，前後堅持近四個月，〔註26〕最後竟無一人投降。

縱觀整個事件，基層民眾對於宗教的狂熱信仰，對於教主的極度忠誠以及由此帶來的高度的組織性、驚人的戰鬥力和群體性從容赴死的堅定信念，極大地觸動了清廷敏感的神經。乾隆帝稱：「新教匪徒竟有三掌教名目，可見伊等掌教內已有等第層次，是其蓄謀已久，必非朝夕所能猝合。」〔註 27〕顯然，皇帝對這種具有「等第層次」的宗教組織非常震驚。相對於自入清以來就大力排查，並給予嚴厲打擊的各地秘密教門，這種來自民間帶有些許政治訴求的伊斯蘭宗教力量，對於皇權與統治秩序的挑戰更大，威脅也更大，這是清廷絕對不能接受和容忍的。因此，蘇四十三事件後，清廷開始重新審視西北穆斯林社會內部的複雜性，也重新評估伊斯蘭社會中的教權對傳統世俗社會中皇權的衝擊。由此，對西北循化撒拉人的控制，也很自然地延及包括內地回民在內的整個穆斯林群體。而涉回法律的制定、豐富與完善，正是這種強化控制手段中，極其重要的一環。

乾隆帝的繼任者們雖然在表面上重申了康、雍等朝回、漢一視同仁的政

〔註23〕 楊群：《試析蘇四十三起義與清政府伊斯蘭教政策的調適》，《黑龍江史志》2013 年第 15 期。

〔註24〕 光緒《甘肅新通志》卷四一《兵防志》。

〔註25〕 〔清〕阿桂等編纂：《欽定蘭州紀略》卷八。

〔註26〕 乾隆四十六年（1781）有閏五月。

〔註27〕 〔清〕紀昀等編纂：《欽定石峰堡紀略》卷四。

策，但現實中專門針對回民的律則卻越來越多。〔註 28〕以清代最重要的成文法典《大清律例》爲例，散見於「名例律」、「刑律・賊盜」、「刑律・鬥毆」等卷目中的涉回條款，總數多達 13 款，其中大部分都是乾、嘉兩朝制定的，以後各朝亦多有添改。這些專門針對回民的法律條文全部以例的形式出現，是對同一罪名下的不同犯罪主體——即民人與回民之間不同量刑標準的具體解釋和規定。比如，律第 302 條鬥毆律規定，「凡回民結夥三人以上，執持兇器毆人之案，除致斃人命罪應擬抵之犯，仍照民人定擬外，其餘糾夥共毆之犯，發雲貴、兩廣極邊煙瘴充軍。如結夥雖在三人以上，而俱徒手爭毆，並無執持兇器者，於軍罪上減一等，杖一百，徒三年。結夥十人以上，雖無執持兇器，而但毆傷人者，仍照三人以上執持兇器之例定擬。」〔註 29〕與之相比，普通民人觸犯鬥毆律則要根據是否結夥及被毆者傷勢等情況分別判處鬥毆者笞、杖、徒等刑，刑罰相對要輕許多。除了律例，清代涉回法律條文還表現爲則例、上諭等諸多形式，其內容則包括刑事、民事及社會經濟生活的各個方面。這些涉回法律條文及規定使得回民在很多情況下所受處罰比同類案件中的普通民人要重得多。比如，「徒流人逃」條例中，一般人犯脫逃後無行兇爲匪者，初犯枷號一個月，再犯枷號兩個月，三犯枷號三個月；回民則「初次遞回配所，用重枷枷號六個月，二次枷號九個月，三次及三次以外，枷號一年」，〔註 30〕處罰輕重對比相當明顯。因此，在清代法律的層面上，相對於民人來講，清代的回族人口是一個概念非常清晰、界線非常明確的人們的群體。

〔註28〕 關於清代對回政策及涉回法律問題，國內外很多學者都做過研究。比如，王樹槐著《咸同雲南回民事變》（臺北：臺北中研院近代史研究所，1980 年）一書關注了清代涉回法律問題。日本學者片岡一忠對這一問題的研究更爲全面系統，他在《從刑事案資料來看清朝的回民政策》（《史學研究》第 136 號，1976 年）等文中全面闡述了自己的觀點。美國的喬納森・李普曼（Jonathan N. Lipman）《論大清律例中的伊斯蘭教和穆斯林》一文也討論了大清律例中的伊斯蘭教和穆斯林問題（《回族研究》2002 年第 2 期）。近年國內學者如馬汝珩（《從海富潤案件看乾隆對回族的統治政策》，《回族研究》1992 年第 1 期）、胡雲生（《論清代法律中的回回問題》，《回族研究》1998 年第 4 期）及王東平（《〈大清律例〉回族法律條文研究》，《回族研究》2000 年第 2 期）等都對清代涉回法律問題進行過深入研究，本節對於清代涉回法律問題的回顧很大程度上參考了他們的成果。

〔註29〕 〔清〕吳壇：《大清律例通考》卷四七《刑律・鬥毆》第七條。

〔註30〕 《大清律例》卷三五《刑律・捕亡》。

本節根據已有研究，簡單回顧了乾隆朝時，官方對回態度轉變的過程、原因以及在此基礎上逐步制定並完善起來的，專門針對回民的歧視性的法律條文。主要是想說明這樣一個問題，那就是清代自乾隆中葉開始，至少在法律層面上，回民與漢民之間的界線涇渭分明，是一個非常明確的群體。他們擁有完全不同的法律身份，具體司法實踐中，適用完全不同的法律條文。

第三節　涉回法律條文與清代戶口管理體系中的回民戶籍

本節探討的主要問題是：在清代司法層面上，概念明確，界定清晰的回族群體，是如何在實際的司法實踐中實現的？由此引出清代戶口管理體系之中的回民戶籍問題，進而，在回民戶籍產生的過程、回籍人口的管理體系、登記方式以及制度缺陷導致的回民戶籍資料缺失等幾個方面進行具體闡述。

一、由法律層面的回族人口引出的回民戶籍問題

在回顧了清廷對回政策及涉回法律條文，並由此確知，在清代的司法層面上回民是一個界線非常明確的人們的群體後，接下來，應該考慮這樣一個更有意思的話題，那就是在具體的司法實踐中，地方的司法審判者和執法者是如何將這些紙面上枯燥煩瑣的法律條文與現實中鮮活生動的訴訟案件結合在一起的？或者說，他們是如何快速、準確地界定相關涉案人員的族屬身份，從而保證此類專門針對回民的法律條文，可以得到快速準確地適用與執行。要回答這一問題，我們首先來回顧一下，在傳統的認識和既有研究中是如何界定回民身份的。

在清人的描述中，回民「隆準深眶，士人一望而知。」〔註31〕陝西華州民間流傳「高鼻子，深眼窩，不是回子是哪個？」〔註32〕可看，體貌特徵被民間普遍認為是辨別回民的重要方法之一。現代人類學研究表明，在部分地區，回族人口的體貌特徵的確比較明顯。〔註33〕但是，如果將「隆準深眶」

〔註31〕〔清〕余澍疇：《秦隴回務紀略》卷一，見中國史學會編，白壽彝主編《回民起義》第 4 冊，上海：神州國光社，1952 年，第 219 頁。

〔註32〕馬長壽主編：《同治年間陝西回民起義歷史調查記錄》，西安：陝西人民出版社，1993 年，第 75 頁。

〔註33〕戴玉景、郗瑞生、趙晉：《臨夏市回族體質特徵的初步研究》，《人類學報》

這種體貌特徵絕對化，並以此作爲辨別回民的標準，那就很容易出錯。同治戰中，渭南縣有一漢人名叫黑毛，因臉生長鬚，被回軍誤以爲回回，由此躲過一劫。〔註 34〕而大荔縣東大村的朱桂森，戰時與家人逃難山西，卻因爲長相似回，險些被當地土豪所殺。〔註 35〕可見，把體貌特徵絕對化，作爲辨別回民的標準，極易出問題。究其原因，是因爲回族的形成不是以事實上的共同血統爲基礎的，而是以他們對於本群體出自共同的血統這一觀念的表達爲基礎的。〔註 36〕這一點與漢民族對於「華夏」後裔這樣一種自我認同的「共同血統」觀念是一樣的。

至少從晚明開始，回族內部開始施行較爲嚴格的族內婚制，確切地講應該是教內婚制。2000 年第五次全國人口普查的數據顯示，回族族內婚姻的比例仍然高達 87%，〔註 37〕在個別回民聚居地區。比如，河南洛陽瀍河回族區，這一比例甚至高達 98%。〔註 38〕基於這些統計數據，我們有理由相信，在清代，回民集中連片帶狀分佈的西北地區，這一比例很可能會更高。然而，有意思的是，回回這樣一個人們的群體，在歷史的形成過程中，反而恰恰是回、漢互婚的結果。回族民諺中有「回回巴巴，漢人娜娜」〔註 39〕的說法。巴巴即爺爺，娜娜，陽平聲，係波斯語奶奶之謂。這句話的意思是說，回回的父系祖先最早是西來的胡商，回回的母系祖先，則是漢地的婦女。即便是晚清以來，回回人開始施行較爲嚴格的教內婚制後，回、漢之間互婚的現象仍不少見。20 世紀 30 年代末，顧頡剛在西北考察時曾發現，在今天甘肅、青海交界的黃河與湟水匯合處的達家川一帶，「居民多孔姓，大川附近之孔廟即孔子家祠也，其族中之一部分則信奉回教，又大河家川亦有信奉回教之孔家。漢民中孔姓皆自稱爲孔子之後，不知何時起而有改從回者，可知環

1996 年第 3 期。

〔註 34〕 馬長壽主編：《同治年間陝西回民起義歷史調查記錄》，西安：陝西人民出版社，1993 年，第 40 頁。

〔註 35〕 民國《續修大荔縣舊志存稿》卷一二《列女傳·節孝》。

〔註 36〕 姚大力：《「回回祖國」與回族認同的歷史變遷》，見劉東主編《中國學術》第 1 輯，北京：商務印書館，2004 年，第 90～135 頁。

〔註 37〕 李曉霞：《中國各民族間族際婚姻的現狀分析》，《人口研究》2004 年第 3 期。

〔註 38〕 丁宏主編：《回族、東鄉族、撒拉族、保安族民族關係研究》，北京：中央民族大學出版社，2006 年，第 495 頁。

〔註 39〕 馬光啓：《陝西回族概況》，見馬長壽主編《同治年間陝西回民起義歷史調查記錄》，西安：陝西人民出版社，1993 年，第 214 頁；賈子奇：《三原回族的歷史變遷》，《三原文史資料》第 9 輯，1992 年，第 167 頁。

境移人之力實有不容忽視者。」〔註40〕對這一記載的解讀，暫且不論到底是孔姓漢人遷居此後改信了伊斯蘭教，還是改為孔姓的回人自認孔子為其先祖。至少有一點可以肯定，那就是歷史上回人改為漢人或漢人改為回人的情況的確存在，而且絕非個別的現象。除此之外，回、漢之間因過繼、抱養等原因而改教的情況也不鮮見，清人講：「回、漢教道久分，往往有漢民改為回民。究其所以，有回民乏嗣抱養漢民為子，有無賴漢奸，貪財歸回者。」〔註41〕在這種背景下，不可能每個回民都有明顯的區別於漢民的外在體貌特徵。以此作為辨別回民的主要標準，在司法實踐中出錯的概率就相當大，根本不具有可操作性。

民間也有把言語服飾、婚葬風俗等外在特徵，當作辨別回民的方法。回人尚清潔，愛乾淨，不吸煙，不飲酒。男多戴白帽，女則以紗巾蓋頭。這些傳統習俗與服飾，既有獨特的族群特色，更是伊斯蘭教義的嚴格規定。比如，男子所戴白帽，即是作為五功之一的拜功必備之物。按宗教儀軌，禮拜時，禮拜者的頭部不能暴露，必須遮嚴，磕頭時前額和鼻尖要著地以示對真主安拉的無限虔誠。無沿小帽恰能兼顧這兩方面的要求，也是日常生活中男性自視和他視為回民的主要外在特徵。與男子的白帽相對應，以蓋頭（面紗、披肩）蓋住頭髮、耳朵、脖頸，是回族女性服飾上的一個重要特點。

除了服飾，在清代的傳統鄉村社會中，民間還有一種辨別回民的方法，抑或是回民自己區別於漢人的特徵之一，那就是以有無陰毛來進行辨別。清代的回民結婚之後，一般會把陰毛剃掉。此類事情比較隱晦，在中國傳統的道德說教下正統書籍中一般都對其避而不談。不過在口傳史料中，的確有不少相關案例。比如據涇源縣（即清之化平廳）王閣村於春福講，同治西北戰爭前夕，華州秦家灘回、漢械鬥，結果漢人被打死5名，回民死了3名。「回回把漢人中的一名死屍搶過來，剃去陰毛。雙方死亡的人數相等，官府就無法治回民的罪了。」〔註42〕秦家灘回、漢衝突，彼此地畔相鄰，互為鄉黨，將屍體剃去陰毛即可以指漢為回，這種說法似乎並不可信，其中演義的成分頗多，實際的衝突可能並非如此。但是，從民間流傳的這一說法來看，在某

〔註40〕 顧頡剛、王樹民：《甘青聞見錄》，蘭州：甘肅人民出版社，1988年，第286頁。

〔註41〕 乾隆《循化志》，龔景瀚編纂，西寧：青海人民出版社，1991年，第322頁。

〔註42〕 馬長壽主編：《同治年間陝西回民起義歷史調查記錄》，西安：陝西人民出版社，1993年，第455頁。

些極端情況下，清代可能確有用此特徵來區別回、漢者。馬長壽等人在斷定西安西關外飛機場內小土丘爲當年金勝寺之役後回民埋藏殉難士兵的陵墓時，亦以該屍骸兜肚下沒有發現陰毛之類的東西爲主要依據之一。〔註 43〕此類特徵、包括回民男女白帽、頭巾等，或過於隱晦，或容易作僞，因此，根本無法推而廣之。司法實踐中顯然不能以此作爲辨別回民的標準。

學術界對清代法律體系中的回民身份也有所界定。比如，胡雲生就認爲，清代法律中所指的回回或回民有狹義和廣義之分，其中「狹義概念上的『回回』指中國境內，即漢語區的伊斯蘭文化共同體，是民族，當爲特定民族實體。而廣泛意義的『回回』指信仰伊斯蘭教的人……清代法律中的回回是以狹義概念即今之回族爲主，遍及廣義概念即穆斯林（尤含維吾爾）。」〔註 44〕李普曼雖然沒有對清代法律體系中的回民身份進行明確的界定，但在具體的表述中，他把大清帝國管轄下的臣民劃分爲穆斯林與非穆斯林兩個不同的人們的群體。〔註 45〕從這一分類來看，他所界定的清代法律體系中的回民，和胡雲生的表述是基本一致的，也是具有相同的伊斯蘭信仰的文化共同體。李蓉典在對清代戶籍管理制度進行概略回顧後認爲，清代回民是國家的「編戶齊民」，即列入國家戶籍而身份平等的人民，「內地回民早被官方戶口機關認作『民籍』……因朝廷分類回民的標準首在宗教信仰，內地漢民久有信奉者，生活飲食習俗皆從穆斯林禮節，則亦可被歸類爲回民，或稱『漢回』、『花門』。」〔註 46〕「花門」是唐代對回紇的別稱，清人以「花門」稱回回，是對其族源的錯誤理解，〔註 47〕其內涵實際上和「漢回」或「漢裝回」一樣，都是指以現代意義上的回族先民爲主體的內地信奉伊斯蘭教的文化共同體。

學界把共同的伊斯蘭信仰作爲辨別回民的首要標準，不論從族源，還是從學理上，都是正確的。這是因爲，從明代晚期以來內地回回民族認同的基

〔註 43〕 馬長壽主編：《同治年間陝西回民起義歷史調查記錄》，西安：陝西人民出版社，1993 年，第 177 頁。

〔註 44〕 胡雲生：《論清代法律中的回回問題》，《回族研究》1998 年第 4 期。

〔註 45〕〔美〕喬納森‧李普曼撰，王建平譯：《論大清律例中的伊斯蘭教和穆斯林》，《回族研究》2002 年第 2 期。

〔註 46〕 李藏蓉：《編戶下的回民：以清朝杜文秀京控案爲例》，《清史研究》2007 年第 2 期。

〔註 47〕 姚大力：《「回回祖國」與回族認同的歷史變遷》，見劉東主編《中國學術》第 1 輯，北京：商務印書館，2004 年，第 90～135 頁。

礎，即回——漢差異的主要內容就是伊斯蘭宗教信仰。回人自己也認為「考試、營業，與漢人無異，其所異者，不過宗教之點耳。」〔註 48〕但以下兩點需要說明：其一，在清人的視野中，回疆地區的纏頭回（畏兀兒）與內地回民迥然不同，乾隆二十六年（1761）十一月的上諭就明確指出：「辦理回眾事務，宜其性情風俗而利導之，非可盡以內地之法治也。」〔註 49〕實際上，清代在回疆地區施行的是與內地不同的單行法律《欽定回疆則例》。〔註 50〕所以，將清代法律體系中的回回或回民身份擴展至回疆地區的纏頭回首先就是錯誤的。其二，將這一範圍擴大至所有伊斯蘭教徒，即穆斯林，則更是謬之千里。清廷管轄範圍內信奉伊斯蘭教的人們的群體，並非只有現代意義上的回族，除了上文提到的纏頭回外，至少還有哈薩克、柯爾克孜、烏孜別克、塔塔爾等諸多人群。因此，中國境內、漢語言區的伊斯蘭文化共同體並非是一個單一的族群。〔註 51〕很顯然，以共同的伊斯蘭信仰作為界定清代法律體系中回民身份的主要標準過於寬泛。這種觀點，把族源意義上的回回人群與法律意義上的回回人群混為一談，同時，也沒有分清現代回民的清代先民與清人視野裏的回回人群之間的區別。

　　從另一方面來講，宗教信仰屬於個人思想的範疇，具有較大的不確定性，歷史或現實中因為各種原因，故意隱瞞或改變個人信仰的情況，並不少見。比如西安沈家橋幾家漢人，即為孫玉寶退走時偷偷留下的回民，雖不信回教，但相傳不吃豬肉，應該是當年戰時隱匿避禍者。〔註 52〕又如西安回民

〔註 48〕馬光啓：《陝西回族概況》，見馬長壽主編《同治年間陝西回民起義歷史調查記錄》，西安：陝西人民出版社，1993 年，第 214 頁。

〔註 49〕《清高宗實錄》卷六四八，「乾隆二十六年十一月丁未」條。

〔註 50〕據王東平的考證，長期以來，被諸多學者錯誤的認為適用於西北回族聚居地區的《回律》實際上就是適用於維吾爾地區的單行法律《欽定回疆則例》。王東平：《清代回疆地區法律典章的研究與注釋》，《西北民族研究》1998 年第 2 期。

〔註 51〕中國穆斯林不是一個單一民族，而是中國伊斯蘭教徒的通稱。他們至少包括現代意義上的回、維吾爾、哈薩克、東鄉、保安、撒拉、柯爾克孜、烏孜別克、塔塔爾等 10 族群。實際上，以上 10 個族群並非全部人口都是穆斯林，10 個族群以外，如蒙古族、傣族中亦有部分伊斯蘭教徒。具體可以參見白蓓莉教授的研究。Barbara L. K. Pillsbury. *The Muslim Population of China: Clarifying the Questions of Size and Ethnicity*, Journal-Institute of Muslim Minority Affairs (Jeddah, Saudi Arabia) 3, no. 2 (1981). Pp.35~58. Offprint.

〔註 52〕馬長壽主編：《同治年間陝西回民起義歷史調查記錄》，西安：陝西人民出版社，1993 年，第 206 頁。

馬實軒的二曾祖父，同治戰時就由漢紳保作良民，改稱漢人。〔註 53〕清代「回民中拜官受爵、洊登顯秩者，常不乏人，」〔註 54〕但明確記載爲穆斯林者卻並不多見，有所記載者對於宗教信仰問題，也大都輕描淡寫、一筆帶過。馬新貽是清代唯一一位官至總督的回民，但不論《清史稿》〔註 55〕、《清史列傳》〔註 56〕中的傳記，還是其家鄉的縣志，〔註 57〕均對其原本回民的身份避而不談，只在《清代野記》〔註 58〕及《庸盦筆記》〔註 59〕等書的相關記載中，隱晦地稱其先祖爲天方教。同治西北戰爭後，西北地區回民中因爲躲避戰亂而放棄伊斯蘭信仰者不乏其人。因此，以共同的伊斯蘭信仰來界定清代法律體系中的回民身份，在具體的司法實踐中根本不具有可操作性。

從上述分析來看，法律意義上的清代回回人群，不可能是建立在宗教的層面上，也不可能基於日常的行爲規則或約定俗成的慣例。它一定是建立在制度層面上的，而這種制度，最大的可能就是戶籍制度。筆者推測，在官方的戶籍管理制度方面，一定有關於回族人口的特殊規定，也就是有將官方認定的回族人口與普通民人戶籍涇渭分明地區分開來的特殊標記。地方涉回法律訴訟事務全部以官方登記的戶籍資料爲準。至於清代官方如何認定回民的？或者說，符合什麼樣標準的人群才可以或者必須登記爲回民？我們不清楚，或者原本就沒有一個非常明確的標準，宗教、外貌、服飾習俗乃至個人的認同等都可以作爲參考的依據。但是，不論何人，一旦被官方登記爲回民，那他就擁有了與普通民人完全不同的法律身份，適用完全不同的法律條文。

二、清代戶籍制度與回民戶籍的關係

既然官方戶籍制度層面，有回民的確切登記信息。那麼，接下來需要思考的問題是：這種特殊的規定或標記究竟是在已有民人戶籍的基礎上，增加了某些表明回民族群身份的特殊說明？還是有與普通「民籍」完全不同的，

〔註 53〕 馬長壽主編：《同治年間陝西回民起義歷史調查記錄》，西安：陝西人民出版社，1993 年，第 181 頁。

〔註 54〕 〔美〕官修：《清世宗實錄》卷八〇，「雍正七年四月辛巳」條。

〔註 55〕 《清史稿》卷四二六《列傳第二一三·馬新貽傳》。

〔註 56〕 《清史列傳》卷四九《馬新貽》。

〔註 57〕 光緒《新修菏澤縣志》。

〔註 58〕 梁溪坐觀老人：《清代野記》卷下《刺馬詳情》。

〔註 59〕 〔清〕薛福成：《庸盦筆記》卷三《張文祥之獄》。

專門的回民戶籍，即「回籍」呢？要回答這一問題，需要從清代的戶籍管理制度入手，進行系統的分析。

清初的戶籍管理，沿襲明朝制度，採取「諸色人戶並以原報冊籍爲定」的原則，〔註 60〕分天下人戶爲軍、民、匠、灶等類，實行配戶當差。由於天下初定，戶籍管理的首要目的是保證國家的賦稅收入和徭役僉派。所以，這一時期，戶籍管理的實質實際上就是人丁編審，也就是對可以承擔徭役的成年男丁的編審，至於其他類別的人口，或人口之間的族群差異，朝廷根本沒有興趣，也無暇顧及。爲了加快人丁登記的進度，清廷還採取了取消匠籍歸入民籍等措施，以簡化原有編審手續。〔註 61〕在這種情況下，增加任何一種新的戶籍登記種類都是不太可能的。因此，這一時期，回民這部分本來應該以族群劃分的人口，就被完全雜糅在以職業爲分的既有的戶籍之中。康熙五十一年（1712），清廷頒佈了盛世滋生人口，永不加賦的詔書。自此以後，固定下來的丁稅數額，就被逐漸分攤入地稅之中——即「攤丁入畝」。這項工作在雍正朝基本完成後，原來五年一編的丁口數字已經不再具有任何意義。而國家戶籍管理的工作重點，也從原來以成年男性爲主要對象的人丁編審，轉變爲以全體國民爲對象的戶口編審。而回民戶籍也就是在這一轉變過程中，根據實際需要產生並逐步完善起來的。

回民世居內地，久隸編氓，語言、服飾與漢民無異，種田納課，亦與民人相同。而在科舉、取士等方面，清廷基本上也「一視同仁」。〔註 62〕所以，僅就以上方面來看，回民的確與編民幾無二致。雍正二年（1724），世宗皇帝在一份詆毀回民的奏摺的朱批中稱：「直省各處皆有回民居住，由來已久。其人既爲國家之編氓，即俱爲國家之赤子，原不容異視也……回民之有教，乃其先代留遺，家風土俗，亦猶中國人之籍貫不同，嗜好方言，亦遂各異。」〔註 63〕從這段話來看，儘管在各級地方官員的視野中回、漢差異相當明顯，但至少在雍正年間官方的正式表態中，清廷只將回民視爲與普通民人信仰不同、家風土俗不同的人們的群體。在具體的管理層面上，應該沒有什麼本質

〔註 60〕《戶部則例》卷四《戶口·直省戶口下·人戶籍貫》。

〔註 61〕《清世祖實錄》卷一六，「順治二年五月庚子」條。

〔註 62〕〔清〕楊毓秀：《平回志》，見中國史學會編，白壽彝主編《回民起義》第 3 冊，上海：神州國光社，1952 年，第 59 頁。

〔註 63〕中國第一歷史檔案館編：《雍正朝漢文諭旨彙編》，桂林：廣西師範大學出版社，1999 年，第 367 頁。

的區別。

清代的回民列入國家編戶，但是，內地的回民並非全部被官方戶口機關認作民籍。《清會典》卷一七《戶部》：「凡戶之著於籍，其別有四：一曰民籍，二曰軍籍，三曰商籍，四曰灶籍。」隸軍籍者，爲當兵應差之戶；隸灶籍者，爲鹽場井灶之戶；隸商籍者，爲經商之戶，准附於行商省份參加當地的科舉考試者。〔註64〕除此三籍之外者，餘皆歸爲民籍。很顯然，清代前期四大戶籍劃分的基礎首先是職業或社會身份，而不是族群屬性。回民中是否有籍隸灶戶者不清楚，但回民經商者較多，部分回族商號，如興順和、川漢毫幫、西北馬幫等都規模龐大。〔註65〕除此之外，回民習尚武功，武職中，回民將領人數不少，在西北地區回民當兵應差的人數更是眾多，以陝甘綠營弁兵爲例，「回民十居三四。」〔註66〕部分地區，回民兵士甚至是駐防綠營的主體。比如，固原鎮兵，「回教十居七八。」〔註67〕所言雖有誇大之嫌，但西北回民當兵應差的眾多，應該是事實。所以，回民隸屬商籍、軍籍者應當不在少數。除此之外，旗籍中亦有回民，「所謂黃、馬、金、鄧皆是。蓋明季備邊諸將中，頗有回人，及清入關，乃以投降效力者編入八旗也。」〔註68〕

從乾隆五年（1740）開始，清廷實行將各府州縣人丁按戶清查及戶內大小各口一併造報的政策，〔註69〕不斷細化的戶別分類體現了政府對戶籍管理的重視，更體現了官方對全體人口不斷加強的掌控能力。關於這一點，從光

〔註64〕商籍始見於明朝萬曆年間，現有研究表明，商籍的產生主要是爲照顧長期在兩淮、兩浙經營鹽業並已在當地附籍的鹽商及其子弟在科舉方面的需要而設的。朝廷爲他們在行鹽府、州、縣學特設的學額，准其參加當地的科舉考試，能取得這種學額和考試資格的憑藉就叫「商籍」。因此，實際上「商籍」是一種資格憑藉，與民、軍、灶等籍相比，有本質的區別。詳請參見藤井宏著《新安商人的研究》（《徽商研究論文集》，第131～272頁）、〔日〕寺田隆信著，張正明譯《山西商人研究》（山西人民出版社1986年）、王振忠撰《兩淮「商籍」何以無徽商》（《鹽業史研究》1994年第1期）以及許敏撰《試論清代前期鋪商戶籍問題——兼論清代「商籍」》（《中國史研究》2000年第3期）等論著。

〔註65〕吳海鷹：《論回族歷史上的商貿經濟活動及其作用》，《中國經濟史研究》2003年第3期。

〔註66〕同治元年（1862）十二月十一日戊子太常寺少卿王拯奏，見〔清〕奕訢等編修《欽定平定陝甘新疆回匪方略》卷三〇。

〔註67〕《清高宗實錄》卷二九〇，「乾隆十二年五月壬寅」條。

〔註68〕金吉堂：《中國回教史研究》，北平：成達師範，1935年，第93頁。

〔註69〕《清高宗實錄》卷一三，「乾隆五年十一月乙酉」條。

緒《大清會典》記載中，可以窺其一斑：

> 凡戶之別有民戶（土著者、流寓入籍者、八旗銷除旗檔者、漢
> 軍出旗者、所在安置爲民者，皆爲民戶）、有軍戶（原編屯衛或歸併
> 廳州縣，或仍隸衛所管，其屯丁皆爲軍戶。凡充發爲軍者，其隨配
> 之子孫及到配所生之子孫，亦爲軍戶）、有匠戶（在編丁冊，各省皆
> 有匠戶，輪班，嗣改爲按戶徵銀解京代班，曰匠班銀。後各省漸次
> 攤入地丁徵收，惟於《賦役全書》仍存其目）、有灶戶（各鹽場井、
> 灶丁，是爲灶戶）、有漁戶（原編漁戶，皆隸河泊所，後漸次歸併入
> 州縣）、有回戶（各省散處之回民，皆列於民戶，惟甘肅撒拉爾等回
> 戶，仍設土司管轄）、有番戶（甘肅循化、莊浪、貴德、洮州，四川
> 懋功、打箭爐，雲南維西、中甸等處同知、通判所屬爲番戶）、有羌
> 戶（甘肅階州、四川茂州所屬有羌戶）、有苗戶（湖南乾州、鳳凰、
> 永綏、城步、綏寧，四川酉陽、秀山，廣西龍、懷遠、慶遠、泗城，
> 貴州都勻、興義、黎平、松桃等處所屬有苗戶）、有瑤戶（湖南、廣
> 東理瑤同知等所屬爲瑤戶）、有黎戶（廣東瓊州所屬有黎戶）、有夷
> 戶（雲南雲龍、騰越、順寧、普洱等處所屬有夷戶）。凡民男曰丁，
> 女曰口，未成丁亦曰口。〔註70〕

稍加統計，以上一段中以職業或族群劃分的戶別多達12種，這還不包括
樂戶、丐戶等賤籍，〔註71〕種類之多，令人眼花繚亂。關於灶戶一籍，引文
稱在編丁冊，各省皆有匠戶，輪班，嗣改爲按戶徵銀解京代班，曰匠班銀。
後各省漸次攤入地丁徵收，惟於《賦役全書》仍存其目。由於各省人丁攤入
地丁的時間集中在雍正一朝，因此，粗略推算所記載內容的時間應該是在雍
正朝以後。因爲乾隆五年（1740）開始的人口編審，番疆、苗界等不便清查
之處的人口是被排除在編審對象之外的，所以，這段包括有番、苗、瑤、黎
等戶的戶籍分類，所反映的情況，至少應該在乾隆五年（1740）以後。而在
乾隆四十四年（1779），灶籍裁歸民籍，此後不復存在，〔註72〕因此，這段明
確存在灶籍的記載，其內容也應該不會晚於乾隆四十四年。

乾隆朝前期，「回戶」被作爲一個與「民戶」、「軍戶」、「灶戶」等並列的

〔註70〕光緒《大清會典》卷一七《戶部》。
〔註71〕馮爾康：《雍正朝的削除紹興和常熟丐籍》，《集刊東洋學》第44號，1980年
　　　　10月。
〔註72〕嘉慶《兩淮鹽法志》卷四七《人物六・科第表上》。

戶別提出來，這在清代官方正式的戶籍管理制度中還是第一次。儘管此時甘肅撒拉等回，仍設土司管轄，各省散處之回民還要列於民戶之下，回戶實際上仍然不是一個完全獨立的戶籍類別。但是，這至少表明，清廷已經開始逐步認識到，回回這一族群與其他戶別的人口之間存在著較大的差異。而且，這種差異已經顯著到足以上升至國家戶籍管理的層面。光緒《大清會典》對民戶的定義是：土著者、流寓入籍者、八旗銷除旗檔者、漢軍出旗者、所在安置爲民者，皆爲民戶。從民戶的定義和其他以職業或族群劃分的戶別來看，所謂民戶，實際上就是漢戶。這和清初的諸色人戶，非係「軍戶」、「商戶」和「灶戶」者皆歸爲「民戶」中的「民戶」是有很大區別。各省散處之回民還要列於民戶之下，實際上就是列於漢戶之下。按照這一推理邏輯，《清史稿》中所稱的：「凡腹民計以丁口，邊民計以戶。蓋番、回、黎、苗、夷人等，久經向化，皆按丁口編入民數。」〔註73〕也就比較容易理解了。

　　乾隆二十七年（1762），清廷制定了第一款專門針對回民的法律條文，〔註74〕自此之後，至少在司法實踐中，作爲審判依據的官方戶籍層面的回族人口，已經是一個概念非常明確的人們的群體。很顯然，這種把回族人口附列於漢民戶籍之內的管理狀態，應該是乾隆五年（1740）至乾隆二十七年（1762）之間的眞實寫照。高宗在乾隆四十六年（1781）四月一份針對循化蘇四十三事變的上諭中稱：「現在逆回佔據河州，州民畏其殺害，勢必脅從，伊等本係愚民，猝遇賊眾凌逼，其罪可寬。至監生等從賊，草茅微末，尚可稍貸。若本身在京及各省出任者，或其實屬從賊，亦尚有情可原。惟曾經出仕回籍人員，如有甘心從賊，不顧名義，法無可恕，必當從重治罪。」〔註75〕在這段話中，高宗對於「出仕回族官員」的戶籍信息給予了明確的界定，即「回籍」。從一點來看來，最晚在乾隆四十六年（1781），在官方戶籍管理層面上，至少在甘肅循化地區，回族人口已經從普通民戶中獨立出來，另列爲專門的回民戶籍，即「回籍」。而從前面的分析來看，這種變化有可能是乾隆二十七年（1762）以前就已經出現了。

　　在清人的記述中，有關「回籍」的例證，還可以找到不少，如光緒《甘肅新通志》載：「張萬誠，韋州人，從戎，回籍……蘇兆明，韋州堡之良回

〔註73〕　《清史稿》卷一二七《食貨志一》。

〔註74〕　〔美〕費正清、劉廣京主編，中國社會科學院歷史研究所編譯室譯：《劍橋中國晚清史》，北京：中國社會科學出版社，1985年，下卷，第248頁。

〔註75〕　《清高宗實錄》卷一一二八，「乾隆四十六年（1781）四月丙午」條。

也。」〔註76〕光緒《肅州新志稿》：「馬建勳，肅州回籍，原固原提督馬彪之孫。以千總權鎮標右營守備，回叛畏牽闔家自焚。」〔註77〕《甘肅忠義錄》記載了18位在同治西北戰爭中堅定地站在清廷一方的「良回」，這其中有12人明確記載爲「回籍」。比如，「米殿策，皋蘭人，回籍也，由武生官涼州鎮標游擊」；「武生毛大魁，西和鹽官回籍」；「周鳳岐，秦州武生回籍」；「李朝順，清水縣張家川人，回籍也，爲其種人所敬服」；「馬義春，固原州回籍也」；「蘇舍而罷，固原硝河城人，回籍」；「馬獻瑞，清水縣張家川回籍，家世膺鄉舉列庠序者多，邑中回民稱詩禮家以馬氏爲最。同治元年（1862）陝回竄至張家川，土回爭應之，獻瑞時年八十九，弗從……遂同子翰如、侄附生炳如，孫士超、士英、士傑侄孫佶並婦女二十五人死焉……」其他亦以回民、回族、習回教等稱之。〔註78〕同治三原知縣余庚陽在一首有關戰後查收叛絕各產的記事詩中寫道：〔註79〕

　　賊遁群驚鶴唳風，
　　全拋土斷劫灰中。
　　一千餘載星居久，
　　四十雙田露積空。
　　枑匿難淆租上下，
　　空標直判畝西東。
　　惟餘三五花門籍，
　　良善仍編五保同。

　　花門者清人所指即回回，所謂花門籍顯然是指回民戶籍。類似的例子還有如同治年間雲南人馬開科稱自己「雖隸籍回族，而非眞回。」〔註80〕馬開科的這句話講得足夠清楚，他在官府的戶口管理體系中，被劃歸到「回籍」之中，是國家戶口登記層面上的回民，但實際上，他自己並不是眞正的回民。《國史館本傳·烏大經傳》載：「烏大經，陝西長安人。乾隆二十七年武

〔註76〕光緒《甘肅新通志》卷七三《人物志·孝友》。
〔註77〕光緒《肅州新志稿·人物志·鄉賢》。
〔註78〕〔清〕楊昌濬：《甘肅忠義錄》卷一三《回民列傳》。姚大力稱卷一八《回民列傳》，實誤。見吳堅主編《中國西北文獻叢書》，蘭州：蘭州古籍書店，1990年，第3輯，卷二三，第215～219頁。
〔註79〕〔清〕余庚陽：《查產》，見〔清〕余庚陽著《池陽吟草》卷一。
〔註80〕馬復初：《大化總歸》卷首《馬開科序》。

舉人……三十九年九月，逆匪王倫滋事，調赴臨清州協防……大經清理街道，檢出賊屍五百餘具，稟報回籍民戶共有七千七百七十餘戶，男女大小共四萬零七百名。」〔註81〕這段史料不但明確指出回民戶籍，而且更加清楚地載明了回民人戶的戶數與口數。

姚大力認爲史料中廣泛出現的「回籍」一詞表明，在當時甘肅的戶籍資料中，可能已有分辨回、漢族屬的記錄。〔註82〕經過前面的分析來看，不只是在甘肅，實際上，在雲南同樣如此。所以，我們完全可以講得更明確一點，那就是在當時官方正式的戶籍管理體系中，回民已單獨列爲一籍。回民最初可能與普通民人一樣，統一編爲民籍，後來根據實際需要，開始在民籍中增加表明其族群身份的標記並逐漸從民籍之中獨立出來，最終形成爲單獨的「回籍」。

三、掌教與鄉約：回籍人口的組織與管理框架

在清代，保甲制是整個戶籍管理體系的運行基礎。儘管直到乾隆五年（1740）以後，地方保甲才逐漸承擔起人口編審的職責。但是，作爲基層社會治安組織的地方保甲，早在清軍入關之初就已經著手建立。順治元年（1644），清廷在已歸附地方開始編制戶口牌甲，〔註83〕令「州縣城鄉十家立一牌長，十牌立一甲長，十甲立一保長，戶給印牌，書其姓名。丁口出則注所往，入則稽所來。」〔註84〕乾隆元年（1736），清廷正式核准江西設立保甲，雍正朝基本完成「攤丁入畝」後，原有的人丁數字不再具有任何意義，在這種情況下，人丁編審逐漸轉變爲戶口編審，地方基層組織也開始從側重賦役徵收的里甲制向側重地方治安的保甲制過渡。在這一過程中，日益完善的地

〔註81〕 〔清〕國史館，吳忠匡總校訂：《滿漢名臣傳》，黑龍法人民出版社，1991年，第3668頁。烏大經爲西安回民，是清代有名的回族將領。趙爾巽等編纂《清史稿》（卷三五八）、《國朝耆獻類徵》（卷二九九）以及白壽彝主編《回族人物志·清代》（卷四○）等，均有其傳。

〔註82〕 姚大力：《「回回祖國」與回族認同的歷史變遷》，見劉東主編《中國學術》第1輯，北京：商務印書館，2004年，第90～135頁。

〔註83〕 《清世祖實錄》卷六「順治元年七月丙戌」條。

〔註84〕 清代保甲的組織結構，順、康、雍、乾四朝前後多有變化，初各府州縣衛所屬鄉村，十家置一甲長，百家置一總甲。（《清世祖實錄》卷七「順治元年八月癸亥」條）雍正時改爲十戶爲牌、十牌爲甲、十甲爲保，每保所轄戶口較之原來增加了10倍，乾隆二十二年（1757年）更定保甲後，終清一代，保甲制再無大的更改與修訂。

方保甲承擔起了戶口編審的職責。

　　清初以來，在士大夫及各級地方官員的視野中，回民似乎是地方社會治安的不穩定因素，因此，在以地方治安爲主要職責的保甲體系中，回族人口是被重點關注的對象。現有資料表明，清廷從政府管理的層面上開始關注回族人口似乎是從雍正朝開始的。川陝總督岳鍾琪在雍正七年（1729）的一份奏摺中稱：

> 竊查編戶之中，有回民一種，其寺皆名禮拜寺，其人自號教門，飲食冠裳異於常俗，所到之處不約而同，其習尚強梁，好爲鬥狠，往往一呼百應，聲息相聞，直省皆然，秦中尤甚……今西安省會及東西附近屬邑回眾最多，而甘屬自平涼西北至於寧夏，比屋皆是，他如西寧、河州、甘涼，所在多有，念之實懷隱慮，急之又恐生心……臣惟密諭近省地方官於行查牌甲時，將各回戶之牌頭甲長副以百姓，使回民不得徇隱同類，以便於其邪僻爲非者逐漸清理，照平民犯法之處，一例懲創，庶無區別，回民意眾俾不致惶駭自疑。但民習恬和，率多怕事，縱令各州縣牌頭甲長皆能選任良民，而回眾恃強，未必馴聽約束。今試行數處，不過暫時斂抑之法，非轉移積習之方也……〔註85〕

　　從這段史料來看，直到雍正朝時，在地方官員的視野中，回、漢之間的差異仍然僅僅局限於個人略帶歧視的主觀判斷上，在政府的具體管理層面上，回、漢同隸保甲之中，兩者也並無根本性的差異。正因爲如此，在回族人口聚居的地方，有同牌、同甲或同保盡爲回戶者，是以充任牌頭、甲長及保長者亦盡爲回民。爲了加強對此類回民人戶的控制，岳鍾琪建議在回民聚居之處的保甲中，將各回戶之牌頭、甲長等副以百姓，以使回民不得徇隱同類。然而，從岳鍾琪後面的表述來看，連他自己也感覺這個方法很難執行。其中原因除了「民習恬和，率多怕事」外，更主要的恐怕是地方保甲的編制不是以族群劃分的，而是完全按照居住地區及人戶數目進行劃分。因此，在回民聚居地方的保甲中額外安插普通民人進行監督的做法根本不具有可操作性。兩年後，甘肅巡撫許容在一份奏摺中提出了他的解決方案。雍正九年

〔註85〕 川陝總督岳鍾琪：《奏請設立回民義學漸施化導摺（雍正七年三月十七日）》，見中國第一歷史檔案館編輯《雍正朝漢文硃批奏摺彙編》，南京：江蘇古籍出版社，1989年，第14冊，第843頁。

（1731）十一月，刑部覆議甘肅巡撫許容條奏時稱：

> 回民居住之處，嗣後請令地方官備造冊籍，印給門牌，以十戶
> 爲一牌，十牌爲一甲，十甲爲一保。除設立牌頭、甲長、保正外，
> 選本地殷實老成者充爲掌教。人戶多者，再選一人爲副，不時稽查，
> 所管回民一年之內並無匪盜等事者，令地方官酌給花紅，以示鼓勵。
> 應如所請，從之。〔註86〕

內地回民，久隸編氓，朝廷視之，與漢民無異，雍正九年（1731）以前，早已列於地方保甲之中，這一點從前文的分析和川陝總督岳鍾琪的奏摺之中，可以看得很清楚。因此，許容所奏回民居住之處，嗣後請令地方官備造冊籍，印給門牌，以十戶爲一牌，十牌爲一甲，十甲爲一保等初看著實令人費解。但是，如果我們從政策的具體執行情況來分析，就會豁然開朗。許容本意很可能是指將回民人戶眾多、成片聚居之處的保甲單獨編列，以與普通民人保甲區別開來，從而達到對回民人戶加強管理的最終目的。此奏顯然得到了雍正皇帝的認可，在隨後的一份專門針對回民的上諭中，雍正帝要求甘肅全省回民統一編列保甲，並從中遴選掌教，以資稽查。〔註87〕

和以往相比，在雍正九年（1731）以後，清廷對回族人口的具體管理上也有了較明顯的變化。除原有牌頭及保、甲長之外，清廷還從回民內部選擇家道殷實、老成者充爲掌教，對教坊內的回民進行管理、約束。可見，由官方遴選出的掌教被賦予了一定的行政權力。掌教作爲一種政教合一的官職出現於元代，最初由哈的擔任，主要管理回回人宗教事務與訴訟糾紛。〔註88〕但是，自元末以來，被剝奪了行政權力的掌教與官方漸行漸遠，逐漸脫去所有的官方色彩，最終演化成爲教坊內部由伊瑪目、阿訇等相繼擔任的純粹的宗教管理職位。〔註89〕不論是伊瑪目還是阿訇，他們產生的條件首先都不是

〔註86〕《清世宗實錄》卷一一二，「雍正九年十一月戊子」條。

〔註87〕《清朝文獻通考》卷二三《職役三》。

〔註88〕哈的，阿拉伯語 Qādi 的音譯，其意爲「教法說明官」，元代設回回掌教哈的司，回回掌教哈的所等，任用哈的爲回回人的掌教官員，處理其政教事務。已有的史料表明，哈的和掌教成爲國家正式的職官和官職是在元代。王東平：《元代回回人的宗教制度與伊斯蘭教法》，《回族研究》2002 年第 4 期。

〔註89〕明末以來，隨著經堂教育的興起和發展，原來由伊瑪目、海推布和穆津安共同組成的三掌教制度，逐漸演變爲阿訇掌教制度，原來的彼此鬆散獨立教坊制也轉變成爲組織嚴密、等級森嚴的門宦制。胡雲生：《河南回教掌教制度的歷史變遷》，《回族研究》2004 年第 1 期。

老誠持重，而是家族傳承、個人文化學識、道德威望或業績功勳等，產生的方式也都是內部自發推舉而非外部指定。因此，清廷指派掌教人選並重新分配其行政權力的做法，顯然有試圖將世俗權力向伊斯蘭宗教組織內部滲透，進而將整個穆斯林社會納入現有統治秩序的意圖。

　　但是，如果我們從另一方面來進行觀察，就會發現，事情好像遠沒有這麼簡單。作爲伊斯蘭宗教領袖的掌教，其行政權力行使的範圍是社區而非教區，因此，掌教重新獲得的行政權力是社區原有行政權力的分割，而不是全新的分配。清廷的意圖是將掌教拉入到現有的保甲體系中來，成爲即有管理人員的補充。在教區與社區重疊的區域內，清廷利用掌教在教區內的宗教權威，使其承擔有限的行政權力，以配合牌頭、甲長及保正等人的管理工作。從這個角度來看，清廷分配掌教行政權力的做法，更多的可以看作是對明代以來伊斯蘭教中逐步形成的「三掌教制度」和「阿訇掌教制度」中掌教權力的認可，也是對回民社會中業已存在的與現有的統治秩序並行的宗教組織的認可。

　　明清以來，以西北地區爲中心迅速發展起來的門宦制度，是回民基層社會的核心，從以地域劃分的清眞寺轉移到以教義爲區別的教主個人身上來，「三掌教制度」由此轉化爲「阿訇掌教制度」，原來鬆散的教坊、教區、道堂及其所屬的回民因爲跟隨同一教主而緊密地團結在一起，這大大提高了回民社會的組織化程度，形成了與保甲並列的現實存在的基層社會組織；但另一方面，門宦的發展也直接導致了隸屬不同門宦回民的割裂。跟隨不同教主的回民與教坊聚合成不同的派別，他們之間，由於教義不同存在涇渭分明的差異。而當布施及收取懺錢等現實利益摻雜其中之後，這種差異更是發展成爲不可逾越的鴻溝。乾隆年間的頻繁發生的教爭及由此引發的大規模流血事件，在很大程度上均與此有關。〔註90〕這種由教民自主改變隸屬門宦所引發

〔註90〕　相對老教，新教禮拜不但儀式簡單，而且費用較省，因此老教教民轉而入新教的趨之若鶩，這是導致乾隆年間教爭頻發的重要原因。清廷的部分地方官持這種觀點，如德成奏稱：「甘肅回民新舊二教每至互生嫌釁，蓋因舊教念經須用羊隻、布匹，所費較多，新教念經僅取仟錢五六十文，小民希圖省費，是以願歸新教。若令舊教亦照新教餘多取少，恐一時難於更改，勢必陽奉陰違，轉致滋生事端。」（《清高宗實錄》卷一三四十，「乾隆五十四年（1789）十月丁卯」條）雖然德成主張不可強令老教少收費用，但乾隆仍然認爲這是平息教爭的重要切入口，並採取了相應的措施。清廷的努力，結束了過去爭創門宦的活躍局面，使得從乾隆後到咸豐末的70多年中再沒有出大規模的教爭。

的相關門宦之間如此激烈的衝突說明，各門宦及其下屬的教坊、教區或道堂，對各自屬內教民人戶的相關情況應該有比較清晰的統計或記錄。

回民保甲單獨編列爲乾隆朝回民戶籍的產生奠定了堅實的制度基礎，而日益嚴密的門宦內部對其所屬教民人戶情況的管理統計，也爲日後回民戶籍的順利推行提供了可能和基礎，同時，重新分配和不斷擴大掌教行政權力更爲其回民戶籍的推行提供了必要的人員儲備。乾隆二十二年（1757），清廷編查戶口時規定「寺觀僧道責令僧綱道紀按季冊報……各省回民責令禮拜寺掌教稽查約束，有出外爲匪者，將掌教之人一併治罪。」〔註91〕這是清代掌教被賦予回族人口督查之責的開始。這條史料透露出一個非常明確的信息，那就是掌教行政權力的中心開始從保甲轉入教坊（禮拜寺），從社區轉移入教區。來源於不同保甲的回民人戶可能隸屬於同一個禮拜寺或教坊，或者說，屬於同一禮拜寺或教坊的回民可能分佈於不同的保甲之中。和雍正九年（1731）以來的情況相對照，很顯然，掌教的行政權力得到了擴大。更重要的是，在教坊內擁有國家行政權力的掌教不再是地方保甲長們的附庸和幫襯，而是成了地方行政權力的一級。

這種變化還表明，自雍正以來，清廷在回民中推行的保甲制度很可能受到了重重阻力，以致舉步維艱，收效甚微。這其中最主要的原因可能是，與掌教們相比，由官方從回民中遴選並認可的保、甲長們既缺乏足夠的威信和號召力，也缺乏處理回民公共事務的能力，無法得到回民支持和擁護。在這種情況下，當清廷意識到有必要對回族人口進行單獨管理和約束時，直接面對基層回民的教坊領袖，也就是掌教，就成爲承擔這一職務的不二人選。而原來處於從屬地位的掌教，也因此由地方行政權力的配角轉化爲主角。

禮拜寺即教坊是回民社區的核心單元，掌教是這一核心單元中理所當然的領袖，當其權力和地位得到官方的認可並被額外賦予一定的行政權力後，掌教的這種領袖地位便不再僅僅局限於宗教方面，也不局限於教區內部，而是遍及回民社區的方方面面。這實際上對清廷以保甲制爲基礎的基層管理體系和統治秩序構成了嚴重的挑戰和威脅。乾隆帝繼位後，在繼續推崇、利用並逐漸擴大掌教職權的同時，清廷似乎也開始對其心存芥蒂。在乾隆十二年

〔註91〕　《欽定戶部則例》卷三《戶口·直省戶口上·保甲》；《保甲書》卷一《定例·戶部則例》。時間斷限源於趙爾巽等編纂《清史稿》卷一二七《食貨志一》。

（1747）的一份上諭中，高宗皇帝表達了他的這種擔心和憂慮，其稱：

> 夫掌教乃回教中私自推擇充當，非強有力而爲眾所畏，則必狡
> 點而足以籠絡眾心，方肯受其約束，此於人心習尚俱有關係。但相
> 沿已久，而若輩人眾心齊，蔓延各省，未易繩以官法，驟爲改革。
> 向來地方官平日並不留心防範，不能禁制於未發之先，以致屢屢生
> 事。瑚寶駐紮固城，應就近時時體訪，量度情形，懾服銷弭，以期
> 永杜釁端，乃邊鎮地方切要之務，不可如慶復等至彼時面呼掌教之
> 人諭令約束，是轉假掌教以事權張其聲勢，非計之得也。〔註92〕

從乾隆帝的這段話來看，清廷通過掌教來管理約束回族人口的做法，似乎是不得已而爲之，這種態度較之雍正朝時，已經有了明顯的變化。一方面，面對已經日漸完善並自成體系的伊斯蘭宗教組織，世俗的力量根本無法眞正介入，清廷不得不依仗於掌教以加強對回民的管理；另一方面，迅猛發展的伊斯蘭門宦制度和由此產生的回民社會化組織又造成了清廷基層社會管理的混亂。而由此引發的頻繁的教爭問題，更對原有的基層統治秩序造成了嚴峻的挑戰。乾隆四十六年（1781）的蘇四十三事件，起初就是由教爭引發的大規模流血衝突。在這種形勢下，清廷逐漸認識到，如果繼續過度依賴於政教權力集於一身的掌教來管理回族人口，只會使這一問題變得更加複雜，更加不可控制。

乾隆五十七年（1792），在批覆徐嗣關於訂立章程通過宗族長加強福建社會治安的奏請時，乾隆帝對以往的治回政策進行了深刻的反思，他說：「如甘省回民，其教首阿渾，即與閩省族正相仿。從前蘇四十三、田五等，即係阿渾聚眾滋事。各省回民甚多，若俱委之阿渾稽查管束，又安用地方官爲耶？細思該撫所奏，斷不可行。」〔註93〕在這種情況下，以蘇四十三、田五事件爲契機，清廷開始著手考慮改變原有的做法，在不斷弱化、剝奪掌教行政權力的同時，逐漸強化世俗權力向回民社會的滲透。

在乾隆四十六年（1781）五月處理蘇四十三事變善後事宜案內，高宗諭令李侍堯等人將回民總掌教名目不動聲色地悄悄裁撤掉，同時徹底清查其他「各省有無似此等回教名目者，亦令一體妥爲裁革。」〔註94〕在隨後具體的

〔註92〕　《清高宗實錄》卷二八六，「乾隆十二年三月丁酉」條。
〔註93〕　《清高宗實錄》卷一三三五，「乾隆五十四年（1789）七月庚戌」條。
〔註94〕　〔清〕阿桂等總裁：《欽定蘭州紀略》卷六，乾隆四十六年（1781）五月二十
　　　　　九日己卯。

經辦過程中，李侍堯等人又奏請「曉諭回民不許稱阿渾名目，於回民內揀選老成之人，令其充當鄉約，隨時稽查，互相勸誡……不准添建禮拜寺及收留外來回人居住……每年令鄉約等聯名具結一次，匯齊諮部查核。」〔註95〕此事經軍機大臣會同該部議奏後，照准執行。此後，總掌教、掌教、阿洪、阿衡、師傅等名目盡被革除，其職位和權力由鄉約取而代之。鄉約則由官方遴選的老成公正之人充任，並由官府授以印札，以宣示其權威和正統。鄉約每屆任期三年，期滿更換。乾隆四十六年（1781）以後，至少在西北地區，這一政策得到了較爲嚴格的執行。

鄉約作爲一種以鄉村教化爲主要職能的職位和稱呼，在宋代就已出現，〔註96〕明中期以後，承擔了部分地方行政職能的鄉約逐漸雜糅到保甲體系之中。而隨著保甲首事的賤役化，鄉約地位不斷上升，在部分州縣甚至佔據了基層管理組織的首要位置，成爲地方行政管理的核心，權力相當大。〔註97〕明清之際，以鄉約爲首的地方保甲組織的管理觸角已經開始延伸至教坊內部。明末胡太師二傳弟子馮少川在開封設帳講學時，「鄉耆有許小槐者，富而豪俠。與汴之七十二藩府交遊，故名振中州。每問事於先生，固多緘默，意謂先生之無學也，議約眾別請少山張先生。」〔註98〕此後雖經張少山極力舉薦而得以續聘，但從中可以見出地方鄉老對教坊內部阿訇的聘任和留用已擁有相當大的發言權。隨著經堂教育的發展，門宦制度開始取代舊有的教坊制，阿訇掌教製取代三掌教制，回民內部組織體系日漸完善，以阿訇爲首的回民內部的管理階層的權力日益擴大並集中，最終成爲處理回民內部宗教及日常事務的絕對權威。

面對世俗權力向教坊內部的滲透，鄉約與掌教阿訇之間的矛盾和對抗隨之產生並逐漸激化。《錄考城鄉耆公議誡約》爲我們提供了一個非常精彩的案例，具體記載稱：「但恐無事鄉耆頻往各房，必致務學眾師，妨工延接，或因閒談而費其日課，或因瑣瀆而墮其寸陰，爲此集眾公議，申明誡約，嗣後如

〔註95〕 〔清〕阿桂等總裁：《欽定蘭州紀略》卷一六，乾隆四十六年（1781）十月五日戊子。

〔註96〕 周揚波：《宋代鄉約的推行狀況》，《浙江大學學報（人文社會科學版）》2005年第5期。

〔註97〕 段自成：《論清代北方鄉約和保甲的關係》，《蘭州學刊》2006年第3期。

〔註98〕 〔清〕趙燦著，楊永昌、馬繼祖標注：《經學繫傳譜》，西寧：青海人民出版社，1989年，第35～36頁。

有鄉耆仍前溷入學內，妨工饒舌者，除當眾面斥外，議罰銀米若干，無謂言之不蚤也。」〔註99〕所謂無事鄉耆頻往各房，實際上是對地方鄉老頻繁過問或干涉教坊內部事務較為婉轉的說法，對於鄉老的此種行為，一般回眾或教學阿訇雖然心存不滿，但不得不疲於應付。掌教阿訇的態度則截然相反，不但給予嚴厲的駁斥，而且集眾公議，訂立程章對其加以約束。從中可以看出，以鄉約為首的地方保甲勢力對教坊內部事務，並沒有真正的管理權和處置權，對掌教在教區內部的權威也不足以構成真正的威脅。

清廷以鄉約替代掌教的意圖相當明顯，那就是打擊回民內部宗教特權階層，以傳統的基層社會組織保甲製取代回族內部自發形成的宗教組織門宦制，與掌教阿訇爭奪對回民的控制權。不過，從具體的執行效果來看，這一政策並沒有達到最初的目的。在西北伊斯蘭社會中，真正有組織力和號召力，有威信能夠得到回民認可者，只有而且也只能是掌教阿訇。回民中可以充任鄉約的所謂老成持重之人實際上也只能是阿訇。所以，在《循化志》蘇四十三善後事宜案內，我們看到最終的結果就是「循化掌教改為總練，阿洪改為鄉約。」〔註100〕這一做法，正可謂換湯不換藥，名異而實同。河州知州涂躍龍亦曾奏稱：「回民吉凶之事必請阿渾誦經……阿渾者掌教之名也。」〔註101〕清廷此舉雖然從表面上廢除了掌教、阿訇等名目，但從掌教、阿訇直接改為總練、鄉約來看，這實際上並不是鄉約取代了阿訇，而是改稱鄉約的掌教、阿訇獲得了鄉約的權利。失去權力的鄉約則被完全架空，與保甲一起淪為新鄉約，即原來的掌教阿訇的附庸。

道光七年（1827），渭南縣孝義鎮回民與大荔縣西大村（孝義鎮東二里）漢民間因牛羊踐食禾苗發生糾紛。事發後，雙方均控上憲，但渭南縣衙、大荔縣衙都未進行審理，而是讓其自行調解，以息糾紛。主持調解者，雙方各六人，都是鄉村中的頭面人物。其中，漢民一方包括文武生員、鄉約、族長，回民一方則是武生、鄉約和頭人。〔註102〕所謂頭人，應該就是社頭，《大皮院清真寺始建石碑圖》碑文中將社頭與掌教相提並論，史紅帥認為，掌教為宗

〔註99〕 〔清〕趙燦著，楊永昌、馬繼祖標注：《經學繫傳譜》，西寧：青海人民出版社，1989年，第15頁。

〔註100〕乾隆《循化志》，龔景瀚編纂，西寧：青海人民出版社，1991年，第318頁。

〔註101〕乾隆《循化志》，龔景瀚編纂，西寧：青海人民出版社，1991年，第321頁。

〔註102〕《西大村關帝廟回漢和息詳請銷案碑》，見馬長壽主編《同治年間陝西回民起義歷史調查記錄》，西安：陝西人民出版社，1993年，第59～60頁。

教事務的管理者，社頭則負責坊里日常事務。〔註103〕但「社」，也就是與「里」同義的社，是作爲一種官方的基層行政或稅收組織存在的，與回坊並不重疊。〔註104〕所以，很顯然，社頭一職不應該僅僅局限於負責坊里日常事務。更確切地講，應該是得到官方認可、承擔社頭一職的回民，藉此在坊內獲得了一定的社會地位。鄉村社會中，回民真正的頭面人物只有掌教阿訇，但調解者中並未有其名目。從上段的分析來看，所謂鄉約實際上就是改稱了鄉約的掌教阿訇。在沒有門宦的西安地區，官方或民間正式行文中也不再有掌教阿訇名目。由此來看，乾隆四十六年（1781）處理蘇四十三事變善後事宜案內不許回民稱掌教的諭令，應該在整個西北地區，都得到了嚴格的執行。

掌教阿訇改稱鄉約，使得阿訇具有了世俗和宗教的雙重身份。一方面，對於清廷來講，他們是代表官府行使地方行政職能的鄉約；另一方面，對於回民來講，他們則是擁有絕對宗教權威的阿訇。〔註105〕隨著鄉約、阿訇權力和角色的轉變，原來地方保甲組織向教坊內部的權力滲透被阻斷，以掌教阿訇爲首的伊斯蘭宗教組織的管理觸角反而延伸至地方保甲組織之中。很顯然，這和清廷的初衷是完全背道而馳的。但是，從回族人口戶籍管理的角度來講，不論是職權責之掌教還是鄉約，基層回族人口管理的主導權並沒有發生大的變化，仍然牢牢掌握在各級教主手中。清廷對回族人口的管理，仍然要通過回民內部以教坊爲核心單元的這一基層宗教和社會組織來進行。

據署河州知州涂躍龍奏稱：「河州舊有大寺二百二十座，每寺正副鄉約俱報明在州有案」，是掌教阿訇兼任的鄉約有正副之分。其又言「管寺鄉約與管會鄉約應分別責成，凡禮拜、念經、教經等事，如有擾奪勾引諸弊，責成管寺鄉約。至娼、盜、賭博、奸、拐等事，責令管寺與管會鄉約一體察舉。」〔註106〕管寺鄉約又稱寺約，其不但管理坊內宗教事務，而且對管會鄉約所轄事務有督管之責，應該即是上文所指正鄉約。與之相比，管會鄉約僅負責坊內日常事務，權力較小，當屬副職，回族人口查報及戶籍管理應該由其負

〔註103〕 史紅帥：《明清時期西安城市地理研究》，北京：中國社會科學出版社，2008年，第 421 頁。

〔註104〕 趙世瑜：《明清華北的社與社火——關於地緣組織、儀式表演以及二者的關係》，《中國史研究》1999 年第 3 期。

〔註105〕 霍維洮先生對清代西北回族社會發展與組織化運動有深入地研究和精闢地論述，參見霍維洮：《近代西北回族社會組織化進程研究》，銀川：寧夏人民出版社，2000 年，第 56～59 頁。

〔註106〕 乾隆《循化志》，龔景瀚編纂，西寧：青海人民出版社，1991 年，第 322 頁。

責。在隨後的兩司會議〔註107〕中指出：「管寺鄉約因革除阿渾，名目更易，不過素習念經，未必皆醇謹曉事，若令與回民鄉約同司保甲，地方諸事轉無以專責成。」從這段史料來看，管寺鄉約即原來的掌教阿訇，回民鄉約也就是管會鄉約則很可能是原來保甲之中的回民保甲長們。原來的回民保甲長更名為回民鄉約，其地位和權力都得到了提升，清廷此舉顯然是希望通過官府更容易控制的回民保甲長們對日益擴大的掌教阿訇的權力進行一定程度的制約和抗衡。

四、地方保甲冊：回籍人口登記的載體

乾隆四十六年（1781），蘇四十三事變後，「新教禮拜寺全毀，舊教嗣後亦不得增建。不許留外來回民學經教經及住居……撒拉回民不許私行出入。」乾隆五十四年（1789）西寧蘇代原事變後，〔註108〕陝甘總督勒保再次嚴申了不許外來回民教經學經的政策。甚至在相鄰兩村子之間，此村之人前往彼村念經等情形亦被嚴格禁止。〔註109〕在同年十一月份的一份奏摺中，勒保對這一政策進行了更為詳細的說明：

> 臣到甘以來，節次曉諭舊教回民，將仍習新教之人按名查緝，
> 並明立條款，回民禮拜日期，只准於本村寺內念經，不許另赴別寺，
> 亦不得多索懺錢；如有婚喪事件，只准延請本寺鄉約、頭人，別寺
> 之人不得攙奪；仍令照依編造保甲之法，將某某回戶應歸某寺念經
> 之處造冊備案；其平時教習經文，亦只准延請本寺回民教讀，不許
> 勾引隔村別寺人及添建禮拜寺、私築城堡等事；至專設回民義學，
> 教以詩書，尤為化導良法，通飭實力奉行。以上立定章程，責成該

〔註107〕清代督撫以下有藩、臬二司，即布政使司和按察使司，前者專司一省財賦及人事，後者則專司一省刑名，二司是平級單位（藩司地位略高），平時各行其政，遇到大事則要由二司會議。

〔註108〕乾隆五十三年，陝甘總督勒保進京時面奏稱，陝甘回民經兩次平定，業經一體悔悟，改歸舊教，並無仍從新教之人，但次年七月西寧蘇家堡回民蘇代原等人即復倡興新教，聚眾起兵。乾隆對此極為震怒，勒保因此備受斥責（《清高宗實錄》卷一三三四，「乾隆五十四年（1789）七月乙酉」條），後蘇代原被戮屍梟示，其附和從教隨同拒敵之馬得伏等均屬情罪重大例擬斬立決，家屬蘇杜氏等男婦及從犯馬得伏等家屬男婦俱應照例發遣黑龍江為奴（見臺灣「中研院歷史語言研究所」明清檔案，第 NO000143340 號、NO000143574 號）。

〔註109〕乾隆《循化志》，龔景瀚編纂，西寧：青海人民出版社，1991年，第320頁。

管道府隨時稽查，按月稟報。〔註110〕

由此來看，蘇四十三、田五事件後，不許添建禮拜寺及嚴禁收留外來回人居住的政策似乎得到了較爲嚴格的執行。回民禮拜誦經只准在本村本寺之內，婚喪事件、教習經文等一干事宜，亦只准延請本寺鄉約、頭人。這一政策，實際上意味著以往回族人口在不同教坊之間自由流動的行爲被宣佈爲非法，而教主、教區、教坊與教民之間的關係，亦由此開始明確化、固定化。清廷此舉顯然是要防止由教民流動引發的教爭問題以及由此而起的足以對統治秩序造成巨大衝擊的大規模流血衝突事件。西北門宦產生的社會基礎是有學識的阿訇跨州越縣傳經授徒以及由此產生的各地教民對同一教主的崇拜。所以，清廷在阻止回民在教坊之間自由流動的同時，實際上也阻止了新的門宦的產生。反過來講，我們完全可以這樣理解：這一政策的推行，也可以看作是官方對現有門宦掌教既得權力和宗教地位的認可與肯定。把回民與特定禮拜寺綁定在一起的事實，爲此後以禮拜寺爲中心的回族人口管理提供了便利。

在回族人口的具體管理上，河州知州凃躍龍建議：

令大小寺鄉約將所轄煙戶歸於保甲，造冊辦理，所有議定章程臚列於左，一、向例編查保甲無論漢、回，總以十戶爲一牌，十牌爲一甲，十甲爲一保。今令照寺分造，不歸入漢民保甲。如遷移增添，該寺鄉約隨時開除具報，違者照脫漏戶口律治罪……漢、回教道久分，往往有漢民改爲回民……以前改從回教本身已故，子孫相沿已久，未便押令歸漢，聽其自便，於保甲冊內注明……

此事後經甘肅藩臬兩司會議，做出正式答覆：

回民聚處地方，原依民戶編造，自成牌甲，惟漢、回雜居之區，若將回民另編，轉至零星，不便稽查。是以與漢民挨次編列，均聽回鄉約稽查……所謂照寺分造等語，毋庸議……以上各條凡有回民之處，一體遵照查辦。其某回戶應歸某寺作何分別之處，應令州縣督該約查明造冊備案。其有遷移隨時具報增減，所需紙筆地方官捐給。〔註111〕

〔註110〕《清高宗實錄》卷一三四三，「乾隆五十四年（1789）十一月辛亥」條。

〔註111〕乾隆《循化志》，龔景瀚編纂，西寧：青海人民出版社，1991年，第321～323頁。

　　涂躍龍所言將教坊所轄煙戶歸於保甲，造冊辦理，其十戶爲牌，十牌爲甲，十甲爲保的編列方法與以往相比併無不同，實際上就是將回民聚居之處的保甲單獨編列。同治元年（1862）五月，張洮棟授鳳翔知府，據其自稱：「捧檄後匆匆就道，於五月間抵任。郡回二十八坊，共六萬三千餘名口，散居關東麻家崖等處。城內兩坊最小，共四十八家。」〔註112〕張氏所言 28 坊回民並非指鳳翔府，而是鳳翔府首廓鳳翔縣，這一點在馬長壽主編的《同治年間陝西回民起義歷史調查記錄》第 15 篇《鳳翔縣調查記錄》〔註113〕中表述的很清楚。張氏蒞任之初，就對鳳翔縣回民坊數戶數及城鄉分佈數瞭如指掌。這當然不是憑空想像的，這一信息應該是由其幕僚余澍疇提供的，在余氏所撰的《秦隴回務紀略》中，我們可以看到完全一樣的文字。而余澍疇的信息來源，當然也不是憑空想像或道聽途說的，而是來源於他自己掌握的地方戶口登記冊，也就是保甲冊。

　　民國呂鍾《敦煌縣志》轉引道光敦煌縣保甲冊記載稱，同治回民戰爭以前「敦煌有回民 431 戶，男女大小共 4,478 口。同治 4 年，花門事變發生，敦煌回族民眾遷居新疆。」〔註114〕這條史料非常明確地告訴我們，在道光年間的敦煌縣保甲冊中，有關回民的戶籍資料是單獨記錄的，回、漢民人的族屬身份劃分得非常清楚。像敦煌這樣在陝甘地區回族人口數量較少的縣的保甲冊中都有回民的回籍信息，基於此，可以大膽推測，在保甲冊中將回、漢人戶分別記錄可能是回民聚居州縣的一般做法。在青海檔案館發現的地方清冊爲我們這一推論提供了最好的實證，見圖 2.1。

〔註112〕　〔清〕張兆棟：《守岐紀事》，見中國史學會編，白壽彝主編《回民起義》第4 冊，上海：神州國光社，1952 年，第 273 頁。鳳翔即周之岐州，漢曰右扶風，唐初曰岐州，天寶後曾改爲扶風、鳳翔郡、鳳翔府等，明清以來皆曰鳳翔。《守岐紀事》，書名蓋沿用古稱。拙文《清代陝西回族的人口變動》將 28坊回民視爲岐山縣回民，屬嚴重誤讀，在此深表歉意。道光三年（1823）岐山縣、鳳翔縣的人口數分別爲 18.3 萬、20.7 萬〔〔清〕盧坤：《秦疆治略・岐山縣，鳳翔縣》〕，以 3.5‰ 的年均增長率推算，戰爭爆發前，鳳翔縣回民人口占總人口的比例約爲 28%，比原來以岐山縣爲標準少了 2 個百分點，該錯誤不足以對《清代陝西回族的人口變動》一文的推算過程造成根本性的影響，因此，對於清代陝西回民人口數仍然維持原來的結論，這一點需要說明。路偉東：《清代陝西回族的人口變動》，《回族研究》2003 年第 4 期。

〔註113〕　馬長壽主編：《同治年間陝西回民起義歷史調查記錄》，西安：陝西人民出版社，1993 年，第 347～371 頁。

〔註114〕　西北地區習稱回教爲花門，花門之變，指同治年間西北回民戰爭。民國《敦煌縣志》，呂鍾纂，蘭州：甘肅人民出版社，2002 年，第 105、111 頁。

圖 2.1　《為編查漢、回保甲分析趕造簡明清冊事致循化分府安》局部

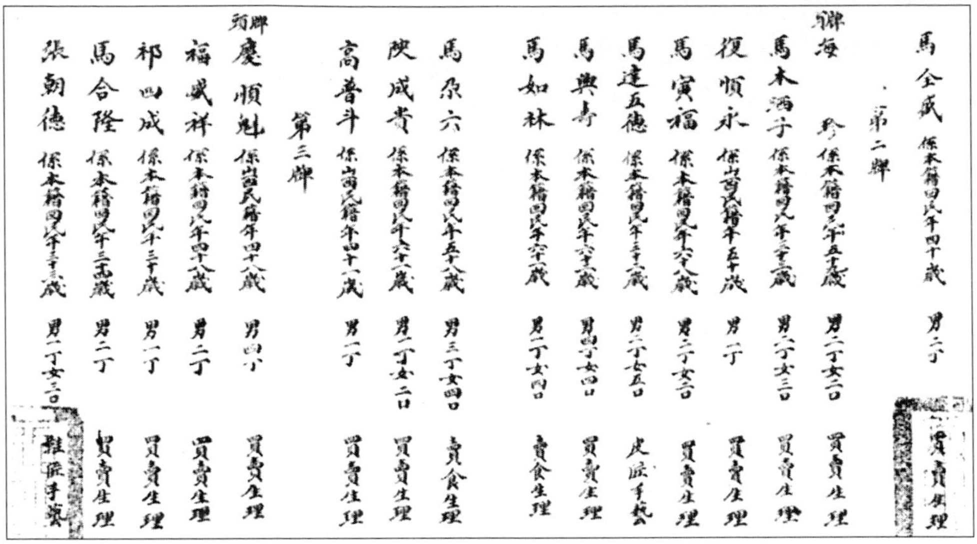
馬全武　係本籍回民年四十歲　男二丁　買賣生理
第二牌
牌頭　海珍　係本籍回民年五十歲　男二丁女二口　買賣生理
馬木洒子　係本籍回民年三十三歲　男二丁女三口　買賣生理
復順永　係山西民籍年五十歲　男一丁　買賣生理
馬寅福　係本籍回民年六十八歲　男二丁女三口　買賣生理
馬達五德　係本籍回民年三十六歲　男二丁女五口　皮匠手藝
馬興壽　係本籍回民年六十六歲　男四丁女四口　買賣生理
馬如林　係本籍回民年六十六歲　男一丁女四口　賣食生理
馬尕六　係本籍回民年五十八歲　男三丁女四口　賣食生理
陝成貴　係本籍回民年六十八歲　男一丁女二口　買賣生理
高普斗　係山西民籍年四十八歲　男一丁　買賣生理
第三牌
牌頭　慶順魁　係山西民籍年四十八歲　男四丁　買賣生理
福盛祥　係本籍回民年四十八歲　男二丁　買賣生理
祁四成　係本籍回民年三十歲　男一丁　買賣生理
馬合隆　係本籍回民年三十五歲　男二丁　買賣生理
張朝德　係本籍回民年三十三歲　男一丁女三口　鞋匠手藝

青海檔案館編號 07-90-2。本圖片由復旦史地所侯楊方教授提供。

不過，在回、漢雜居或回族人口數量較少且零星分佈的地區，其做法可能會略有不同。從兩司會議後的答覆中看到，爲防止出現將回民另編，轉至零星，不便稽查之弊，回、漢雜居之區的保甲是統一編制的。從凃躍龍將本身已故子孫不願歸復原籍者在保甲冊中注明的做法來看，這部分回戶的族群屬性很可能是在統一的保甲冊中增加了特殊的標記以加區別。

值得注意的是，在新的管理體系中，保甲的編制要按寺分造，寺即禮拜寺，也即代表一個由掌教管理的教坊，這和以往的制度有很大的區別。我們知道，原來保甲的編制完全是按照人戶數目和居住區域來劃分的，而坊則是完全獨立於保甲體系之外的，是回民自己的基層組織形式。因此，屬於同寺坊的回民可能分佈在不同的保甲之中，而同一保甲的回民也完全可能隸屬於不同的寺坊。當官方管理體系下的保甲長們在回民聚居區無法有效的行使管理職能時，清廷對回族人口的管理就不得不依仗於回民內部的宗教特權階層掌教阿訇們。就形成了保甲與教坊同時並存的局面，地方管理上因此發生混亂。在這種情況下，所謂以寺分造，實際上就是把教坊的地位提高到了保甲之上，也就是寺坊之下再設保甲，以寺坊來統轄保甲，以掌教阿訇來管理保甲長。這實際上也是在基層的組織形式上對已經改稱鄉約並且擁有鄉約行政職權的掌教阿訇們管理職能的補充和完善。

　　道光二十五年（1845）九月初二日，雲南發生永昌慘案。事後，保山縣署及案卷盡被焚毀，但永昌府所存案卷齊全。雲貴總督林則徐親往察看，見府中存有道光二十四年（1844）保山縣造報的編查戶口底冊，其中載保山縣五城共有回民 417 戶，通計大小男丁 1,808 丁，女口 1,243 口。〔註115〕儘管對於當時保山城內回民具體數量存在爭論，但從林則徐查閱縣署案卷一由來看，至少可知，當時縣署記載有本地回族人口詳確信息。

　　又如永昌知府彭崧毓在回述咸豐丙辰之變緣由時曾稱：「大府下檄，令化牛叢（即民間私立之保甲）〔註116〕為保甲，余直上言，行保甲不善，弊有甚於牛叢，咸笑之。後大理昆明之亂，皆由保甲而成，無端分別漢、回，編為二冊，漢人百倍於回，強弱既形，猜疑遂起。」〔註117〕清人王樹森亦稱，滇省「漢民最多，回民最少，漢與回初不過百與一之比。因回民之蕃殖較漢民為速，迨清中葉，已有百與三之比矣。」〔註118〕清代雲南漢、回兩族，本不是省域人口的主體，如回人與漢人相比，數量又百不及一，那回民在全省總人口中的比例要少於兩百分之一。以此推算，咸豐戰前，雲南回民僅數萬口。即使有「百與三之比」，最多也不過 10 餘萬口，這顯然於史實不符。

　　彭氏原意，滇省漢多回少，漢強回弱，咸、同戰亂，起釁之由，全在漢人以強凌弱。所述雖是實情，但言「漢人百倍於回」，則是為強調個人論點，過份誇大修飾之辭。咸、同戰前，滇省有「漢人八十家滅回子一家」〔註119〕或「漢人十家殺一家回民」之謠。〔註120〕同治西北回民事變之初，陝西漢人團練亦有「一百二十個漢人滅一個回回」之謠，極盡慫恿挑釁之能事，最終釀成巨禍。〔註121〕此等無稽之談，故意抑回揚漢，想要達到的目的或可不同，

〔註115〕〔清〕林則徐：《審明丁燦廷等兩次京控摺》，《林文忠公政書・雲貴奏稿》卷七。

〔註116〕〔明〕謝肇淛：《滇略》卷四《俗略》記稱：滇省「村落謂之甸……保甲謂之牛叢。」

〔註117〕〔清〕彭崧毓：《雲南風土記事詩》同治刊本《補遺十四首》。

〔註118〕王樹森：《滇西回亂紀略》，見荊德新編《雲南回民起義史料》，昆明：雲南民族出版社，1986 年，第 232 頁。

〔註119〕〔清〕佚名：《滇西變亂小史・杜君小史》，見中國史學會編，白壽彝主編《回民起義》第 2 冊，上海：神州國光社，1952 年，第 86 頁。

〔註120〕中國回教俱進會元謀分會：《元謀紀聞》，見中國史學會編，白壽彝主編《回民起義》第 2 冊，上海：神州國光社，1952 年，第 216 頁。

〔註121〕故事大意是說，大體是說丁憂在家的張苻與渭南孝義鎮趙老五密謀屠殺陝西回回，張母曾加勸阻，張苻不聽，以菜籽做比喻說，漢多回少，一百二十個

〔註122〕但皆非史實，完全不足信。

不過，從彭崧毓的這段話中，我們至少可以窺探到戰前雲南回族人口的兩點信息：其一，咸、同戰前，雲南漢、回兩族分別編列保甲，所有回族人口均登記在冊，有詳細記錄。其二，作爲永昌知府，彭氏僅知曉漢、回保甲分編這一事實，但對於治下回民具體人數他不是很清楚。這兩點，均與筆者上文的論斷相胞合。

雲南清代爲回民聚居之處，其人口數量僅次於西北陝甘等省。除西北西南之外，其他各省回民聚居區是否也有同樣的變化？根據目前既有的史料，我們尚不得而知。但是，從藩臬兩司的正式回覆來看，有一點可以肯定，那就是西寧蘇代原事變以後，這一政策至少是在陝甘、雲南等回民聚居的地區得到了切實有效地推行。某些地區穆斯林鄉約的戶籍管理職能一直延續到民國廢鄉約制改保甲制時，才由地方保甲承擔。〔註123〕

五、制度缺陷：回民戶籍資料遺失的根本原因

從目前已有的資料來看，在清代官方公開的戶口統計資料中，很少看到有回族人口的相關信息，而在汗牛充棟的地方文獻中，也絕少見到非戰爭狀態下回族人口的相關記載。這一點在地方志中表現得最爲明顯，很多回族人口眾多、聚族而居州縣的方志，對本地回族人口的具體情況都輕描淡寫，語焉不詳，亦或是有意無意地進行迴避。以陝西爲例，同治以前「陝省回民本居於三府二州沃壤之地……蒲、富、臨、渭，陝省著名四大縣，地處渭北，一望平坦，遼闊無垠，東北連同州府附廓首邑大荔縣。五縣犬牙相錯，回莊居其大半」。〔註124〕三府者西安府、同州府、鳳翔府，二州者乾州、邠州。其中號稱東府十大縣的「二華關大水，三城朝合陽」回民分佈尤爲集

漢人殺一個回回。又有多個版本，回、漢比例或指爲一比一百二十八、或指爲一比一百三十，故事的主角亦或指爲渭南孝義鎮趙老五。參見馬長壽主編：《同治年間陝西回民起義歷史調查記錄》，西安：陝西人民出版社，1993年，西安：陝西人民出版社 1993 年，第 165、200、446 頁。

〔註122〕同治戰前，陝西「一百二十個漢人減一個回回」之謠，爲漢人估意貶低回人力量，頗有鼓動民團屠殺回民之嫌，其目的顯與彭氏故意誇大漢、回人口差距，以期說明，咸豐雲南戰事緣起，有所不同。

〔註123〕1938 年 1 月 21 日臨夏縣縣長張鑄荊呈，見《甘肅歷史人口資料彙編》第 2 輯，下冊，蘭州：甘肅人民出版社，1998 年，第 196 頁。

〔註124〕〔清〕余澍疇：《秦隴回務紀略》卷一，見中國史學會編，白壽彝主編《回民起義》第 4 冊，上海：神州國光社，1952 年，第 218、220 頁。

中。〔註125〕但是，在幾乎所有這些地方的縣志中，關於本地回民的記載，都不客觀。乾隆《重修鳳翔府志》及道光《大荔縣志》中，甚至找不到任何與回族人口有關的記載。盧坤《秦疆治略》對渭南縣回民人戶數的描寫述是：「又有回民三千餘戶，雖性多刁悍，然地處肥饒，尚屬安業。」〔註126〕根據該書記載，道光三年（1823）渭南縣人口數約有 29 萬口，其中有回民 3,000 戶，人數約有 1.5 萬口左右。僅占全縣人口總數的 5%強，這顯然與事實不符。陝南漢、安兩府也是陝西回族人口聚居之所，其中西鄉縣是中國伊斯蘭四大門宦之一嘎迪林耶始傳人祁靜一最初傳教的地方，〔註127〕回族人口較多，民間相傳同治以前回民共有十餘坊。比如，馬士年就稱：「1862 年回民起義以前，在陝南清眞寺也不少，僅西鄉一縣就有十多座，其他縣份也都有或多或少的清眞寺。」〔註128〕但道光《西鄉縣志》中亦無本地回族人口的任何記載。

更有甚者，部分記載，不惜編織謊言故意掩蓋本地回族人口的眞實狀況，如同州府澄城縣的記載中稱：「各村聚族而居，每處不過三四姓及五六姓不等，並無回民。」郃陽縣，其地道光時「除鎮店外，每一村堡皆聚族而居，不過一二姓，多則三四姓，均係老戶，並無寄籍客民，亦無回民。」而乾州更是「境內居民皆係土著，無五方雜處寄居之人，亦無回民。」〔註129〕郃陽、澄城及乾州皆在「三府二州」〔註130〕範圍之內，回族人口不是沒有，而是數量相當眾多。這種情況可能不僅僅存在於陝西一省，估計其他回民聚居的省份如甘肅、河南、雲南等亦有類似的情況。中國傳統政權在歷史隱喻（Historical Metaphor）的觀念下，將包括回民在內的邊疆少數民族均視爲歷史血緣疏遠的外圍勢力。地方志是地方強勢利益集團文化道德評價標準的集中體現，在儒家文化占主導地位的傳統社會中，回民這個信奉伊斯蘭教的文化弱勢族群是被邊緣化、被忽視的對象，地方志中缺少與之有關的記載不足

〔註125〕東府十大縣是指同州府下轄的華州、華陰、潼關、大荔、白水、澄城、蒲城、韓城、朝邑、合陽等 10 個州縣。馬長壽主編：《同治年間陝西回民起義歷史調查記錄》，西安：陝西人民出版社，1993 年，第 164 頁。

〔註126〕〔清〕盧坤：《秦疆治略·渭南縣》。

〔註127〕白壽彝主編：《中國回回民族史》（上冊），北京：中華書局，2007 年，第 447 頁。

〔註128〕馬士年：《伊斯蘭教在陝西的傳播發展與演變》，見寧夏哲學社會科學研究所編《清代中國伊斯蘭教論集》，銀川：寧夏人民出版社，1981 年，第 210 頁。

〔註129〕〔清〕盧坤：《秦疆治略·乾州》。

〔註130〕三府二州即指西安、同州、鳳翔三府，乾、邠二州。

爲奇。

　　回族之中，常不乏有通過科舉躋身仕途者，但在儒家思想爲普世價值的官場之中，要想在堅守自己的信仰前提下，眞正融入主體文化之中，幾乎是不可能的事情。在這樣的狀態下，對於這些回族官員來講，要麼主動放棄通過個人努力而獲得的政治上的身份和地位，回歸到自己原來的文化共同體之中。要麼放棄自己的原有的宗教信仰，而選擇政治上的歸屬。除此之外，別無選擇。清人稱：「凡以回籍服官者，洊擢至三品，即須出教。以例得蒙賞吃肉不能辭也。」〔註131〕看來相當一部分回籍官員選擇的是後者。對於絕大多數的普遍教眾來講，這種「叛教」行爲，無疑是可恥的。「人鑒於此，多不望其後人讀書成名，僅令識字而已。」作爲對此種現象的抵制，在下層回民人中，甚至把讀漢書也視爲「反教」行爲。〔註132〕在這樣的大背景下，回人往往自視「雜居三教之間，濡染流俗，同化是懼，兢兢保守，惟恐不及。」〔註133〕正是因爲這種現實經歷，使得回民主要知識階層養成了只注重阿文，而忽視、甚至抵制漢文的傳統。

　　長期以來，經堂教育作爲回族內部主要教育形式，其教學內容基本以學習伊斯蘭經文爲主，主要教學讀本「十三本經」則全部爲阿拉伯文和波斯文本，〔註134〕而教學語言又是以阿拉伯文字母爲組字元素的經堂語爲主。從圖2.2可以窺視歷史上以清眞寺爲依託的傳統經堂教育。

　　一份河南開封順河1956年各寺阿訇文化程度統計顯示，11位教學阿訇的阿文水平大都在10年以上。相比之下，漢文水平則低很多，最高的也不過是高小畢業，其中文盲者竟有5位，比例高達45%，見表2.1。

〔註131〕〔清〕徐珂：《清稗類鈔‧宗教類‧回教徒不食諸肉》，北京：中華書局，1986年，第15冊，第32頁。
〔註132〕〔清〕金天柱：《清眞釋疑補輯》卷下，「釋名」。金吉堂：《中國回教史研究》，北平：成達師範，1935年，第153頁。
〔註133〕金吉堂：《中國回教史研究‧尹伯清序》，北平：成達師範，1935年，第1頁。
〔註134〕隨著經堂教育的發展，大學課本逐漸統一併固定下來，共有13個讀本，是各地經堂教學中必讀的，俗稱「十三本經」，分別爲：《連五本》、《遭五‧米蘇巴哈》、《滿倆》、《白亞尼》、《凱拉姆》（講授《阿戛衣杜‧伊斯倆目》）、《舍來哈‧偉嘎亞》、《海瓦依‧米諾哈吉》、《虎托布》、《古洛斯坦》、《艾爾白歐》、《米爾薩德》、《艾什爾吐‧來麥爾臺》、《古蘭經》經注。（楊懷中等著：《伊斯蘭與中國文化》，銀川：寧夏人民出版社，1995年，第132～133頁），又或有14本經之說，篇目亦略有差異，參見龐士謙：《中國回教寺院教育之沿革及課本》，《禹貢》半月刊第7卷第4期。

圖 2.2 民國時期甘青地區的阿訇、學童與清真寺

資料來源：王建平編著：《中國陝甘寧青伊斯蘭文化老照片：20 世紀 30 年代美國傳教士考察
紀實》，上海：上海辭書出版社，2010 年，第 78 頁。

表 2.1　1965 年河南開封順河各寺阿訇文化程度統計

寺　　名	阿訇姓名	性　別	年　齡	中文水平	阿文水平
東大寺	常榮華	男	64	高小	20 多年
文殊寺街清眞寺	尚希賢	男	72	高小	20 多年
洪河沿清眞寺	白金鏞	男	68	初小	20 多年
教經胡同清眞寺	程海雲	男	38	初小	15 年
王家胡同清眞寺	沙情操	男	31	高小	16 年
洪河沿女寺	倪信芝	女	50	文盲	20 年
北羊市女寺	楊王氏	女	77	文盲	10 年
清平東西街女寺	白秀雲	女	69	文盲	15 年
清平南北街女寺	李李氏	女	75	文盲	22 年
草市街女寺	禹俊卿	女	49	文盲	8 年
王家胡同清眞女寺	王永眞	女	35	初小	7 年

資料來源：《開封市順河回族區回族志》初稿（內部資料）。轉引自胡雲生《河南回族掌教
制度的歷史變遷》，《回族研究》2004 年第 1 期。

　　這使得回民在以儒家經典爲主要內容的科舉考試中，處於不利的境地，清代回民「有志上進者甚多，應試服官，同於士庶，而以文武科名出身，洊登顯秩，爲國家宣力效忠者，常不乏人」〔註135〕，但大部分都是武職。日本學者中田吉信在對《清史稿》、《清史列傳》等六部清代主要傳記中的回姓人物進行匯總後發現，總計 17 個回族士紳中，明確記載其爲穆斯林出身的，只有哈國興和薩龍光兩個人。〔註136〕從當代學者楊大業《明清進士考略》系列論文中，我們可以更清晰地看到這種現象。〔註137〕也正因爲如此，在清代主流的社會文化生活中他們是弱勢群體，缺少本族群自己的話語權。反過來，這種情況又導致了回民對於自身歷史及現狀的記錄與整理的弱化和忽視。這是我們今天所能見到的來自回民內部的史料相當缺乏的一個重要原因。從上文研究來看，某些地方的回族人口登記管理由掌教阿訇負責，並且圍繞著教坊，也就是清眞寺展開，因此，我們有理由進行這樣的推測，那就是部分地區的禮拜寺即教坊之中或許曾經保存有本坊回民詳細的人口資料。不過可惜的是，由於已有的文獻中我們幾乎見不到任何來自回民內部的相關記載，除了根據現有資料進行大膽地推測外，對於教坊內部更詳細的人口情況我們不得而知。

　　官方對於地方上回族人口狀況的所有瞭解全部來自保甲冊，而保甲冊中的回族人口數據則來源於各教坊下轄地方保甲的直接調查和統計。上文引用的有關敦煌縣、循化廳的史料給我們提供了一個很好的例證。回民種糧納科、賦稅徭役與漢民無異，而刑名獄訟則與漢民存在明顯的差異。所以，不論將回民保甲單獨編列還是在統一的保甲冊中對回民族屬做特殊的標記，這一做法的主要目的都應該是針對涉回刑名獄訟的。我們現在要問的問題是，既然地方保甲冊中有回民戶籍的明確記載，而且有如此重要的實際功用，那麼，爲什麼在官方正式的戶口統計數據中或戶口管理體系中幾乎見不到任何有關

〔註135〕《清世宗實錄》卷九四，「雍正八年五月甲戌」條。

〔註136〕中田吉信引用 Haratoman 的話稱，穆斯林出身的官員中武將較多……這大概不僅是因爲穆斯林身體健壯、武功好、勇敢擅戰，而且以需學爲主要內容的科舉考試，對他們不利。因而想要出人頭地，做武官對他們比較合適。見〔日〕中田吉信撰，陳健玲譯《清代回族的一個側面》，《回族研究》1992 年第 1 期。

〔註137〕楊大業先生的《明清回族進士考略》系列論文發表於《回族研究》，從 2005 年第 1 期發表第一篇以來，至今總計發表了 13 篇，共考證了明清兩代各省回族進士 240 名，作者艱苦細緻的考證過程恰好證明，明清回族進士中絕大部分都沒有明確記載他們的族群身份。

回族人口的相關信息呢？這需要從清代地方行政管理體系中的官和吏分治上進行分析。

　　清代各級地方官員大都是科舉進身的儒士，而地方行政事務的核心則是其不擅長的金谷錢糧、刑名獄訟等具體事項，以縣政爲例，僅錢穀一項就有接收交代、奏銷錢糧、門牌清冊、地丁人口等 60 餘類，錢糧徵收，一年兩徵，所謂「上忙」、「下忙」；而刑名（包括案件和詞訟）事務則是發無定時，長年不斷，其繁雜程度更是大大超過錢穀事務，是地方行政中的頭號政務。〔註 138〕根據統計，清代縣政刑名事務至少有賊舟匪船、聚眾賭博、窩賭窩娼等 80 餘類。〔註 139〕

　　複雜、煩瑣的地方政務具有相當的技術性和程序性，其中亦蘊含著諸多積習而成的官場潛規，這就要求掌其事者必須具有相當豐富的專業知識和實踐經驗，一般讀書人很難勝任。在貴儒賤吏的傳統下，精通儒家經典和八股作文的正途官員們視此等政事爲俗務，既不屑參與其中，亦缺乏親自處理的實際行政能力和專業知識儲備，延請幕僚代爲襄理公務遂成爲官場成例。雍正帝繼位之初即諭吏部：「各省督撫衙門事繁，非一手一足所能辦，勢必延請幕賓相助，其來久矣。」其後延請幕客，須挑選「歷練老成，深信不疑之人」，並將姓名具題上奏。〔註 140〕作幕由此成爲一門精專的學問，一方面，學習作幕要有特殊的門徑和規矩；另一方面，已入幕者又往往視此爲安身立命之本，大都父子相繼，秘不示人。由此出現了一個非常著名的鄉緣性的幕業群體——紹興師爺，清代各地衙門中捉刀者紹興人眾多，民間甚至有「無紹不成衙」之俗語。

　　地方一切具體的行政事務皆掌控於幕客出身的胥吏之手，地位鄙賤的刀筆胥吏由此反而成了地方行政權力的實際掌控者。顧炎武稱：「天子之所持以平治天下者，百官也……今奪百官之權，而一切歸之胥吏，是所謂百官者虛名，而柄國者胥吏而矣。」〔註 141〕清人郭嵩燾亦言：「明與宰相、太監共天下，

〔註 138〕郭潤濤：《百府、幕友與書生——「紹興師爺」研究》，北京：中國社會科學出版社，1996 年，第 87 頁。

〔註 139〕《偏途論》「送刑名核辦事件」條，見榮孟源、章伯鋒主編《近代稗海》第 11 輯，成都：四川人民出版社，1988 年，第 646、647 頁。

〔註 140〕《清世宗實錄》卷五，「雍正元年三月乙酉」條。

〔註 141〕〔明〕顧炎武著，黃汝成集釋：《日知錄集釋》卷八《吏胥》，石家莊：花山文藝出版社，1990 年，第 187 頁。

本朝則與胥吏共天下耳。」〔註142〕所指皆此。官與吏一個臺前，一個幕後，彼此在這種管理體系中保持著某種奇妙的平衡，一方面代表國家行政權力的各級官員們對地方行政管理的核心事務懵懂無知，而掌握行政手段具體負責地方事務的胥吏們又被排除在國家的官僚體系之外。保甲冊實際上是各州縣胥吏辦理地方戶口、錢糧、刑名、獄訟等一切行政事務的依據和憑證，各級官員對其記載的具體內容及運行方式既無能力也無興趣去瞭解，他們唯一關心是這種管理體系的運行結果：比如賦稅能否正常徵收，上級需要的戶口統計數據能否正常上報，涉回訴訟的案件能否正常審理等。在這種情況下，掌握在胥吏手中的這部分重要信息，如記載於保甲冊中的回民戶籍、回族人口統計數據等逐漸脫離了公眾和官方的視線，成為不為一般官僚所知而現實中又發揮實際功能，保證整個管理體系正常運作的幕後推手。

因刑名獄訟而生的回民戶籍保存於地方保甲冊中，是涉回案件中界定回民族屬身份的唯一官方參照標準。清代司法從屬於行政，地方審級一般分為縣、府、司、院 4 級，縣即指州、縣、廳等，全權負責本地民事案件的審理和刑事案件的初審工作；府是第二審級，其職能主要是審核、覆核本府各州縣已審結的案件；第三審級司即臬司，又稱按察使司，臬司主管一省刑名事務和涉及死刑的全省秋審；第四審級為院，即總督、巡撫。院為地方最高審級，除對臬司受理的案件正式審理外，還有權批覆徒刑案件，並對流刑及死刑案件進行覆核、複審。〔註143〕一般情況，訴訟應首先在本州縣衙門進行，州縣官員亦不得規避責任擅不受理。《清史稿·刑法志》稱：「凡審級，直省以州縣正印官為初審。不服，控府、控道、控司、控院，越訴者笞。」越級上告雖非完全不受理，但絕不鼓勵，而且告者可能還會因此受到官府的懲罰。清代名幕汪祖輝稱：「自州縣而上，至督撫大吏，為國家布治者，職孔庶矣。然親民之治，實惟州縣。州縣而上，皆以整飭州縣之治為治而已。」〔註144〕由此來看，4 審級之中，司、府、院等級只負責案件的審轉或最後裁決，而第一級的州縣審判是全部審判活動的基礎，是地方審級中重要的一環。對於涉

〔註142〕〔清〕徐珂：《清稗類鈔·胥役、奴婢、盜賊·例吏利條》，北京：中華書局，1986 年，第 39 冊，第 5 頁。

〔註143〕鄭秦：《清代法律制度研究》，北京：中國政法大學出版社，2000 年，第 35～36 頁。

〔註144〕〔清〕汪輝祖著，趙子光注釋：《一個師爺的官司場經》，北京：九洲圖書出版社，1998 年，第 61 頁。

回案件，界定涉案回民族屬身份的工作完全由州縣廳衙門根據地方保甲冊中的相關記錄來進行。州縣廳以上的衙門即無職責也無需要參與這一工作，在這種情況下，地方保甲冊中有關回族人口的相關信息就失去了繼續往上級單位奏報的動力和必要，從而就此止步於州縣廳這一最低的層面。乾隆五十年（1785），在批覆安徽巡撫書麟奏摺時，因其提到「回、漢鄉勇」等語，乾隆帝便斥責道：「回人久隸編氓，即與百姓無異，何必爲之分晰？即欲分敘，亦當言漢民、回子，豈得率稱回、漢？此等最爲劣幕行文惡習。」〔註145〕乾隆帝認爲回民久隸編氓，與漢民無異，完全沒有必要將兩者區別開來，並將地方官方奏摺中的回、漢相稱歸究於劣幕行文惡習，由此來看，乾隆帝對地方戶籍管理體系中的回族人口情況根本不瞭解，這或許代表了清代各級官僚中對地方上回族人口狀況的普遍認識。

同治元年（1862），陝西回民事變發生後，從京師到地方各級官員對於陝西省回族人口的具體數量、分佈詳情等全然無知、一頭霧水。戰爭爆發之初，陝撫曾數次札令富平縣令將本縣回民人數姓名及村落仔細繪圖具實上報，據富平知縣江開同治元年（1862）八月十九日上報的《賊巢匪數姓名逐細繪圖貼說》稱：「逆回自（同治元）六月三十、七月初一等日攻撲縣城，燒搶南關擊退後，數月以來，陸續竄擾各鄉美原、道賢等村堡，因卑縣城鄉素無回民戶籍，是以該逆等來去飄忽，迄無定蹤……卑境委無匪徒巢穴，其逆首姓名，屢經訪查，莫能得實，」〔註146〕從這份奏報中我們可以看出以下幾點：其一，富平知縣報稱本縣城鄉素無回民戶籍，不管其奏報情況是否屬實，這至少可以說明一點，那就是同甘肅等省一樣，陝西省回族人口較多州縣中也有專門另列的回籍，而且，應該也是記錄在保甲冊中。其二，陝撫札令富平縣奏報本縣回民詳情，這說明省署官員知道富平縣有回民分佈，此外，很可能也知道全省大概還有哪些州縣與富平一樣，也有回民分佈。其三、同治以前，富平是陝西回族人口分佈最集中的州縣之一，與蒲城、臨潼、渭南號稱陝西省四大縣，「東北連同州府附廓首邑大荔縣。五縣犬牙相錯，回莊居其大半」〔註147〕富平縣知縣對撫憲命敢於如此的黑白顛倒，欺瞞搪塞，除了有可能其對本縣回民人戶情況的確不瞭解之外，更重要的是，這說明同治以前

〔註145〕《清高宗實錄》卷一二三三，「乾隆五十年六月癸卯」條。

〔註146〕光緒《富平縣志稿》卷一〇《兵事》。

〔註147〕〔清〕余澍疇：《秦隴回務紀略》卷一，見中國史學會編，白壽彝主編《回民起義》第4冊，上海：神州國光社，1952年，第218、220頁。

各州縣保甲冊中回民的戶籍資料平時根本無需上報備案，省署或府署亦根本沒有各州縣回族人口的詳細資料。

第四節　本章小結

　　本章主要探討清代回族人口的戶籍管理問題。從現有的研究的結果來看，在清代的戶口管理體系中，至少在西北、雲南等回族人口聚居的地區，應該存在著專門的回民戶籍，也就是「回籍」。回民戶籍是在清代官方對回政策發生重大轉變的大背景下產生的，其間經歷了一個較爲漫長的過程。自明末以來，隨著門宦制度的迅速發展，民間鬆散的伊斯蘭信仰逐漸演化成爲組織嚴密的現實力量，並最終形成了獨立於官方基層管理體系之外的宗教組織。這對既有的皇權和統治秩序形成了嚴峻的挑戰和威脅。清代涉回法律與回民戶籍就是在這種大背景下產生的。從乾隆二十七年（1762）開始，隨著一系列專門針對回民的律文、例則不斷地被制定和完善起來。回民成爲與漢民擁有完全不同法律身份的人們群體。回民戶籍的制定就是爲了能夠快速、準確的界定涉回案件中，犯罪嫌疑人的族群身份，從而保證既有的涉回律例可以得到正確的適用與執行。

　　清廷對回籍人口進行管理的基層組織是地方保甲，回民戶籍資料記載於地方保甲冊中，對於保甲統一編列之處的回民族群屬性則在統一的保甲冊中給予特殊的標記。由於制度原因，這些只保存於地方保甲冊中的回民戶籍資料缺乏上報的機制，沒有體現在更高一級的官方管理信息之中，這是導致清代回族人口信息在官方檔案中缺失的主要原因。

　　地方保甲對回籍人口的管理方式前後進行了很多調整。最晚從雍正九年（1731）開始，陝甘等省回民人戶眾多、成片聚居之處的保甲開始單獨編列，以與普通民人保甲相區別。同時，清廷還賦予回民內部的宗教領袖掌教阿訇們部分行政職權，以利用其在教區內的權威，配合地方保甲長們的工作。這一做法有將世俗權力向回民宗教組織內部滲透並將整個穆斯林社會納入現有統治秩序的意圖，但更多的可以看作是對明代以來回民社會中逐步形成的掌教阿訇權力和業已存在的與現有的統治秩序並行的宗教組織的認可。

　　回顧官方在回民聚居區調整基層社會組織的過程，可以發現，清廷對回族人口的態度，由文化歧視、宗教歧視而至法律歧視；對掌教阿訇的態度，從認可、利用到壓制、廢止；對基層宗教組織的態度，從恐懼、害怕到滲透、

打擊。法律歧視最終導致了更強烈的反抗，以鄉約取代阿訇最終使改稱鄉約的阿訇奪取了鄉約的權力，而對宗教組織的滲透最終使保甲組織淪爲教坊的附庸。在籠絡穆斯林宗教上層人士掌教阿訇們的同時，又試圖淡化其在穆斯林中的影響。在利用回民內部伊斯蘭宗教組織加強對回民控制的同時，又試圖將其與官方的基層社會組織保甲整合在一起，或許正是這種自相矛盾的態度和政策最終導致種種努力都沒有取得成功。在與掌教阿訇爭奪對回民控制權的鬥爭中，清廷始終處於下風，對回民的控制權始終牢牢掌握在掌教阿訇等宗教特權階層手中。掌教權力的擴大和集中，提高了回民社會的組織化程度，增加了在封建集權體制下表達本族群共同政治訴求的籌碼；從另一方面來看，這也造成了回民聚居區雙重組織關係並存的局面，日益強大的伊斯蘭宗教組織對清廷的既有統治秩序構成了嚴峻的挑戰，這爲同治年間西北地區大規模回民事變埋下了伏筆。

由於本節研究使用的史料主要集中於西北地區，因此，目前尚不能確定這一制度究竟是否適用於全國除西北陝甘和西南雲南等省之處的其他回族人口聚居的區域。對於後續的研究，筆者認爲，應該關注是否在其他非回族聚居區也存在這樣的回民戶籍管理制度，如果存在，是否有所差別。如果不存在，那非回族聚居區的回族人口如何管理，如何在具體的司法實踐中快速準確地辨別涉案人員的族群屬性。這些問題，值得以後繼續跟蹤探討！

第三章　清代西北回族婚姻制度

　　現實社會如同活的生物有機體，往往牽一髮而動全身，一個看似不經意的小事件，常常會引發一系列的連鎖反應。而歷史是過去的現實，當那些曾經鮮活的往事已經變成了紙面上枯燥的文字時，歷史本來的複雜性與多面性卻不會因此而改變絲毫，文字裏記載的一個個看似孤立的歷史事件之間，往往存在著內在的有機聯繫。在本章，筆者將從明末清初回回人民族的認同開始，把官民對回態度、涉回法律條文、回回婚姻制度以及其人口的空間分佈狀態等不同的單個孤立事件狀態串聯起來，探討彼此之間的相互關係，回答回族人從族外婚制向族內婚制轉變的原因和時間，進而分析各種因素對回族人口「大分散、小集聚」空間分佈狀態的影響。

第一節　從族內婚到族外婚：歷史時期的回族婚姻

　　今天以回族著稱的人們，是 7 至 14 世紀定居中國的波斯、阿拉伯、蒙古和突厥等族的穆斯林商人、軍人和官員們與漢地社會的非穆斯林婦女，實際上主要就是漢人婦女，通婚之後產生的後裔。回族人的民諺之中就有「回回巴巴，漢人娜娜」〔註 1〕的說法。「巴巴」即爺爺，「娜娜」，陽平聲，係波斯語奶奶之謂。這句話的意思是說，中國回族人的父系祖先是西來的波斯、阿拉伯等穆斯林商人，而其母系祖先則是當地的漢人。回回先民與漢地社會的婦女進行通婚，是回回這樣一個人們的群體不斷發展壯大，最終在明末清初

〔註 1〕　馬光啓：《陝西回族概況》，見馬長壽主編《同治年間陝西回民起義歷史調查記錄》，西安：陝西人民出版社，1993 年，第 214 頁。

完成民族的認同，成爲一個民族的最重要基礎。所以，很顯然在歷史上曾經相當長的一個時期內，回回人婚姻的主要方式是族外婚。

今天回族人的婚姻方式則完全不同，他們遵守較爲嚴格的族內婚制，並且這種婚姻的形式被他者視爲，更被自我視爲理所當然的應該遵守的古老傳統。對進入婚育年齡的青年男女來說，彼此的民族成分是選擇配偶時首先要考慮的重要因素。在西北、西南等地的回族聚居區，族內婚的被動約束和主動約束效力極其嚴格，一般回民大都遵循非回族不娶，非回族不嫁的原則。而族外婚，尤其是與非穆斯林之間的通婚，被視爲雷池禁區，一般人不敢僭越一步。在回族人口數量較少，分佈比較離散的地區，青年男女擇偶往往因爲選擇對象較少而面臨實際困難，雖然族外婚也被允許和接受。但是，締結婚姻的非回族一方，一般必須自願皈依伊斯蘭教，成爲穆斯林，其婚姻方被認可與接納。很顯然，即便在這些宗教氛圍不怎麼強烈的地區，族內婚的影響仍然存在，仍然是擇偶中的決定性因素之一。而從皈依伊斯蘭的變通條件來看，所謂族內婚制，其實際的內涵是教內婚。

既然如此，那麼，一個有意思的學術問題就是：究竟從什麼時候，因爲什麼原因，回回人中曾經普遍存在的族外婚制才開始逐漸轉變爲族內婚制，這樣一個現代回族人自己認爲的必須嚴格遵守的古老傳統呢？

著名回族學者馬平對這一問題有過專門的研究，他認爲：「到了清代，隨著統治階級對於回族施行民族歧視政策，清代中後期對回族施行滅絕政策，回族在心理上表現出強烈的反抗情緒，保族保教的意識明顯增強。大約就是從這個時候開始，回族穆斯林群眾在很大程度上限制了『民族外婚姻制度』，改爲主要實行『民族內婚姻制度』，以只許娶進，不許嫁出爲典型特徵的『婦女外嫁禁忌』開始逐漸實行……『婦女外嫁禁忌』的形成過程中，有民族心理方面的因素，有宗教信仰方面的因素，也有民族文化習俗和綿延族系等方面的因素。」〔註2〕簡單匯總，馬平的觀點主要包含三層意思：其一，回回人的族外婚制轉爲族內婚制在清代，具體時間未知；其二，轉變的原因包括多種原因，包括心理隔閡造成族外通婚困難、《古蘭經》禁止非穆斯林通婚、回族人的飲食禁忌與文化習俗等；其三，這種轉變是回族人主動選擇的結果。隨便翻檢一下有關回族婚姻制度的研究論文和相關著作，就會發現，

〔註2〕 馬平：《回族婚姻擇偶中的「婦女外嫁禁忌」》，《西北民族研究》1998 年第 2 期；馬平：《回族民族內婚姻制度探析》，《回族研究》1995 年第 3 期。

馬平的觀點具有極強的代表性，基本代表了回族研究學界對這一問題的普遍共識。

實際上，認眞分析，這樣的觀點存在較多問題。首先，《古蘭經》的確有禁止與非穆斯林通婚的條文，但中國回族實際上就是與非穆斯林通婚的結果，何以清代才會嚴守這一禁忌；其次，民族間心理上的障礙隔閡，宗教文化及現實生活中的飲食禁忌等，的確會造成通婚困難，但通婚困難與通婚禁忌顯然是兩個不同的概念，實際上漢藏之間、漢蒙之間也都存在著類似的通婚困難問題，但卻並沒有通婚禁忌；其三，從綿延族系的角度來看，回族婦女不外嫁可以理解，因爲婦女少，嫁本族已不敷用，更不可能外嫁。但回族娶外族婦女本來就是傳統，也是歷史時期回族人口大量增長的主要原因之一，何以從本來就普遍存在的族外婚轉變成族內婚？這在邏輯上完全說不通。

雖然不同地區、不同族群之間的婚姻制度和婚姻習俗可能存在較大差異，但是婚姻生活中如何選擇配偶首先是民間個體的自主行爲，而不是族群或某種制度篩選之後的產物。這是因爲人首先是社會的人，他不只是單純的生物個體。婚姻的目的也不只是性這一基本的生理需求與繁衍後代這樣簡單的物種延續。從這樣一個基本的常識出發，對於明清以來，絕大部分生活在地理空間與社會空間都相互隔絕的共同體中，僅靠伊斯蘭信仰那樣一點點的共性的回回人來說，僅僅因爲統治者的壓迫與歧視，就主動從族外婚制退守到族內婚制，這樣的敘事跨度和論證邏輯似乎有點太大了。

筆者認爲，回族人婚姻制度的轉變應該有更深層的原因和動機，轉變的時間也應該重新考證和界定。明末清初，回回人民族的認同，圍繞著回、漢差異，逐漸形成。在這樣一個結果出現之前，回回人的先民，就已經生活在這樣的地理空間和社會空間裏面，並且與他們周邊的人群，主要是漢人這一漢地社會的主體人群，發生著千絲萬縷的聯繫。認眞梳理在這樣一個較長的歷史發展過程中，兩者之間的相互關係，包括婚姻關係，是回答上述問題的關鍵。

第二節　歷史時期族外婚的眞實內涵

唐宋以來，自西方而來的回回先民，高鼻深目，外貌與漢人明顯不同，言語服飾、宗教文化、飲食禁忌等，亦與漢人有顯著差異。這些單身的男性，

想要在漢地社會長期居留生活，需要做很多的改變和適應。比如，在恪守基本宗教禁忌的情況下學說漢地的語言，改穿漢人的服飾，改用漢姓漢名等。實際上，除了這些相對較爲容易的改變，要想在漢地社會眞正長久生存下去，繁衍自己的後代，他們需要解決自己的配偶問題。對於這樣一批特殊的外來人口而言，他們是通過什麼樣的方法，合理合法娶到漢地的婦女的呢？或者說，他們有什麼樣的資本或吸引力，可以讓漢人的婦女主動嫁給他們呢？很顯然，濃濃的異域風情與俊秀的外貌特徵應該不是主要原因。

在傳統中國社會中，家庭本位的倫理法是親屬法的顯著特徵，家族利益是社會婚姻的基礎。《周禮·昏義》稱：「婚姻者，合二姓之好，上以事宗廟，下以斷後世。」顯然，這種以傳宗接代爲主要目的傳統婚姻，幾乎完全漠視婚姻當事人的個體利益。男女結合雖然也會顧及本人的意願，但是，「父母之命」和「媒妁之言」才是法律上婚姻成立的要件。只要經過家長同意，並經過合乎「禮」的儀式，婚姻就宣告成立。在這種傳統婚姻中，父母下命和媒妁傳言的實際依據是門當戶對和婚姻論財，聘娶婚是結婚的主要方式。最直白地講，決定婚姻的核心要素是金錢財富。而聘娶婚的實質，其實就是變相的買賣婚。直到中華人民共和國成立以後的很長一段時間內，換婚、力役、實物和貨幣等形式的買賣婚，在農村地區仍然廣泛存在。〔註3〕

回回先民的主體是商人，其中也有部分是因軍功、內附等原因受到朝廷重用的社會上層精英。精英群體自不必談，錢權加身，門當戶對，娶漢婦爲妻應該不是什麼難事。楊志玖在《元代回漢通婚舉例》一文所舉例證，大都如此。〔註4〕比如有名哈只哈心者，「阿魯渾氏，世西域人……太祖皇帝兵壓境……遂降……公夙慕中土，因攜家行……初，公至和林，元帥苟公奇之，妻以女，生二子：長阿合馬，早卒，次阿散……麥砧哈籫，西域名族，念公之賢，贅阿散其家。生二子：長暗都刺，始三歲，次凱霖，始三月喪母。繼張氏，二子：捏古伯，怯烈。」〔註5〕但對於更多以經商爲業的普通胡商來講，在輕商的傳統漢地社會中，要想合理合法地娶漢女爲妻，大概不是一件容易的事。即使在蒙元時期，色目人社會地位遠高於漢人的情況下，一般漢人對與異族通婚也相當排斥。這一點，元人的文筆中就表現地很明顯。比如，元

〔註3〕 楊堃：《家族、婚姻發展史略說》，《北京師範大學學報》1982年第1期。
〔註4〕 楊志玖：《元代回漢通婚舉例》，見楊志玖著《元史三論》，北京：人民出版社，1985年，第160頁。
〔註5〕 〔元〕許有壬：《至正集》卷五三《西域使者哈只哈心碑》。

人孔齊《至正直記》卷三有《不嫁異俗》一條，稱：

> 先人居家，誓不以女嫁異俗之類。嘗曰：娶他之女尚不可，豈可以己女往事，以辱百世之祖宗乎？蓋異類非人性所能度之。彼貴盛則薄此，必別娶本類以凌辱吾輩之女；貧賤則來相依，有覓求無厭之患。金陵王起岩者，最無遠識。以女事錄事司達魯花赤之子某者，致受此患，猶有不忍言者。世上若此類者頗多，不能盡載。則我趙子威先生如此顯仕，有力量遠識，一時為所誤，尚使其女懷終身之恨。世俗所謂『非我同類，其心必異』，果信然也。可不謹哉！
> 〔註6〕

從這段記載來看，蒙元時期漢人對嫁女異族的做法普遍持排斥態度，認為這一行為是辱沒祖宗的丟人之事。除此之外，從這一短文中至少還可以管窺以下信息：其一，元時異族普通人娶漢女為妻者較多。從嫁女漢人「彼貴盛則薄此，貧賤則來相依」的擔憂來看，大部分迎娶漢女的異族家庭條件大概比較一般，既非權貴，亦非富賈；其二，經濟因素是漢人反對這種異族通婚的主要原因。簡單總結，漢人反對與異族通婚的理由無非兩條，一是怕女兒受苦，二是怕自己受累。在視家族利益為婚姻基礎的傳統社會中，其實這種擔憂的核心還是後面一條，也就是錢財問題；其三，蒙元時期，漢與非漢兩個群體間的心理隔閡是相當深的。從漢地社會民間流行的「非我族類，其心必異」俗語之中，可見看到普遍民眾心裏這種歧視與不信任，影響是很深的；其四，從「娶他之女尚不可，豈可以己女往事」一句來看，「婦女外嫁禁忌」不是後世才有的，而是從一開始就如此。其五，從「彼貴盛則薄此，必別娶本類」一句來看，異族人娶漢人為妻似乎是退而求其次，不得已而為之，有條件者仍以回人自己的女子為娶妻的第一選擇。當然這一問題也有可能完全是另一種情況。元明兩朝入遷的西域穆斯林很多是舉族而來，不再是如唐宋時期那樣，以經商單身男性為主。女性人口的增加，至少部分緩解了在群體內部選擇配偶的問題。婚姻是拓展個人和家族社會關係的最有效途徑，對於有能力迎娶漢地婦女的色目人中權貴和富賈來講，娶漢女為妻本身可能就是基於某種現實利益的考量的結果，如前文楊志玖舉元代回、漢通婚案例中，這些異族中的上層精英，既有本族的妻子，也有漢地的妻子。而迎娶漢地妻子，有些不是個體行為，而是政治的結果。這種行為對於普通色目人的示範

〔註6〕　〔元〕孔齊《至正直記》卷三《不嫁異俗》。

作用是很大的。所以，有可能迎娶漢女是一件很值得炫耀的事情，這表明，
自己在婚姻關係中，是與權貴與富賈們保持一致的。

　　一則題爲「不要聽回回講話」的回族民間故事也可以看到歷史上回、漢
通婚的一個鮮活側面。這則故事大意是說，唐朝時候留住長安的回回使臣，
娶了漢人的女兒爲妻。結婚之後，兩人相親相愛。當妻子回娘家探訪時，父
母便問她對回回丈夫的感覺如何。女兒回答：「回回人都很好，他們的食物好
吃，但他們的話聽不懂」。父母於是告訴她：「只要你丈夫對你好，只要你們
兩人和合始終，至於他們的話，你就不要去聽它。」這就是民間俗語「回回
的東西吃得，回回的話不消去聽」的回民解釋。〔註7〕在言語不通的情況下，
父母就把女兒嫁爲回婦，在女兒以實情回覆後，仍以只要飯吃好話聽不懂沒
關係爲由進行安撫和寬慰，其中緣由，大概與錢財有關。同治戰時，陝甘回

圖 3.1　民國時期西北撒拉回人的新娘與伴娘

循化撒拉回新娘在去新郎家前，依次到親戚和朋友家討喜錢。在婚禮和特殊場合中，婦女要
戴面紗，胸前掛項鍊、銀製同心結等。
資料來源：王建平編著：《中國內地和邊疆伊斯蘭文化老照片》，上海：上海辭書出版社，2012
　　　　　年，第 221 頁。

〔註7〕 Shujiang Li & Karl W. Luckert (1994). *Mythology and Folklore of the Hui, a Muslim Chinese People*. New York: State University of New York Press. P.249.

民逃難至河南開封一帶，先後有三百餘戶，聚居在鼓樓南側的鵝鴿市街一帶。這些回民多以販馬爲生，經濟上比較雄厚，本地人稱之爲「馬客夥」，漢人民謠有「嫁給馬販子，吃喝一輩子」，〔註8〕這句話極其形象地傳達了漢人與回民通婚的動力。

　　總之，回回人「婦女外嫁禁忌」的現象，不是後世才出現的，歷史上本就如此。但是，最初回婦不外嫁的原因，不是因爲禁忌，而是因爲婦女太少，本族內部的婚配需要都無法滿足，根本不可能外嫁。對於曾經廣泛存在的族外婚制，實際上，婚配的回、漢雙方，都有各自的原因和目的。一方面，回人娶漢女爲妻，實際上，部分可能是在本族內找不到配偶的情況下，迫不得已的選擇。部分也可能是以此來證明自己社會地位和財富的手段與方法；另一方面，大多數的漢女嫁爲回婦，則更多是因爲女方父母貪圖回人的聘禮和錢財。很顯然，這種各取所需的婚姻和曾長期存在的換婚有相似之處，〔註9〕其實都是正常婚姻的異化，並不被絕大多數人，尤其是漢人，所接受和尊重。在這樣的社會背景下，經商爲業的普通回人，也就是回回人的主體，要想娶漢女爲妻，可以打動女方父母的條件，幾乎就只有金錢和財產了。求財是人之本性，清人講：「回、漢教道久分，往往有漢民改爲回民。究其所以，有回民乏嗣抱養漢民爲子，有無賴漢奸，貪財歸回者。」〔註10〕既然有漢人可以因爲錢財原因而皈依伊斯蘭教。那麼，貪圖錢財而嫁女給回人者，自然也不必說。

第三節　族群、婚姻與人口分佈：回族人口增長的相關問題

　　自明代晚期以來，基本上圍繞回——漢差異而滋生發育起來的回回人民

〔註 8〕 苗潤昌：《善義堂清眞寺的變遷》，《開封市文史資料》第 10 輯，1990 年，第264～273 頁。

〔註 9〕 換婚一般是家中兒子因智障或其他殘疾，無法娶妻生子。爲延續香火，父母會從自己女兒中挑選一位，找面臨同樣情況的另外一個家庭，嫁女給對方的兒子，以此換取對方嫁女兒給自己的兒子。筆者幼年時在山東農村老家，就目睹過不止一起這樣的婚姻。換婚是傳統包辦婚姻中最悲慘的一種，爲家族利益而被犧牲的兩個健康女兒的人生是悲劇的主角，實際上，最終往往會成爲兩個家庭三代人的共同悲劇。

〔註10〕 乾隆《循化志》，龔景瀚編纂，西寧：青海人民出版社，1991 年，第 322 頁。

族的認同，逐漸形成。拋開所有其他因素不談，自嘉靖以後，這樣一群幾乎被隔絕漢地社會的回回人，在被漢文化所涵化的過程中，始終保持並不斷增強對回——漢差異的意識自覺，最終完成民族的認同，是以一定規模的人口基數爲基礎的。只有一定規模的人口，他們才有可能在漢地社會的主體人口和主體文化包圍之中，表達自己的聲音，爭取自己的話語權。而回回人口眞正成規模，是歷經元明兩朝，尤其是明代的二百餘年間緩慢積累才達到的。

一、明代回族人口的數量增長與地域擴散

明代回族人口規模可以持續增長，並不斷壯大，主要有兩個原因：其一，大量外來人口遷入導致的人口機械增長；其二，較長社會穩定時期中人口本身的自然增長。

明代是蒙元之後，西域穆斯林人口大量遷居內地的另一個重要時期。從明初至嘉靖初的百數十年間，西域人口內遷從未間斷。這其中，尤以洪武、永樂、洪熙、宣德四朝時的內遷次數最爲頻繁，內遷人口也最多。現有研究表明，自洪武至嘉靖初的百數十年間，僅史書中有明確記載的西域入附穆斯林人口，就有十五六萬之多。〔註 11〕而沒有記錄在冊的，其數恐怕也不會太少。較長時期太平穩定的社會環境是歷史時期中國人口增長的主要社會基礎，整個明代二百餘年間，就處於這樣的一個人口增長時期，及至明朝末年，全國人口已經從明初的約 7,000 萬增長至約 2 個億，這是中國人口此前從未有過的最高峰值。〔註 12〕在這樣的大背景下，回回人口數量也有了較大的增長。

很多回族學者認爲，自明初開始的國家強制性回、漢通婚政策，也是明代回族人口快速增長的主要原因之一。〔註 13〕這一強制通婚政策見於《大明會典》卷二〇《戶口》婚姻條，記曰：「（洪武）五年，令蒙古色目人氏，既居中國，許與中國人家結婚姻，不許與本類自相嫁娶。違者男女兩家抄沒入官爲奴婢。其色目欽察自相婚姻，不在此限。」這樣一條禁令的目的，顯然

〔註11〕林松、和龑著：《回回歷史與伊斯蘭文化》，北京：今日中國出版社，1992 年，第 192～211 頁。
〔註12〕葛劍雄：《中國人口發展史》，福州：福建人民出版社，1991 年，第 241 頁；葛劍雄主編，曹樹基著：《中國人口史》卷四《明時期》，上海：復旦大學出版社，2000 年，第 451～452 頁。
〔註13〕邱樹森：《中國回族史》，銀川：寧夏人民出版社，1996 年，第 257 頁。

是要推進漢人與非漢人的蒙古人和色目人之間的通婚。爲達到這一目的，對蒙古人與色目人自相婚配的行爲進行嚴格禁止和嚴厲懲罰。官方的這種禁令雖然可以禁止蒙古人與色目人自相婚嫁行爲，但卻無法強令他們與漢人之間通婚。因爲，婚姻首先是小民個體的行爲，需要彼此自願才可以。入明之後，蒙古人與色目人的社會地位已經非比往昔。洪武九年（1376）淮安府海州儒學正曾秉正奏稱：「臣見近來蒙古、色目人多改爲漢姓，與華人無異；有求仕入官者，有登顯要者，有爲富商大賈者。古人曰：『非我族類，其心必異』。安得無隱伏之邪心，懷腹誹之怨諮。宜令複姓，絕其番語，庶得辨認，斟量處置。其典兵及居近列之人，許其退避。」〔註14〕由此可見，蒙元時期處於這些高等社會階層的人們，〔註15〕在明朝初年就已經淪落爲漢地社會中倍受歧視的對象。在這樣的環境下，他們中的高官顯貴，富商巨賈娶漢女爲妻可能仍沒太大問題，但對於絕大多數的普通人來說，想要與漢人通婚，恐怕已經不是一件容易的事。所以禁令之中又有變通之處，附注「色目欽察自相婚姻，不在此限。」〔註16〕這樣就爲那些無法與漢人通婚的蒙古人與色目人開闢了一扇解決婚姻問題的小窗戶。

《大明會典》卷一六三《律例四》這種在司法實踐中需要實際運用的法律條文中，就有更加明確的行文措辭，稱：「凡蒙古、色目人聽與中國人爲婚姻，務要兩相情願，不許本類自相嫁娶。違者杖八十。男女入官爲奴。其中

〔註14〕〔明〕官修：《明太祖實錄》卷一九〇，「洪武九年閏九月丙午」條。

〔註15〕根據由本學者船田善之的研究，色目人一詞及蒙代四民的劃分只存在漢語世界之中，是漢人自己認知的產物，蒙古人並不清楚色目一詞眞指的確切人群，元代色目人的地位不見得就比漢人和南人更高（船田善之：《色目人與元代制度、社會——重新探討蒙古、色目、漢人、南人劃分的位置》，《蒙古學信息》2003 年第 2 期）。實際上，在這樣的表述中，漢人其實更不清楚色目人的具體所指，他們只知道漢人與非漢人的兩個群體，並且自視在蒙元時代是受到歧視人群。所以，重新掌有天下之後，才有改胡服爲中國之制的舉措（孫振玉：《明清回回理學與儒家思想關係研究》，北京：中國文史出版社，2005 年，第 5 頁），至少明人自己認爲，蒙元時期，蒙古人和色目人是比自己高一等的人群。

〔註16〕欽察一名源於中世紀伊朗語，意思是「淺膚色的草原居民。」12 世紀中期開始建花剌思模王國。被蒙古人征服後，欽察人成爲元朝侍衛軍的主力之一，也有部分爲皇室掌管馬匹（烏雲畢力格：《喀喇沁萬戶研究》，呼和浩特：內蒙古人民出版社，2005 年，第 14 頁）。該條禁令中，將欽察人與色目人並列，更讓人琢磨不透明人所指的色目人具體是哪樣一種人們的群體。但這不影響本文對於此條禁令的解讀。

國人不願與回回、欽察爲婚姻者，聽從本類自相嫁娶，不在禁限。」〔註17〕《大明律集解附例》中關於蒙古色目人婚姻，有完全相同的規定。〔註18〕首先，在入明之後的社會大環境下，漢人不太可能自願主動樂意地嫁女給普通蒙古人和色目人。其次，蒙古人和色目人在尋找婚配對象時，找哪些漢女來結婚，有沒有眞心誠意地努力去找，都沒有約定。只要漢人不願意，就可以本類自相嫁娶。很顯然，這條禁令相當於白紙一張，對於各方都沒有任何約束力。因此，洪武五年（1372）的蒙古人、色目人自相嫁娶禁令，在具體的司法實踐中，根本就沒有執行，對明代的回回人口也沒有產生任何實質性的影響。

無論如何，因爲西域人口大量內附和內部人口長期穩定地增長，明代的回回人口數量有了較大增長，形成了一定的規模。與此同時，回回人口另一個重要的發展變化是，在空間上更趨於散離，分佈更爲廣泛。明代內附的穆斯林人口，除了仍然大量聚居在作爲首遷地的甘肅之外，也不斷被動或主動地向更廣闊的漢地社會的腹地進行遷移，淮安府海州儒學正曾秉正過江浦時，就看到「塞外之俘累累而有。」〔註19〕總之，陝西、河南、雲南、湖廣、南北二京及京畿等地都在這一時期內，逐漸成回回人聚居的重要區域，而山東、兩廣及閩浙等處的回族人口，也有了顯著的增長。〔註20〕這一時期回回人口的發展及遷移，基本上奠定了清代回族人口的規模和在全國的分佈格局。

二、婚姻制度的退守與微觀人口的集聚

回回人口數量在明代的快速增長及向內地散佈，使得這樣一個人們的群體與漢地主體人口之間的聯繫與接觸，日益廣泛和頻繁。成化以後，隨著東西聯繫的逐漸衰退，身處漢地社會的回回人開始陷入到與外部世界幾乎完全隔絕的狀態之中。由此，回回人生活的重心不可避免的向傳統漢地社會靠攏，更加廣泛而深入地嵌入到漢地社會主體人口的社會生活之中來。在這樣一個過程中，因爲對現實利益的被動分享。比如，考試學額等各種社會資源，漢

〔註17〕 〔明〕官修：《大明會典》卷一六三《律例四・婚姻・蒙古色目人婚姻》。
〔註18〕 〔明〕官修：《大明律集解附例》卷六《戶律・婚姻・蒙古色目人婚姻》。
〔註19〕 〔明〕官修：《明太祖實錄》卷一九〇，「洪武九年閏九月丙午」條。
〔註20〕 林松、和龑著：《回回歷史與伊斯蘭文化》，北京：今日中國出版社，1992年，第192～211頁。

人對回回人的大眾性的成見也在日益增強，兩類人群之間的糾紛隨之而來，而日常生活中的瑣碎細故更是不可避免。

對「不要聽回回講話」這樣一俗語解釋，回、漢有兩個不同的版本。漢人認為是「回回人的話無信用、不可靠。」〔註21〕回人則稱是「漢人聽不懂回回的話」。對同一句俗語的不同演繹，顯示了回回人在漢地社會中對自身特殊性的意識自覺與對他者意識的日益增強；另一方面，也表明了漢人與儒家文化作為漢地社會的主體人口和主流文化，對回回人普遍存在成見。在15世紀末期的明人文獻中，開始出現了有關回回流民的記載和被稱作「回賊」的集團。進而，利用添加反犬旁等方式來侮辱回回人的「污稱」也陸續見諸漢語史書。〔註22〕只要看一下顧炎武等人文集中有關回的記載，就能很直觀地感受到，明朝末年時，漢地精英階層對於回人的厭惡與嫌棄之情。

毫無疑問，文人士紳等精英階層的這種態度會直接影響普通民眾的價值判斷與處事準則。入清以後，當士大夫階層和各級地方官員中普遍存在的針對回民的文化歧視和宗教歧視上升為國家意志之後，對現實生活產生直接影響的司法歧視便產生了。在同一案件或同一案由的不同案件之中，犯罪情由相同的回民與漢人適用不同的法律條文，遭受不同的法律懲罰。回民由此逐漸淪為法律意義上的賤民。而在現實的社會生活中，他們也成了被國家權力打上了恥辱性標記的特殊人群。

傳統漢地主流文化中，家族、血緣和親戚關係是社會關係的核心和基礎。而婚姻是拓展和鞏固這種社會關係的最主要手段和途徑。在漢人對回民溝壑式的大眾成見面前，回回人，尤其是普通的回回人想要順利地娶到漢人婦女為妻，恐怕已不僅僅是一件比較困難的事情，而是近乎不可能的事情。即使存在極個別的案例，也不具有普遍意義。這種現實的社會處境，使得回回人在選擇配偶時，不得不完全退守到族內婚或者教內婚的婚姻制度裏面來。很顯然，這樣的退守和選擇，不是如大多數學者所認為的那樣，是回回人積極主動的自我的選擇，而是完全被動無奈的自我調適。

從另一方面來看，回回人在婚姻制度上的這種被動退守，同時又是明中期以後，增強回——漢區別意識自覺的重要推動力。而這種對兩個人群區別

〔註21〕 Raphael Israeli (1978). *Muslims in China: A Study in Cultural Confrontation*. Surrey: Curzon Press. P.23.

〔註22〕 〔日〕田坂興道：《中國回教的傳入及其弘通》，東京：東洋文庫，1964年，下冊，第1187～1189頁。

的意識自覺，又恰恰是晚明以來，回回人民族的認同，不斷滋生發育，最終得以形成的重要前提。從這一思路出發，很容易推斷，回回人退守到族內婚制的時間應該在回回人民族認同形成之前，也就是明末清初。所以把這一轉變的時間，大概界定在明朝中後期，應該沒有什麼問題。

同治戰後遷居中亞的陝甘回民被稱爲東幹人，最初人口很少，僅有 1.1 萬名左右，且被分割在營盤、哨葫蘆等十多個極其狹小的鄉莊中。這些百戰之餘的幸存者，幾乎沒有任何財產，貧病交加，困苦無依，面臨極其嚴峻的生存壓力，也時刻處於被周圍龐大異族人口稀釋掉的危險之中。以聚居於江爾肯特縣的東幹人爲例，1884 年統計共 1,768 人，其中出生 39 人，死亡 82 人。〔註23〕但就在這樣極其艱難的狀態中，從 19 世紀 80 年代初至 20 世紀 90 年代初的 110 年間，東幹人口從 1.1 萬增加至 10 萬人，增長了近 9 倍，年均增長率高達 21‰。〔註24〕見圖 3.2。

圖 3.2　1884 年至 1953 年間中亞東幹人口增長

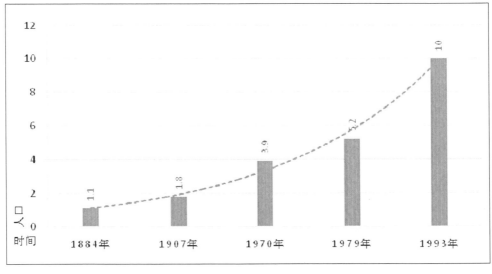

數據來源：王國傑：《東幹族形成發展史——中亞西北回族移民研究》，西安：陝西人民出版社，1997 年，第 25 頁；人口單位：萬。

〔註23〕 《1886 年七河省年度經濟報告》，第 49 頁，見王國傑著《東幹族形成發展史——中亞西北回族移民研究》，西安：陝西人民出版社，1997 年，第 47～48 頁。

〔註24〕 王國傑：《東幹族形成發展史——中亞西北回族移民研究》，西安：陝西人民出版社，1997 年，第 25 頁。

　　這一時期，東幹人口的高速增長和嚴格的族內婚制有直接關係。自遷入中亞之初，東幹人就一直「嚴守伊斯蘭教規，雙方都是穆斯林的才能結婚。由於中亞各族（如哈薩克、烏茲別克、吉爾吉斯等）信奉伊斯蘭教，故剛過境的東幹男人多娶中亞女人為妻室，但東幹女子非東幹男子不嫁。住在城市中的東幹族（約占其總數的 20%左右）與俄羅斯、烏克蘭等民族結婚的不少，條件是對方要學東幹話，學做東幹人的飯菜。而住在東幹鄉莊的姑娘與外族結婚的至今不足 1%」。〔註 25〕這群西遷的陝甘回民，由於與祖輩故土曾經世代聚居的遷出地長期處於物理上的隔絕狀態，又與遷入地周邊的人口，在人種、語言、文化及所有相關方面完全不同，在婚、喪、嫁、娶等諸多方面，都保留了原來的生活方式，成為清代西北回族人口的活化石。從東幹人的婚姻狀況，可以部分窺視到同治以前西北回民嚴格的族內婚制度。

　　婚姻建立在與血緣親屬之外成員結合的基礎之上，從明清民間的婚姻實踐來看，血緣親屬同姓、同宗與近親之中，同族不婚的自律和約束效果最好，很多地方的宗族文獻中都有同姓為婚禁條。〔註 26〕因此，明清社會中，一般情況下，婚姻都是超越家族範圍的，家族內部成員之間無法相互通婚。族內制的婚姻行為要求有與之適用的超越家族範圍的群體性的生活方式。自明代中期開始，回回人的婚姻制度逐漸退守到族內婚，為了滿足在民族內部維繫最基本的婚配的現實需求，就需要在一個可以到達或者接觸的合理空間範圍之內，有一定數量的人口作為最基本的支撐。現實生活中，回回人總是盡力追求一種「小集中」的生活環境狀態，這應該與族內婚制的現實需求有一定關係。

　　實際上，在很多回族人口散居的地區，即使刻意人為追求和營造這種「小集中」的生活環境狀態，仍然不足以集聚足夠數量維繫族內婚的人口。在這樣的區域內，就容易出現舅表親、姨表親等親上親的婚姻形式，甚至個別還有堂兄妹之間相互婚配的現象，如清代被同樣視為「回」的拉撒人，其家庭組織和基層社會組織是「阿格乃」和「孔木散」。前者是由兄弟結婚之後分居形成的幾個小家庭組成的，少者兩戶，多者十餘戶；後者則是兩到五個阿格乃的組合，有時也包括不屬於阿格乃的本族單獨戶。「『阿格乃』內嚴禁通婚，

〔註 25〕 王國傑：《東幹族形成發展史——中亞西北回族移民研究》，西安：陝西人民出版社，1997 年，第 360 頁。

〔註 26〕 王躍生：《從同姓不婚、同宗不婚到近親不婚——一個制度分析視角》，《社會科學》2012 年第 7 期。

『孔木散』內原來也禁止通婚，但到後來由於婚配困難的增加，也不得不允許通婚了。」〔註27〕所以民間有「回回親，扯不清」的俗語，其實質就是近親結婚。由此可以想見，歷史時期散居漢地社會的回回人在退守族內婚後所面臨的現實窘境，刻意人為追求和營造的「小集中」生活環境狀態是迫不得已的選擇。

　　對於伊斯蘭信仰的維持，同樣需要超越家族範圍的群體性的生活方式，大分散的回族人口，在每一個小的區域內，都集聚在一個個的禮拜寺周圍，不但更能切身感受到宗教的力量，也可以在小集聚的群體之中，獲得心理上的安全暗示和現實中的實際幫助。雖然這種群體性聚居方式，的確可以使個體更多的感受到來自於群體中的他者約束，從而加強自我約束的自覺性，更有利於信仰的維持和賡續。但是實際上，維繫信仰的根本動力來自於內心的堅守，與群體性的聚居方式等外在因素沒有直接關係。這也是為什麼當年馬明心在循化講授簡化煩瑣宗教儀軌之後的哲合忍耶如此受到底層民眾歡迎的重要因素。因此，回民追求小集聚的生活方式最本初的原動力，應該還是選擇合適配偶、維持人口繁衍這一根本需求。圍寺而居的生活方式和人口空間分佈狀態，只不過是這種原初需求的外在表象而已。

　　總之，在各種原因的綜合作用下，回人在現實中盡力追求「小集中」的生活環境狀態。凡是回族居住的地方，總是集中在一定的地帶，街道和村莊。回族聚居的地方，往往自成街巷，自成村莊。比如，蘭州城西北黃河北岸的金城關，青海西寧城東區的東關街、北關街，臨夏城南關八坊，門源的麻蓮鄉。又如肅州和涼州回民皆世居東關，河州與伏羌的回民則在南與北關。陝甘總督熙麟奏稱：「查甘省本屬邊地，向來回民散居各屬，多於漢民，城鄉村鎮所在皆是……各處城關均有回民，各營弁兵更多回教。」指的就是這種情況。〔註28〕這一點西北各省較為相似。但在甘肅部分市鎮中，回族人口佔有絕對的優勢。比如，蘭州府狄道州，城內回族人口多至五百餘戶，四千餘人，幾乎盡為回民，秦安縣的蓮花城，清水縣張家川、靈州同心城、固原硝河城等盡皆回民，人口數萬，這種情況在陝西並不多見。在所有類似這樣的回族聚居區，清真寺及其附屬建築成為散發著濃重伊斯蘭文化氣氛的實體象徵，

〔註27〕張天路、宋傳升、馬正亮著：《中國穆斯林人口》，銀川：寧夏人民出版社，1991年，第30頁。
〔註28〕同治元年（1862）十一月二十八日（丙子）熙麟奏，見〔清〕奕訢等編修《欽定平定陝甘新疆回匪方略》卷二九。

時刻都在宣示著伊斯蘭教在穆斯林文化景觀中的首要地位和宗教與文化的一致性。同時，在更具象的方面，對圍寺而居的回族人口，這種生活方式，也是滿足族群內部嫁娶結親的重要途徑。

第四節　本章小結

通過對回族族外婚與族內婚的系統梳理和分析，筆者對歷史時期回族族外婚的眞實內涵進行了探討和分析。基於此，筆者從明末清初回回人民族的認同開始，把官民對回態度、涉回法律條文、回回婚姻制度以及其人口的空間分佈狀態等不同的單個孤立事件狀態串聯起來，探討了彼此之間的相互關係，比較完整地回答了回族人從族外婚制向族內婚制轉變的原因和時間，進而分析各種因素對回族人口「大分散、小集聚」空間分佈狀態的影響。

研究表明：從唐宋盛行的族外婚，到元明族外婚與族內婚的混雜，再到明中期以後的族內婚，回回人民族認同完成之前，婚姻制度經過了三個階段。對於歷史時期曾經廣泛存在的族外婚制，回人娶漢女爲妻，部分可能是在本族內找不到配偶的情況下迫不得已的選擇。部分也可能是證明自己社會地位的方式與方法。而大多數的漢女嫁爲回婦，則更多是因爲女方父母貪圖回人的聘禮和錢財。而回回人「婦女外嫁禁忌」的現象，歷史上早就有之。只不過，最初的原因不是因爲宗教禁忌，而是因爲婦女太少，本族內部的婚配需要都無法滿足，根本不太可能外嫁；另一方面，在男方需要支付采禮的婚俗中，漢人在迎娶回婦中得不到任何錢財的回報，也缺乏迎娶回婦的實際動力。

明中葉以後，漢人對回民普遍存在的大眾成見已成爲兩族通婚的溝壑。在這種情況下，回回人，尤其是普通的回回人想要順利地娶到漢人婦女爲妻，已經變得相當困難。這是明代中後期以後，回回人不得不完全退守到族內婚或者教內婚的婚姻制度裏的主要原因，這種完全被動的選擇，是一種無奈的自我調適。而回人刻意人爲追求和營造的「小集中」的生活環境狀態，與散居回民爲維繫族內婚需求有相當關係。

第四章　清代西北回族人口規模

本章主要探討清代西北地區的回族人口規模。作爲回族歷史人口最基本的信息之一，清代回族人口規模問題既是西北回族人口史研究的重要組成部分，也是相關後續研究的重要基石。在對清以來眾說紛紜的西北地區回族人口規模進行全面梳理後，筆者對目前學界廣泛流傳的有關清代西北回族人口規模的錯誤觀點，進行了辨析和修正。同時，對各種錯誤認識形成的歷史背景、過程和原因等進行了分析。進而，在此基礎上，給出了戰爭前後，兩個不同時間切面上的西北回族人口規模，即同治戰前峰值人口數與戰後谷底人口數。

第一節　清人視野裏的西北回族人口峰值

儘管在全國範圍內人口峰值的出現時間是在太平天國運動爆發前的道、咸之際，但在東南地區造成嚴重人口損失的太平天國運動，對廣大的西北地區影響很少。因此，如果僅就西北地區人口而言，其峰值出現要延遲至西北戰前爆發之前的咸、同之際，時間上大概晚了十餘年。基於此種考量，清代西北回族人口峰值出現的年份，應該定在咸豐十一年（1861）。

同治以前，西北地區的回族峰值人口數到底是多少，其實本來是一個不應該成爲問題的問題。這是因爲，清代自乾隆中期以後，有專門的回民戶籍，各地廳縣一級的地方保甲冊中，都記載有本地回族人口的詳細信息，人口數量當然是其中最基本的數據。只不過，由於清代司法審判過程中辨識涉案回民族屬身份的工作，幾乎全部由最基層的廳、縣一級來承擔。這些因刑名獄訟而產生回民戶籍資料既缺乏上報的必要，實際上也沒有上報的機制。

這使得各廳縣保甲冊中記載的本地回族人口信息，沒有體現在更高一級的官方戶籍文書之中。因此，州、府以上的各級地方官府及清廷中央各部門並沒有匯總以後的本府、本省乃至全國的回族人口數據。而那些原本只保存在廳縣一級保甲冊中的回族人口數據，隨著歲月的流逝，或毀於戰火或因政權更迭而被人為廢棄。時至今日，只有零星檔案存世。而這其中，可以搜集到並能完整解讀的更是少之又少。在這種情況下，試圖僅僅通過原始文獻，就可以獲取某一較大區域，比如，某一府或者某一省的回族人口規模信息，是不現實的。

實際上，同治以前，西北回族人口的詳細數據，不只是後世的研究者無法獲知。即便是當時的人們，哪怕是那些位居廟堂之上的朝廷高官、手握大權的封疆大吏，甚至是廳、縣一級掌管回族人口登記信息的地方官員，在很多情況下，其實也不瞭解回族人口的完整信息。從民間士紳到各級地方官員，乃至封疆大吏們對西北回族人口數量紛繁蕪雜的描述中，可以清晰地看到，清人對同時代回族人口數量的無知。

清人，確切的講是漢地社會的主體人口漢人，對西北回族人口的普遍認識是：同治以前，西北地區的回族人口數量相當多，在總人口中所佔比例非常高。而且分佈極其廣泛，幾乎無縣無之。這其中，尤以甘肅一省回民人數為最重，其絕對數量甚至遠遠超過漢民。清人的這種錯誤主觀認識的產生有其特定的歷史背景和發展過程。自明末清初，回回人的民族認同完成之後，伴隨著自身不斷增長的利益訴求，西北伊斯蘭社會與傳統漢地社會中間原有的平衡逐漸被打破。這使得漢地社會的主體人口，尤其是其中的士紳和地方官員們，不得不開始關注自己身邊那些本來就已存在，但卻長期被忽視的熟悉陌生人。入清以後，隨著西北地區不斷發生，且日益增強的族群衝突與反抗事件，不論官方還是民間對回民的關注度都在不斷提高，與之伴隨的，是清人文獻中對於西北回族人口的記載頻率也越來越高。

同治戰前，這種趨勢就非常明顯，官私文獻中突然出現大量關於西北回族人口規模的記述。比如，光祿寺卿潘祖蔭在同治元年（1862）六月初的一份奏摺中就稱：「臣昔在陝西，稔知該省郡縣，無地無回，撫標兵弁以及戈什哈等半屬回人充當。」﹝註1﹞陝甘總督熙麟在同年八月二十五日的一份奏摺中

﹝註1﹞同治元年（1862）六月初七（戊午）光祿寺卿潘祖蔭奏，見﹝清﹞奕訢等編修《欽定平定陝甘新疆回匪方略》卷一三。

則稱：「甘省各屬回民率多聚類而居，其數幾與漢民相垺……沿途設卡，遇有東來商賈行旅，認眞盤詰，以杜逆回改扮漢民，混入甘境，煽誘勾結，數月以來，地方尚稱安靜。」〔註2〕又同年十一月十八日，陝西巡撫瑛棨奏稱：「甘省回匪滋事……定邊縣爲甘省入陝門戶，距甘肅靈州甚近，甘省地方回多漢少……」〔註3〕同月二十八日陝甘總督熙麟更是奏稱：「查甘省本屬邊地，向來回民散居各屬，多於漢民，城鄉村鎮所在皆是……各處城關均有回民，各營弁兵更多回教。」〔註4〕左宗棠擢任陝甘總督後對甘肅省回族人口規模的描述，也與其前任基本一致。比如，在同治六年（1867）正月十八日的一份奏摺中，左宗棠就稱：「甘省回多於漢。蘭州雖爲省會，形勢孑然孤立，非駐重兵不能守駐。駐重兵，則由東分剿各路之兵又以分見單，不克挾全力與俱，一氣埽蕩。」〔註5〕

　　即使在經歷了同治年間那場滄海巨變，西北回族人口已經遭受嚴重打擊，損失慘重的情況下，仍有不少地方大員持此種甘肅回民遠多於漢的陳見。比如，陝甘總督陶模在光緒二十二年（1896）九月二十一日的一份奏摺中就稱：「甘肅漢、回錯處，綜稽民數，本漢少而回多，漢弱而回強……惟是關內新撫之眾，實無多曠土可以分別安插，勢不得不仍令與漢民錯處其間，而仇隙既深，猜疑益甚，欲令釋其嫌怨，相睦相親，實非急切所能見效。」〔註6〕綜上可見，在清代，甘肅省回多漢少這種流傳已久的習慣說法，影響是相當深遠的。

　　清人余澍疇在《秦隴回務紀略》一書中，對同治以前陝、甘兩省回、漢人口的比例給出了明確的界定，該書卷一開篇即稱：「同治元年（1862）壬戌夏四月丙子，陝西回民亂。舊傳：陝甘回民係唐郭汾陽借大食兵克復兩京後，留居中土者。迄今千餘年，陝則民七回三，甘則民三回七。明永樂中，徙實

〔註2〕　同治元年（1862）八月二十五日（乙巳）陝甘總督熙麟奏，見〔清〕奕訢等編修《欽定平定陝甘新疆回匪方略》卷二二。

〔註3〕　同治元年（1862）十一月十八日（丙寅）陝西巡撫瑛棨奏，見〔清〕奕訢等編修《欽定平定陝甘新疆回匪方略》卷二八。

〔註4〕　同治元年（1862）十一月二十八日（丙子）陝甘總督熙麟奏，見〔清〕奕訢等編修《欽定平定陝甘新疆回匪方略》卷二九。

〔註5〕　同治六年（1867）正月十八日（癸酉）陝甘總督左宗棠奏，見〔清〕奕訢等編修《欽定平定陝甘新疆回匪方略》卷一四六。

〔註6〕　〔清〕陝甘總督陶模：《籌商河湟善後情形片（光緒二十二年九月二十一日）》，見〔清〕陶模著《陶勤肅公奏議遺稿》卷六。

江淮，由是花門族類，幾遍天下。」〔註7〕余澍疇是同治鳳翔知撫張兆棟的幕僚，他對地方事務相當瞭解，同時也是可以接觸並具體掌管地方保甲冊等戶籍案卷的官府人員。所以，他在自己的書中明確提到鳳翔的回民人數，有「二十八坊，共六萬三千餘名口。」知府張兆棟戰後所撰《守歧紀事》一書，就原封不動地引用了余澍疇的數字，這說明，余氏關於鳳翔回民數量的記載較有權威性，是比較可信的。可能恰恰因為余澍疇的特殊身份，「陝省民七回三、甘省民三回七」這一簡單化、程序化的說法一經提出就立刻傳播開來，影響極大，後世論著，多稱引其說。

在另一方面，清人關於西北回族人口規模又有一些截然相反的說法。比陝西民間廣泛流傳著同治戰前「一百二十八個漢人對一個回回」的故事，其意大體是說，丁憂在家的官員張芾與渭南孝義鎮趙老五密謀屠殺陝西回回，張母曾加勸阻，張芾不聽，以荽籽做比喻，說：「漢人一斗，回回一把，一百二十八個漢人殺一個回回，怕啥！」張母見勸說不了，便自縊死了。〔註8〕這一故事還有諸多不同的版本，故事的主角亦或指為渭南孝義鎮趙老五與嚴姓官員，回、漢比例或指為一百三十比一。比如，涇源（即清之化平廳）回族自治縣耆老吳洪泉的說法就很不同，他講：「孝義鎮與趙家為鄰的嚴姓大官對趙老五說：『回回是一大教，天不滅回，如何能殺盡？』趙不聽嚴大人的話，嚴大人就走了。趙老五的母親亦出面勸老五說：『回回無罪，為何滅他？』老五說：『如荽籽一般，回民只是一把，漢人乃是一斗，一百三十個漢人殺一個回回，還不成嗎？』於是趙決意滅回，發出雞毛傳帖，使各地團練，滅盡回回。」〔註9〕

以上兩則故事之中，趙老五顯然指的是渭南孝義鎮的趙權中，因在從兄弟中排行第五，故人稱之趙老五。趙權中曾為朝邑縣訓導，同治西北戰爭期間為地方團練首領。嚴大人則應該指的是孝義鎮嚴家的嚴樹森，累官至河南巡撫、湖北巡撫等職。嚴、趙兩家均為關中著名富戶。這兩則故事意思大概相同，但具體細節卻多張冠李戴，其中頗多演義的成分，真實性值得懷疑。

〔註7〕　〔清〕余澍疇：《秦隴回務紀略》卷一，見中國史學會編，白壽彝主編《回民起義》第4冊，上海：神州國光社，1952年，第215頁。

〔註8〕　馬長壽主編：《同治年間陝西回民起義歷史調查記錄》，西安：陝西人民出版社，1993年，第165、200頁。

〔註9〕　馬長壽主編：《同治年間陝西回民起義歷史調查記錄》，西安：陝西人民出版社，1993年，第446頁。

結合當時的社會背景仔細推敲，不難發現，所謂「一百二十八個漢人對一個回回」比喻，很可能是戰爭狀態下，地方團練首領爲達到蠱惑民團，挑起事端的目的，而刻意抑回揚漢的鼓譟之詞，並非民間對於關中回族人口規模的普遍認識，所以，完全不足信。

清人文獻中，諸如此類刻意歪曲或故意隱瞞地方回民眞實情況的案例，還有很多。比如，《秦疆治略》一書，是道光陝西巡撫盧坤輯錄的一本小冊子，主要內容是介紹陝西各府州廳縣的地方民情。根據該書記載，道光初年渭南縣有回民 3,000 餘戶，人口約 1.5 萬，僅占當時全縣總人口的半成，也就是 20 個漢人對一個回民。〔註 10〕這一比例雖不及演義故事裏的 120 個漢人對一個回民，但也與事實相去甚遠。諸多史料顯示，同治戰前渭南縣是陝西省回民最主要的聚居區之一，其人口相當眾多，在全縣總人口中的比重亦非常高。顯然，渭南回民眾多的事實，被有意或無意地給掩蓋了。

據左宗棠奏稱，戰前陝西回族人口總數大約有七八十萬。〔註 11〕左宗棠是同治西北戰爭的平定者，也是戰後回民安置、災民救濟等一系列善後政策的制定者和相關事宜的處理者，對西北回民情況相當熟悉。正因爲如此，長期以來這一回族人口數被諸多論著廣爲引用，視作信史。又據欽差大臣督辦陝西軍務多隆阿奏稱，同治戰前「陝西回眾，久隸編氓，群萃州處數十萬家，食毛踐土百餘載。」〔註 12〕概略言之，全省回族人口總數當在百萬以上。同治戰前陝西省總人口接近 1,400 萬，〔註 13〕以此計算，不論是左宗棠，還是多隆阿所言陝西省回族人口數，在總人口的比例都不足一成，合十幾個漢人對一個回民。這與余澍疇所稱：「陝則回三漢七」之說相去甚遠。山東道監察御史尋鑾煒同治元年（1862）七月十七日奏稱：「陝省西、同兩府，回民十居其二，人雖少而性梗頑。」〔註 14〕西同兩府爲陝省回民分佈最爲集中之區，其

〔註 10〕　〔清〕盧坤：《秦疆治略·渭南縣》。

〔註 11〕　〔清〕左宗棠：《復陳擬辦事宜並辦理營務城防各員請獎摺》，見左宗棠著，劉泱泱、廖運蘭校點《左宗棠全集·奏稿五》，長沙：嶽麓書社，1996 年，第 495 頁。

〔註 12〕　同治三年（1864）三月十七日（丁巳）多隆阿奏，見〔清〕奕訢等編修《欽定平定陝甘新疆回匪方略》卷六一。

〔註 13〕　路偉東：《同治光緒年間陝西人口損失》，《歷史地理》第 19 輯，上海：上海人民出版社，1990 年，第 350～361 頁。

〔註 14〕　同治元年（1862）七月十七日（戊戌）山東道監察御史尋鑾煒奏，見〔清〕奕訢等編修《欽定平定陝甘新疆回匪方略》卷一五。

所佔比例僅爲十居其二,放之全省,其人口比例當更低。

總之,通過以上所列有限文獻,可以看到,清人對自己身邊的回回人口規模的瞭解,相當有限。不但眾說紛紜,而且有兩個極端。所有這些說法之中,以余澍疇「陝省回三漢七,甘省回七漢三」的說法,對所世影響最大。

第二節　眾說紛紜的戰前西北回族人口峰值

自民國以來,有關清代西北回族峰值人口數,就有各種不同的說法。可謂眾說紛紜,莫衷一是。在這些不同的觀點和說法之中,既有回回人對於自己族群規模的自視,也有各種不同群體或個人的他視,如民國回人馬光啓就稱,陝西回民「歷宋、元、明、清以來,生殖日繁,逐布滿全省,號稱百萬。」〔註 15〕這一峰值人口數雖然與左宗棠所稱的陝西回民七八十萬之數相比,多了不少。但與同治以前陝西省「回三漢七」這一清人普遍接受的觀點相比,則明顯是低了很多。

從 20 世紀 50 年代開始,受農民起義史觀的影響,同治年間的西北戰爭成爲學術界炙手可熱的焦點問題。在這一時期汗牛充棟的西北戰爭研究論著中,也有相當一部分學者開始關注並討論同治戰前西北地區的回族人口峰值規模問題。這其中尤以馬長壽的估計數據最有代表性,也最具影響力。在對關中平原及隴東地區近 20 個戰前回族人口聚居的區縣進行實地調查之後,馬長壽認爲:「原在陝西省西安、同州、鳳翔三府和乾、邠、鄜三州共二十多個州縣裏,住有回民七八十萬到一百萬,占全省人口的三分之一。在清代嘉慶、道光、咸豐年間,這近百萬的回民約分爲八百餘坊,建立伊斯蘭教禮拜寺八百餘所。」支撐這一觀點的立論依據有三點:其一,據《續修陝西通志稿》中《平定回匪紀略》作者的估計,陝西原有回族人口七八十萬;其二,民國初年西安回民馬光啓所著的《陝西回教概況》,估計陝西回族人口爲一百萬;其三,清代同治年間曾經參加鎮壓回民運動的余澍疇,在其所著的《秦隴回務紀略》一書中曾說:「陝則民七回三,甘則民三回七」。此所謂「民」乃指漢民。換言之,則同治年間以前陝西的人口,漢民占十分之七,回民占十分之三。〔註 16〕

〔註 15〕馬光啓:《陝西回教概況》,見馬長壽主編《同治年間陝西回民起義歷史調查記錄》,西安:陝西人民出版社,1993 年,第 214 頁。

〔註 16〕馬長壽主編:《同治年間陝西回民起義歷史調查記錄》,西安:陝西人民出版

　　稍加分析，就可以看出，以上三點立論依據，均不可靠。其一，所謂《續修陝西通志稿》一書中《平定回匪紀略》的作者估計之數，實際上就是左宗棠奏報之數。根據本書對清代戶籍管理體系中的回民戶籍問題的研究，可知，在清代即使是像左宗棠這樣親自平定西北戰爭的封疆大吏，他對戰前西北回族人口規模的記述，也是完全出於個人主觀估計，並沒有官方的戶口登記數據作依據。所以，左氏所稱的戰前回族人口數據，不能援爲信史，需要考證；其二，民國馬光啓所稱的 100 萬數值，也是出於個人主觀估計，既沒有可靠的依據，也缺乏認眞地分析和考證；其三，馬長壽援引余澍疇陝西省「民七回三」之說，除了表明余氏此說流佈甚廣之外，對於他自己主張的立論，沒有任何支撐。實際上，即使不加辨別地引用戶部清冊陝西省人口數據並按這一比例簡單計算，戰前陝西省回族人口峰值也要超過 300 萬。馬長壽引用這一說法，實際上是對自己觀點的直接否定。綜上所述，儘管馬長壽所說的這七八十萬到一百萬的回族人口，只是陝西戰前回族人口分佈最爲集中的三府三州（西安府、同州府、鳳翔府、邠州、乾州）20 多個州縣中的回族人口。以此推算，整個陝西省回族人口總數當會更多一些。但從上面分析來看，他的估計數值是完全不可靠的。

　　邱樹森主編的《中國回族大辭典‧清代回族》記稱：「至道光年間，回族人口數量已達 200 餘萬，其中西南、西北各省回族人口最多，聚居點最密。」〔註17〕西北是回族人口最重要的聚居區，以此 200 萬之數估計，如果將回族人口聚居的西南各省及其他各省刨除在外，則同治戰前西北各省回族人口數量應該有一百多萬。由於這 200 萬之數，既沒有具體的論證過程，也沒有注明原始引用出處，完全出於編者個人主觀估計的可能性較大，可靠性無法證明。

　　丁萬錄認爲：「陝西八百坊回民在同治年間大起義前總人口當不下一百二十萬。」〔註18〕回民八百坊的說法，在西安回民中廣爲流傳，這在馬長壽的調查記錄中曾多次提到。民國馬光啓《陝西回教概況》一書中曾轉引馬儀先生《痛史》〔註19〕稱：「據前人調查，凡三輔及北山一帶，計焚禮拜寺共計八

社，1993 年，第 1～2 頁。

〔註17〕邱樹森主編：《中國回族大辭典‧清代回族》，上海辭書出版社 1993 年，第 18 頁。

〔註18〕丁萬祿：《陝西回族發展變遷的歷史考查》，《寧夏大學學報（社會科學版）》1988 年第 4 期。

〔註19〕該書現已亡軼。

百餘所。」〔註20〕從中可見，所謂八百餘座禮拜寺顯然並非指整個陝西，而是僅就關中及陝北部分回民聚居的地區而言，秦嶺以南的漢中地區就不包括在內。通過估算西、同兩府戰前回民聚居州縣的人口數，丁萬錄提出了戰前陝西回族人口規模至少應在 120 萬以上的結論。這一說法把人們對戰前陝西回族人口規模的認識，向前推進了一步。

胡振華認爲，1862 年以前陝西的回族人口大約有 150 萬～200 萬。其立論依據爲：民國馬光啓《陝西回教概況》謂關中約 100 萬，另據《中國人口‧陝西分冊》1850 年陝西人口總數爲 12,107 萬人，而《秦隴回務紀略》謂陝西「民七回三」，則爲 360 萬，本書取其中而估定。〔註21〕《中國人口‧陝西分冊》中的 1850 年陝西人口數據實際上出自《戶部清冊》，〔註22〕現有的研究已經表明，這個人口數據與眞實人口數相差較大，不能作爲計算的依據。〔註23〕而《秦隴回務紀略》的作者余澍疇在同治戰時只不過是鳳翔知撫張兆棟的一個幕僚，所謂「民七回三」實爲大概的約數，可能完全出於個人的主觀估計，也可能是對當時人一般印象中陝西省回族人口規模普遍認識的一種轉述。這一觀點的可靠性需要論證，簡單地以此爲基礎來推算 1862 年以前陝西省回族人口規模，有很大問題。

李茂松對清代回族峰值人口數的估計更爲宏觀和概括，他認爲：嘉慶末年全國人口爲 4 億。而元世祖至元十八年（1281）全國合計人口數五千八百八十三萬。從元世祖期間有近六千萬，到嘉慶末年的 4 億，全國人口增長約 7 倍。回回人口在元代爲 40 萬左右，若也以增長 7 倍計，到嘉道年間，回回人口數約達 250 萬～300 萬。〔註24〕這一說法的問題在於：首先，元代回回人有 40 萬，出自何處，有何依據，沒有任何說明；其次，人口史研究的基本常識表明，民國以前歷代官方戶口登記的人口數據都需要考證之後才可以使用。

〔註20〕 馬光啓：《陝西回族概況》，見馬長壽主編《同治年間陝西回民起義歷史調查記錄》，西安：陝西人民出版社，1993 年，第 214～215 頁。

〔註21〕 胡振華主編：《中國回族》，銀川：寧夏人民出版社，1993 年，第 132 頁。

〔註22〕 朱楚珠編《中國人口‧陝西分冊》中 1850 年的陝西人口數轉引自嚴中平等編的《中國近代經濟史統計資料選輯‧附錄‧清代乾、嘉、道、咸、同、光六朝人口統計表（五）》，而《中國近代經濟史統計資料選輯》一書的 1850 年陝西人口數據則出自《戶部清冊》。見朱楚珠編《中國人口‧陝西分冊》，中國財政經濟出版社 1988 年，第 63 頁。

〔註23〕 姜濤：《中國近代人口史》，浙江人民出版社 1993 年，第 62～71 頁。

〔註24〕 李松茂：《慧鏡齋文萃‧清史與清代回族史》，宗教文化出版社 2003 年，第 162～163 頁。

不加辨別的直接引用，不符合學術研究的基本規範。以元代戶口數據爲例，至少包括工匠、軍戶、蒙古諸王部屬等五六類人都不在統計之列。〔註 25〕根據這訛誤百出的戶口數據，推算出元至元年間至清嘉慶年間全國人口增長 7 倍是有問題的。近而，忽視數百年間的人口波動及區域人口變動的巨大差異，推導出回回人口在 250 萬至 300 萬的結論，顯然過於主觀隨意。

筆者曾在 2003 年第 4 期的《回族研究》上發表過《清代陝西回族的人口變動》一文，提出：清代陝西回民峰值人口數約在 170 萬人左右，大概占當時全省人口總數的 12%。清人言回民人數，就陝西而言「民七回三」，所指當僅爲關中地區的西安、同州兩府中回族人口的比例而非全省。〔註 26〕作爲第一篇專門討論清代陝西回族人口數量及變動的論文，儘管發表後諸多回族史研究的論著都引用了這一觀點。但是，由於筆者當時的學術研究水平有限，就整篇論文來看，不論史料運用、分析，還是論述過程等方面，均有諸多不足之處，並且在研究方法上也過份依賴計量統計，人口數字過於精確，最終結論缺乏總夠的說服力。

綜上可見，到目前爲止，對同治以前西北回族峰值人口的所有討論之中，眞正嚴謹實證的學術研究不多，道聽途說因循守舊的主觀臆測不少。各種不同觀點對同治戰前西北回族峰值人口數的估計差距較大，幾乎沒有什麼可比性。到目前爲止，這一學術問題而言，仍然極有必要進行深入細緻的研究。

第三節　清代西北回族人口峰值分區估計

本節分陝西、甘肅與新疆三個部分，分別討論同治以前各省區的回族峰值人口數。主要研究的思路是，通過對清人各種觀點提出的時代背景，提出者的個人立場以及社會環境等進行綜合分析，討論其中可能存在的問題，探索不同文本背後可能傳達的較爲眞實的本意。最終在已有人口史研究的基礎上，得出接近史實的結論。這一時期有關新疆回族人口的文獻極少，分析過程比較簡單，與陝西甘肅兩省相比，篇幅段落不成比例。但是，因爲歷來對

〔註 25〕 邱樹森、王頲：《元代戶口問題芻議》，《元史論叢》第 2 輯，北京：中華書局，1983 年，第 111～124 頁。
〔註 26〕 路偉東：《清代陝西回族的人口變動》，《回族研究》2003 年第 4 期，第 71～77 頁。

清代新疆回族人口研究較爲薄弱，故仍單列一節，以示突出。

一、清代陝西回族峰值人口數

西北地區是我國回族人口的傳統聚居區，不但數量眾多，而且分佈也極其廣泛。陝西省爲中國回回教門之根，其人數尤眾。清人稱，同治西北戰爭以前「陝西回人布滿，直從甘肅通至哈密回疆」，〔註27〕七府五州皆有其蹤跡。川陝總督岳鍾琪在雍正七年（1729）三月份的一份奏摺中稱：「竊查編戶之中，有回民一種，其寺皆名禮拜寺，其人自號教門⋯⋯今西安省會及東西附近屬邑回眾最多。而甘屬自平涼西北至於寧夏，比屋皆是，他如西寧河州，甘涼所在多有。」〔註28〕清代名臣畢沅自乾隆三十一年（1766）起在西北爲官長達近20年，先後歷任鞏秦階道道員、安肅道員、陝西按察使、陝西布政使和陝西巡撫等職，對西北風土民情相當熟悉。他在乾隆四十六年（1781）六月的一份奏摺中稱：「陝省各屬地方，回民居住較他省爲多。而西安府城及本屬之長安、渭南、臨潼、高陵、咸陽及同州府屬之大荔、華州，漢中府屬之南鄭等州縣，回民多聚堡而居，人口更爲稠密。省城西安，回民不下數千家，城中禮拜寺七座，其最大者係唐時建立⋯⋯西安回民大半耕種畜牧暨貿易經商，頗多家道殷實及曾任武職、大小員弁及當兵科舉者。」〔註29〕由此可見，乾隆朝時關中已經是西北回民淵藪，人數相當多。

入清以後，西北人口與全國人口一樣，也經歷了一個較長時間的穩定增長期。回族不與異教通婚，風俗自成一體，世代相傳，又喜早婚多妻，故相較漢民，其人口繁衍較快。〔註30〕陝西一省，「自乾隆以來，重熙累治，關隴腹地不睹兵革者近百年，回民以生以息，戶口之蕃亦臻極盛。」〔註31〕熟悉

〔註27〕　〔清〕趙烈文：《能靜居士日記》卷一五，《太平天國史料叢編簡輯》第3冊，北京：中華書局，1961年，第238頁。

〔註28〕　〔清〕川陝總督岳鍾琪：《請設立回民義學漸施化導摺（雍正七年三月十七日）》，中國第一歷史檔案館編：《雍正朝漢文朱批奏摺彙編》，南京：江蘇古籍出版社，1989年，第14冊，第843頁。

〔註29〕　乾隆四十六年（1781）六月十四日署理陝西巡撫畢沅奏摺，〔清〕劉智編：《天方至聖實錄年譜》。

〔註30〕　張天路、宋傳升、馬正亮著：《中國穆斯林人口》，銀川：寧夏人民出版社，1991年，第34頁；郭琦、史念海、張豈之主編，周偉洲著：《陝西通史·民族卷》，西安：陝西師範大學出版社，1997年，第272頁。

〔註31〕　〔清〕易孔昭等著：《平定關隴紀略》卷一，見中國史學會編，白壽彝主編《回民起義》第3冊，上海：神州國光社，1952年，第247頁。

關中民情的鳳翔刀筆胥吏余澍疇稱，咸、同之際，「陝省回民本居於三府二州沃壤之地……蒲、富、臨、渭，陝省著名四大縣，地處渭北，一望平坦，遼闊無垠，東北連同州府附廓首邑大荔縣。五縣犬牙相錯，回莊居其大半。王閣、羌白諸大寨，四圍壕溝，林叢菁密，浮橋一撤，奮翼難飛。渭屬之辛市、倉頭、官道，臨潼之斜口、關山、新豐，富平之美原、康橋等處，次之」。〔註32〕可見，此時，關中地區的回族人口因爲人數眾多，在空間分佈上，已經呈現出了明顯的相互連接的片狀分佈格局。

又據民間口述史料稱，同治以前，從西安北門外馬家堡子往北直達涇陽塔底下不足 50 里的範圍內，就有大小清眞寺百餘所，人口達 50 萬之眾。〔註33〕西安北門外地屬咸寧，咸、涇之間亦爲回民聚居之所。以上史料中提及的同治以前陝西回民分佈最集中的地區，除省城西安以外，總共有 14 個廳縣，即：長安、咸寧兩縣四鄉、蒲城、富平、渭南、臨潼、大荔、高陵、咸陽、涇陽、華州、華陰、南鄭、鳳翔。這 14 個回民最集中分佈地區，南鄭一縣地處山南，屬漢中府。鳳翔一縣屬鳳翔府，除此之外，其他 12 個廳縣盡分屬西安、同州兩府。戰前 15 個回族人口分佈最集中的區域空間分佈見圖 4.1。

綜合上述史料可知，在同治以前，關中平原的咸陽以東，潼關以西區域，尤其是涇、洛兩河下游靠近渭河的狹長地帶，西安、同州兩府的交界地帶，是陝西省回族人口分佈最爲集中的區域。清人稱：「回巢之巨者，在大荔曰王柯邨，曰喬店，曰羌白。在渭南曰禹家莊，曰倉渡，曰邸家莊。界於華、荔、渭者曰乜家灘。其餘星羅棋佈，不下數百邸堡。」〔註34〕所指就是這一區域，王柯邨即同州府大荔縣南王閣村。民間口述史料所傳的關中及以北地區 800 坊回民，主要就是集中在這一區域之內。陝西民間有「二華關大水，三城朝合陽」之說，指的是同州府下轄的華州、華陽、潼關、大荔、白水、澄城、蒲城、韓城、朝邑、合陽十個州縣。號稱「東府十大縣」，〔註35〕同治

〔註32〕〔清〕余澍疇：《秦隴回務紀略》卷一，見中國史學會編，白壽彝主編《回民起義》第 4 冊，上海：神州國光社，1952 年，第 218、220 頁。

〔註33〕馬長壽主編：《同治年間陝西回民起義歷史調查記錄》，西安：陝西人民出版社，1993 年，第 163 頁。

〔註34〕〔清〕楊毓秀：《平回志》卷一，見中國史學會編，白壽彝主編《回民起義》第 3 冊，上海：神州國光社，1952 年，第 60 頁。

〔註35〕馬長壽主編：《同治年間陝西回民起義歷史調查記錄》，西安：陝西人民出版社，1993 年，第 164 頁。

圖 4.1　同治以前陝西回族人口分佈最集中的州縣

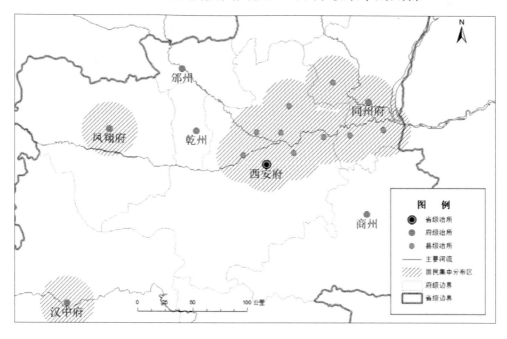

以前，這 10 個縣均為陝西省回民集聚之所。毫無疑問，西安、同州兩府是同治以前陝西省回族人口聚居的中心區。

除西安、同州兩府外，同治以前陝西省回族人口數量較多的地區還包括：漢中府、鳳翔府及邠、乾二州。鳳翔、乾州、邠州與西安、同州兩府五處，即清人所稱的「三府二州」之地。鳳翔府共有回民三十六坊，其中僅鳳翔一縣（包括府城內）就有回民二十八坊，「共六萬三千餘名口，散居東關、麻家崖等處。」〔註 36〕同治西北戰爭爆發後不久，鳳翔回民就群起響應，並聯合甘肅回民，與各路團練及清軍開仗。〔註 37〕至於邠、乾二州，由於可以利用的史料極其有限，目前尚無法確知其回族人口的確切數量。漢中府除南鄭縣外，還有一些廳縣中的回族人口也不少。比如，西鄉縣是嘎的林耶門宦道祖祁靜一歸真後的埋葬地，同治戰前有清真寺十多座。〔註 38〕以上「二府二州」

〔註 36〕〔清〕張兆棟：《守岐紀事》，見中國史學會編，白壽彝主編《回民起義》第 4 冊，上海：神州國光社，1952 年，第 273 頁。

〔註 37〕〔清〕易孔昭等著：《平定關隴紀略》卷一，見中國史學會編，白壽彝主編《回民起義》第 3 冊，上海：神州國光社，1952 年，第 249 頁。

〔註 38〕馬士年：《伊斯蘭教在陝西的傳播發展與演變》，見寧夏哲學社會科學研究所編《清代中國伊斯蘭教論集》，銀川：寧夏人民出版社，1981 年，第 210 頁。

各廳縣都有一定數量的回民集聚點，但其人口規模顯然沒有西同兩府多。同治戰前，這4個州府屬於陝西省回民聚居的次中心區域。

至於以上四府二州以外的其他地區。比如，陝北的延、榆兩府和陝南的商洛等處，回族人口分佈均比較零星，成規模的集聚點較少，人口數量也比較有限。同治戰前，這一區域均屬於陝西省回民聚居的邊緣地區。詳見圖4.2。

圖4.2　同治以前陝西回族人口分佈中心區、次中心區和邊緣區

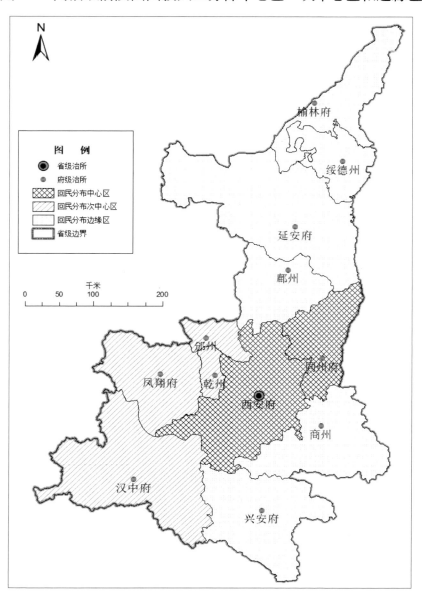

　　從目前已知史料來看，陝西所有府州中，僅鳳翔一府明確記載有同治以前的回族人口數量。即「郡回二十八坊，共六萬三千餘名口。」這一極為確切的人口數據，初見於同治鳳翔知府張兆棟所著《守岐公牘匯存》一書。在該書中，張兆棟稱：「伏查鳳翔回民，散居二十八坊，男女老少，共六萬三千餘名口。城內所住兩坊，戶口最小。東關麻家十字、寧家巷、沙家巷、南巷並迤北之北鎮宮、麻家崖等處，均係回民，附廓而居，距城一二里、三四里不等。」〔註39〕在張兆棟撰寫的其他書中也有類似的記載，如《守岐紀事》就載稱：「郡回二十八坊，共六萬三千餘名口，散居東關、麻家崖等處。城內二坊最小，共四十八家。」〔註40〕三秦名士鄭士範在《檄鄉團討逆回文》一文中也稱：「以我三十九里，當渠二十八方，多數十倍焉。選敢死之士直搗賊窩，不燒房舍，不搶財物，不殺無辜。除老耄幼孩婦女放令逃生外，搜諸惡逆，悉數剿除，毋令一名漏網。」〔註41〕鄭氏所稱 28 方當為 28 坊。由上來看，鳳翔回民有二十八坊當無疑問。

　　但是，從民間口述史料來看，鳳翔府的回民似乎遠不止這 28 坊，如據同治守城時充任張兆棟幕僚的余澍疇就稱：「十七日，漢民城鄉紳耆與鳳回三十四坊阿渾，齊集鳳翔縣廳事。」如是，則鳳翔回眾有 34 坊。鄭士範稱：「初團練章程不分漢、回，在局中者千總鐵九霄、監生麻生瑞，皆回子也。雅不欲其人更練，因不督催。而有為之游說者，以為三十六方（坊），方（坊）練五十人，可得二千勁勇，將來禦賊，較之鄉勇倍強。」〔註42〕此二人同治圍城時，均在城內負責防禦事宜，既是事件親歷者，更是事件主事人。他們的記錄應該是可信的。至於具體是 34 坊還是 36 坊，其中有一個可能是筆誤，具體已無從考證。但可以確定的是，所謂「郡回二十八坊，共六萬三千餘名口」，指的應該是鳳翔府首廓鳳翔縣回坊之數，且非全鳳翔府回坊之數。

　　張兆棟於同治元年（1862）初任鳳翔知府，是同治西北戰爭的親歷者，困守鳳翔期間，因組織有方，布置得力，最終堅守一年又四個月而城未破，後因軍功擢四川按察使等職。因此，他對於鳳翔回民情況相當熟悉，所記內容亦頗詳確。又據前章所考證，戰前州縣保存有本地回族人口戶籍資料，張

〔註39〕 〔清〕張兆棟：《守岐公牘匯存》。
〔註40〕 〔清〕張兆棟：《守岐紀事》，見中國史學會編，白壽彝主編《回民起義》第 4 冊，上海：神州國光社，1952 年，第 273 頁。
〔註41〕 〔清〕鄭士範：《舊雨集》卷下《檄鄉團討逆回文》。
〔註42〕 〔清〕鄭士範：《舊雨集》卷下《忠義篇》。

氏同治爲鳳翔郡守，之所以記鳳翔縣回族人口數據如此詳確，可能援引自保甲冊籍，應較爲可靠。回民聚居以清眞寺爲中心，「凡有回民之處所亦各有禮拜寺」。〔註43〕一個以清眞寺爲中心的回民聚居區就叫作「一坊」。同治以前，陝西與甘肅不同，沒有因新舊教爭而另立新坊的情況。因此，劃分坊的大概標準基本上是人口多少及空間聚居狀態。民間俗語稱：「回民圍寺而居，一般以聽到清眞寺的梆聲爲限；如離清眞寺較遠而又自然條件較好的地方，他們就單獨蓋清眞寺，另成新點。」〔註44〕圖 4.3 展示了西北一個以清眞寺爲核心的典型回族聚落。

圖 4.3　冬日裏西北地區以清眞寺爲核心的典型回族聚落

資料來源：王建平編著：《中國內地和邊疆伊斯蘭文化老照片》，上海：上海辭書出版社，2012年，第 133 頁。

　　由此推斷，每個教坊所擁有教民人口並無定數，不同教坊之間教民人數可能相差巨大。比如，乾隆年間的西安省城之內，回民不下數千家，但城中的禮拜寺僅有 13 座，即 13 坊，每坊人數平均估計約有一兩千人。〔註45〕而

〔註43〕　〔清〕劉智編：《天方至聖實錄年譜》卷首。
〔註44〕　張天路、宋傳升、馬正亮著：《中國穆斯林人口》，銀川：寧夏人民出版社，1991年，第 180 頁。
〔註45〕　左宗棠稱西安城內回民世居西北，共有 13 坊，民間口述史料中亦有此說法。比如，在馬長壽先生的調查資料中，西安市民委副主任馬平甫就曾講，西安

同時期的鳳翔府城內有回民兩坊,僅四十八家,平均每坊回民大概也就百餘人。〔註46〕相較於鄉村,城居回民的空間分佈及寺坊情況有一定的特殊性,這類情況可能屬於個案。實際上,假如在均質的理想狀態下,尤其是類似關中地區這種回族人口數量龐大,成片密集分佈而自然條件又差異不是很大的地區,教坊與所轄回民人數之間可能就有某種聯繫,即:清代關中各坊所轄回族人口數應該呈正態分佈,大部分教坊的人口規模應該比較接近。這可能也是為什麼清代回民自己,對本族人口數量的描述通常以「坊」為單位進行描述和統計的原因。

鳳翔縣 28 坊回民共 6.3 萬口,平均每坊回民 2,250 人。按此比例計算,則鳳翔全府(因無法確定全府具體為 34 坊還是 36 坊,故暫取其中間數 35 坊計算)回族人口總數當接近 8 萬人。其中,鳳翔一縣集聚的回族人口,就占到總數的 80%。同治戰前,鳳翔縣人口總數大概有 27 萬人左右,〔註47〕回族人口的比例要超過 23%,接近總人口的四分之一。同時期,鳳翔全府人口總數約有 145 萬左右,〔註48〕以此計算,則全府回族人口所佔的比例約有 5.5%強。除鳳翔縣以外,在全府其他 7 個州縣中,回族人口所佔比例僅有 1.5%,這一比例尚不及鳳翔縣回族人口占比的十五分之一。戰前陝西省回族人口在空間分佈上的極度不均衡,由此可見一斑。

根據鳳翔府這一研究個案,可以對漢中府的西鄉縣和南鄭縣作進一步的分析。戰前西鄉縣的回族人口數量雖然不太清楚,但全縣有清真寺十餘座,即當有回民十餘坊。假設戰前西鄉縣有回民有十二三坊,按照鳳翔縣每坊平

城內有回民 13 坊,在城內西北角,現在的北院叫宣平坊,其家就是宣平坊的馬伯齡家(見馬長壽主編:《同治年間陝西回民起義歷史調查記錄》,西安:陝西人民出版社,1993 年,第 168 頁)。

〔註46〕 〔清〕張兆棟:《守岐紀事》,見中國史學會編,白壽彝主編《回民起義》第 4 冊,上海:神州國光社,1952 年,第 273 頁;〔清〕余澍疇:《秦隴回務紀略》,見中國史學會編,白壽彝主編《回民起義》第 4 冊,上海:神州國光社,1952 年,第 222 頁。

〔註47〕 道光三年(1823),鳳翔縣男女大小共 20.7 萬餘口(〔清〕盧坤《秦疆治略·鳳翔縣》),按乾隆四十一年至嘉慶二十五年間,鳳翔府 6.8‰的人口年平均增長率計算(葛劍雄主編,曹樹基著:《中國人口史》卷五《清時期》,上海:復旦大學出版社,2000 年,第 420 頁),同治戰前,鳳翔縣人口大概為 26.6 萬。

〔註48〕 葛劍雄主編,曹樹基著:《中國人口史》卷五《清時期》,上海:復旦大學出版社,2000 年,第 600 頁。

均的人口數進行推算，那麼，西鄉縣的回族人口數可能不足 3 萬口。咸豐末年西鄉縣人口大概有 20 萬左右，〔註49〕回族人口所佔的比例約 15%，這一比例與鳳翔縣回族人口所佔比例相差較多，僅有一成半。從鳳翔、西鄉兩縣的情況來看，在次中心區回民聚居的部分州縣之中，回族人口所佔的比例，一般可能在二成左右。

　　從清人的描述來看，南鄭縣是與關中諸縣並列的 14 個回族人口聚居州縣之一，其回民數量應該遠多於西鄉縣。基於這一考慮，如果按照 20%這樣一個次中心區回族聚居州縣的一般占比來進行計算，那麼，同治戰前，南鄭縣的回族人口數量可能在 6 萬左右。〔註50〕合西鄉縣回族人口，在漢中府兩個回民分佈最集中的縣中，回族人口數接近 9 萬。同時期，漢中府人口總數約一百八九十萬。從鳳翔府的研究成案來看，回族人口的空間分佈是極度不均衡的，一府之中的回族人口往往集中於個別的廳縣。估計如漢中府之類位於次中心區的府州，回族人口的空間分佈情況及所佔比例可能相差無幾。如果按鳳翔府 5.5%左右的全府回民占比進行估算，那麼，漢中全府回族人口總數大概有 10 萬人左右。〔註51〕去除西鄉、南鄭兩縣回族人口，漢中府其他所有州縣回族人口約 1 萬人，所佔比例僅有 1 個百分點左右，這與鳳翔府回族人口的占比情況基本一致。

　　通過鳳翔、漢中兩府的實例分析，可以看到，在回族人口分佈的次中心區域內，其人口占比一般有五六個百分點。如果去除個別回民集中的廳縣，其他絕大部分地方的回族人口占比相當低，僅有一個百分點。沿著這樣的研究成案，繼續推測，同樣位於回族人口分佈次中心區的邠州和乾州兩處，回族人口占比的各項指標，很可能也在這樣範圍之內。按這樣的比例推算，同

〔註49〕道光《西鄉縣志稿‧戶口》載同治八年（1869）全縣土著、新民合計共38,728戶，178,453 口。《秦疆治略‧西鄉縣》載道光三年（1823）全縣口數僅52,300，明顯偏低，誤載或有誤，應以縣志爲準（葛劍雄主編，曹樹基著：《中國人口史》卷五《清時期》，上海：復旦大學出版社，2000 年，第410 頁）。乾隆四十一年至嘉慶二十五年的 40 餘年間，漢中府因爲有大量外來人口遷入，人口增長率高達 20‰。嘉慶二十五年以後，隨著陝南地區開發的基本結束，因外來人口遷入導致的區域人口高增長也基本停止。按漢中府清代後期3%的年均增長率計算，同治戰前，西鄉縣人口爲20.1 萬。

〔註50〕同治戰前，南鄭縣人口總數大概有29.6 萬。葛劍雄主編，曹樹基著：《中國人口史》卷五《清時期》，上海：復旦大學出版社，2000 年，第585 頁。

〔註51〕同治戰前，漢中府人口總數大概有184 餘萬。葛劍雄主編，曹樹基著：《中國人口史》卷五《清時期》，上海：復旦大學出版社，2000 年，第600 頁。

治以前邠、乾兩州回族人口總數可能只有三四萬人。〔註 52〕合而計之，同治以前，陝西省回族人口分佈次中心區的回民總數，大概有 20 多萬。

接下來，探討陝西省回族人口分佈中心區的情況。同治元年（1862）底，多隆阿領兵入陝，從潼關往西掩殺，戰鬥進行得極其殘酷。在同治二年（1863）冬天的一份奏摺中，多隆阿奏稱：「查陝西回類不下數十萬眾，如大荔、渭南、高陵等處，回戶十居其七，餘可類推。自去多臣入關以來，大小數百戰，攻破賊巢數百處，所有悍回殲滅殆盡，逃往邠、乾之賊不過一兩千人，亦經諸軍追剿。」〔註 53〕如果多隆阿所言為真，則在位於中心區的部分州縣之中，回族人口占比要達到驚人的 70%，這一說法的可信度值得懷疑。

陝西東路回軍首領洪興就撫之後，鳳翔知府幕僚余澍疇曾「詢以東路回民幾何？」洪興當時回答說：「臨、渭、二華一帶共三十七萬餘口，餘則不知也。」〔註 54〕從這一簡單問答之中，可作如下兩點分析：其一，余澍疇與就撫降將洪興之間的問答，並非無事閒聊，而是出於職責的時局關切。從這一側面推測，余氏很可能是鳳翔知府張兆棟幕僚中負責刑名的師爺。他確切瞭解並掌握記錄於保甲冊中那些專門為刑名獄訟而編制的回民戶籍信息。他在《秦隴回務紀略》一書中，對鳳翔回民數量的記載是準確可靠的；其二，《秦隴回務紀略》一書又載，「村落即盡，遂攻城池。臨、渭、二華，城在渭河之南，賊先攻破之」等。〔註 55〕由此可見，洪興所指的「臨、渭、二華」不是泛指渭河兩岸地區，而是專指西、同兩個府的臨潼、渭南、華州、華陰 4 州縣。

洪興是渭南洪家村人（在倉頭鎮北），戰前任渭南縣差役，是起義之初渭南一帶的主要領導人，就撫後改名洪忠孝。余澍疇稱，曾在「營務處遇東路回首洪忠孝，即渭南起事回役洪興也。」〔註 56〕洪興本身回族，在回民中頗

〔註 52〕 同治戰前，邠乾兩州人口總數大概有 66.5 萬。葛劍雄主編，曹樹基著：《中國人口史》卷五《清時期》，上海：復旦大學出版社，2000 年，第 600 頁。

〔註 53〕 同治二年（1863）十一月初六日（戊申）多隆阿奏，見〔清〕奕訢等編修《欽定平定陝甘新疆回匪方略》卷五六。

〔註 54〕 〔清〕余澍疇：《秦隴回務紀略》卷八，見中國史學會編，白壽彝主編《回民起義》第 4 冊，上海：神州國光社，1952 年，第 261 頁。

〔註 55〕 〔清〕余澍疇：《秦隴回務紀略》卷一，見中國史學會編，白壽彝主編《回民起義》第 4 冊，上海：神州國光社，1952 年，第 219 頁。

〔註 56〕 〔清〕余澍疇：《秦隴回務紀略》卷八，見中國史學會編，白壽彝主編《回民起義》第 4 冊，上海：神州國光社，1952 年，第 261 頁。

有威望，又任渭南差役，可以接觸到地方保甲冊，他應該知道渭南一帶回族人口確切信息。從就撫之後改名「忠孝」來看，對於余澍疇的問題，他大概會如實回覆，沒必要信口雌黃。綜合來看，他對於臨、渭、二華 4 個州縣回民有 37 萬餘口的說法，應該是比較可信的。同治戰事爆發後，因為嚴重的族群割裂，回民全民皆兵，舉族西遷。由此可知，洪興所謂 37 萬餘口，並非僅指可以作戰的青壯男子，而是四州縣中全部的回族人口。臨、渭、二華四個州縣全部在戰前陝西省西、同兩府回族人口分佈最為集中的 12 州縣之中。咸豐末年，這 4 個州縣的人口總數大約在 90 萬左右。回族人口 37 萬，約占到總人口的 40%，即四成左右。見表 4.1。

　　戰前陝西省回族人口分佈最為集中的地區是西、同兩府交界處的五個州縣，即蒲城、富平、臨潼、渭南和同州府附廓首邑大荔縣，史稱「五縣犬牙相錯，回莊居其大半。」除去其文學描述中誇張的成分，可以肯定的是，蒲城、富平、大荔三大縣中回族人口的數量，至少不會比臨潼、渭南兩個縣少。臨、渭、二華四州縣中回族人口的占比，在西、同兩府 12 個回族人口最集中的州縣中，可能不是最高的；另一方面，在臨、渭、二華四州縣之中，臨潼、渭南兩縣的回民人數可能也要多於華州、華陰兩縣，其人口占比，可能也要比平均的回民占比 40% 高一些。以此推測，在西同兩府 12 個回族人口最集中的州縣中，很可能有部分州縣的回族人口占比要超過 40%，甚至有可能接近或者超過 50%。這一比例與回族人口分佈次中心區的各州縣相比，明顯高出了一個檔次。

　　據民間口述相傳，從西安北門外馬家堡直達涇陽塔底下，這一帶有大小清真寺百餘所，人口達 50 萬之眾。〔註 57〕認真分析，這條史料存在較多疑點。據《秦疆治略》記載：道光三年（1823），咸、涇兩縣總人口為 55 萬，及至同治戰前兩縣人口充其量也就六七十萬，如咸、涇間回族人口數量多至 50 餘萬，那回民在總人口所佔的比例將接近 90%。如此驚人的比例，似乎不太可信。口述史料中的回族人口和教坊數量，大都是經驗值和估計值。普通民眾對於以「百」為計數單位的教坊數量的認知精度，顯然要高於以「十萬」計數單位的人口數。從這一點出發，如果這教坊數與人口數兩者相較，咸、涇之間百餘座清真寺這一數值，顯然比 50 萬回族人口這一數值要更為可信。

〔註 57〕馬長壽主編：《同治年間陝西回民起義歷史調查記錄》，西安：陝西人民出版社，1993 年，第 163 頁。

按鳳翔府坊均回民 2,250 人計算，同治以前，這一帶大小清眞寺百餘所轄回族人口總數大概有二三十萬口，在兩縣總人口中所佔的比例也就在 40%到 50%之間。這一比例與上面分析的西安、同州兩府交界處的回族人口比例基本一致。這一情況，當然不是因爲數據的巧合，而是因爲，同治以前，在陝西關中地區，回族人口分佈最爲集中的州縣中，其人口占比接近半數的史實。

按 40%這一最低比例計算，同治以前，在回族人口分佈中心區的西安、同州兩個府之中，僅 12 個回民集聚州縣的回族人口總數可能就已經遠超過110 萬。見表 4.1。

表 4.1　同治以前關中地區回族人口最多的 18 州縣中的峰值

人口單位：萬人；人口占比：%

編號	州縣	1823 年	1861 年	1861 年人口總數	戰前回民人數	回族人口占比
1	臨潼	23.4	26.6	91.3	37.0	40.5
2	渭南	28.9	32.9			
3	華州	15.4	17.5			
4	華陰	12.6	14.3			
5	長安	25.9	29.5	198.0	79.2	40.0
6	咸寧	31.5	35.8			
7	涇陽	23.7	27.0			
8	高陵	6.1	6.9			
9	咸陽	11.5	13.0			
10	富平	22.8	25.9			
11	大荔	22.4	25.4			
12	蒲城	30.3	34.5			
	合計	254.5	289.3	/	116.2	40.1

數據來源：1823 年（道光三年）人口數引自〔清〕盧坤《秦疆治略》、道光《陝西志輯要》；1861 年（咸豐十一年）人口數在 1823 年人口數的基礎之按經驗值 3.4‰的年平均增長率推算得出。經驗值參見葛劍雄主編、曹樹基著《中國人口史》第 5 卷《清時期》，上海：復旦大學出版社，2000 年，第 398 頁；西鄉縣 1823 年人口數引自道光《西鄉縣志‧戶口》，爲 1828 年人口數；斜體數據爲估算值。

鳳、漢兩府的研究顯示，回族人口的空間分佈極不均衡。非回民聚居的一般州縣中，回族人口占比，大致在一到二個百分點，如按 1%的比例計算，

整個回民聚居的中心區中，12 個回族人口最多的州縣以外的其他州縣，回族人口數量大概只有兩三萬人。〔註 58〕除此之外，戰前西安城中回族人口大概有兩萬人左右。〔註 59〕綜合以上各數據，比較保守的估計，同治戰前，陝西省回族人口分佈的中心區域，即西、同兩府，回族人口總數可能在 120 萬左右。如果這一推測是正確的，那麼回族人口在區域總人口中所佔的比例大概僅有 25%左右。延、榆等邊緣區諸州府回族人口，如果同樣按 1%的比例進行推算，其數大概也就六七萬人。〔註 60〕以上戰前回族人口分佈中心區、次中心區及邊緣區估計人口合計，則同治以前整個陝西省回族人口總數，很可能在 150 萬左右。

這一回族人口總數大約占當時全陝人口總數的 10%多一點。其中，中心區的回族人口平均占比，大約有 25%左右，部分州縣中，這一比例可能已經接近或超過總人口的半數；在次中心區，回族人口平均占比，僅有 5%左右，其中個別回族人口集中的州縣，回民占比可能有 20%左右，但除此之外的其他州縣，回民占比則僅有一兩個百分點，這一極低的比例，可能也適合邊緣區各州縣回族人口占比。從空間集聚趨勢上來看，中心區因為回族人口普遍較多，在空間分佈上亦相對較均衡。邊緣區的集中度最小，因為回族人口普遍較少，在空間分佈上趨於離散，相對比較均衡。次中心區回族人口較多，集中程度最高。而從縣域尺度來看，不同州縣間的回族人口規模差距巨大，空間分佈極不均衡。

人口空間分佈的整體特點就是極度不均衡，人們總是喜歡集聚在那些交通便捷，經濟發達，商業繁盛的地方，而厭棄那些自然與人文條件均不理想的邊遠之區。對於回民這種西來胡商的後裔，他們之中大多數，都是選擇各自區域內部相對較為便捷之所聚居。而明清以來，回回人在漢地社會中成為族群特徵鮮明的人們的群體，並逐漸完成民族的認同，人口數量急劇增長是最根本的驅動力。而人口在空間上不斷被動或主動趨於集聚的分佈特徵，則是外部漢地主體人口溝壑式的成見擠壓和內部不斷強化的回——漢區別意識自覺的外在表現。同治戰前陝西中心區、次中心區及邊緣區的回族人口空間

〔註 58〕 同治戰前，西安、同州兩府人口共 539.8 萬。葛劍雄主編，曹樹基著：《中國人口史》卷五《清時期》，上海：復旦大學出版社，2000 年，第 599 頁。

〔註 59〕 本章第四節中有詳細考證，詳請參見該章節內容。

〔註 60〕 同治戰前，邊緣區人口總數約 398.2 萬人。葛劍雄主編，曹樹基著：《中國人口史》卷五《清時期》，上海：復旦大學出版社，2000 年，第 600 頁。

分佈狀態，恰恰是這樣一個比較有意思的例證。

同治西北戰爭結束之後，回民田產全部被歸於叛產，「莊田廬墓，俱爲他教人所有」。〔註61〕據同治二年（1863）十二月十六日陝西按察使張集馨奏稱，至該年底，「西、同兩府，暨邠、乾兩州，屬叛產約在萬頃以上。」〔註62〕陝西巡撫劉蓉在同月二十四日的奏摺中亦稱：「據石泉縣知縣陸堃稟稱，回逆叛產約計不下數百萬畝。」〔註63〕巨額叛產的背後，是數量龐大的以此爲生的回族人口。馬長壽認爲，同治二年（1863）底時，「鳳翔府的回民起義正方興未艾，而北山以上的延安府屬及鄜州、綏德等州縣的回民亦正在進行戰爭，所以未計算在內，若合併計之，全省回民的原有土地，當在兩萬頃以上。」〔註64〕據《戶部則例》記載，道光十一年（1831）陝西田地共 25 萬餘頃，〔註65〕果如馬長壽所言回民土地兩萬多頃，那占戰前全省田地總數比例就有十分之一弱。這個比例與本章估算的戰前全省回民在總人口中 10% 多的占比，僅稍低一些。戰前回民人多地少，田畝往往精耕細作，收成因此遠較普通漢民所種田地要好，陝西省很多地方都流傳有這種說法。〔註66〕由此來看，回民田畝在全省的比例略低於其人口在全省人口中比例的事實，與這一民間口述史料相脗合。此外，20 世紀 50 年代馬長壽在西安調查時，據原陝西省人民委員會委員馬德涵講，陝西的回回……分佈於東府十大縣與西安、涇陽、三原等府縣，除了務農外，他們還販馬，經營運輸和牧場等，全省有回民約二百萬。〔註67〕民間流傳的這種對戰前回族人口規模的印象也與本章的結論比較脗合。

〔註61〕 馬光啓：《陝西回教概況》，見馬長壽主編《同治年間陝西回民起義歷史調查記錄》，西安：陝西人民出版社，1993 年，第 214 頁。

〔註62〕 同治二年（1863）十二月十六日（戊子）張集馨奏，見〔清〕奕訢等編修《欽定平定陝甘新疆回匪方略》卷五七。

〔註63〕 同治二月十二月二十四日（丙申）劉蓉奏，見〔清〕奕訢等編修《欽定平定陝甘新疆回匪方略》卷五八。

〔註64〕 馬長壽主編：《同治年間陝西回民起義歷史調查記錄》，西安：陝西人民出版社，1993 年，第 2 頁。

〔註65〕 《戶部則例》，見故宮博物院編《故宮珍本叢刊》，海口：海南出版社，2000 年，第 284 冊，第 66 頁。

〔註66〕 戰後承種叛產田畝者，所納田糧田此較一般田畝爲多，如普通糧爲五升，頂多不過七升五合，但叛產糧則爲滿斗。馬長壽主編《同治年間陝西回民起義歷史調查記錄》，西安：陝西人民出版社，1993 年，第 40、120 頁。

〔註67〕 馬長壽主編：《同治年間陝西回民起義歷史調查記錄》，西安：陝西人民出版社，1993 年，第 163 頁。

另外，還有一點比較有意思，從中區心，即關中西安、同州兩府回族人口平均占比大概 25%左右的結論來看，清人所稱陝西「民七回三」的普遍認識，或即源於此。這一比例，是回族人口分佈最中心區的平均水平，以此為標準，推算陝西回族人口數量，顯然是有問題的。

二、清代甘肅回族峰值人口數

甘肅面積廣大，東西橫亘三千餘里。地形地貌複雜多變，寧靈、蘭鞏、河湟及河西等處，均為回民聚居之所。同治戰前，省內回族人口數量遠多於陝西。但是，與陝西省相比，其地偏處一方，文風不盛，文獻缺略。不要說與回族人口數量相關的記載，即與甘肅省回民有關的文獻，亦不多見。所以，推測同治戰前甘肅回族峰值人口數，相對困難。

署理河州知州涂躍龍在乾隆五十四年（1789）西寧蘇代原事件善後事宜案〔註68〕的一份奏摺中對河州的回族人口狀況有過較為詳細的記述，他稱：

> 竊照甘省多漢、回雜處，而河州為最。回民性貪心忍，行黠志齊，所在聚族而居，即十數家亦各為村莊，建禮拜寺以奉其教。凡冠婚喪祭，必延管事之人誦經，貧富皆有布施。自馬明清倡立新教，摘三十本番經為一本，名曰卯路。同時馬遲亦集有明沙經，無非巧取布施之法。蓋古經三十本誦時必數十人方可蕆事。明沙、卯路簡而易誦，數人，一二人亦可。所得布施，古教數十人分之不足，新教數人得之即見有餘。回民樂於簡易，從者紛然，射利之徒，又從而煽誘之。此社之人勾之彼社，彼寺之人引至此寺。既奪其利，復奪其人，始則爭訟，繼則仇殺，以致釀成事端。兩次懲創，議立規條，至周且詳，而為日未久，輒復紛爭，究其所以，從前但知回民有大寺，明立管事鄉約，而不知各村寺俱有小寺，亦私立管事頭人，一切念經，令請本社頭人，不許另延別寺鄉約，是驅各寺鄉約統轄於大寺鄉約也。查河州舊有大寺二百二十座，每寺正副鄉約俱報明在州有案。惟大寺之下所轄小寺自五六座至十餘座不等，約計小寺在一千以外。小寺離大寺近在數十里，遠則四五十里不等。每遇禮拜之期，風雨阻滯，路遠不到，大寺鄉約以禮拜少一

人，即布施少一分，遂至爭控，以另立教道互訐。職思欲息其爭，
莫若各歸各寺，況統歸大寺，合之以聯其情，不若各歸本寺，散之
以分其勢……〔註69〕

回民圍寺而居，故禮拜寺附近亦爲回民聚居之所，尤其是大禮拜寺附近，
回族人口眾多。在涂躍龍的奏摺中，我們看到，大寺與小寺之間的距離最少
的也有數十里，遠則四五十里。是以大寺本來就有自己的教民，爭鬥原因則
是大寺又意圖統轄距離較遠的小寺所屬之教民。政策調整之後，民以寺聚，
寺以民分，各安其業，互不干擾。

據乾隆《循化志》載：「十二月，同知臺裴英阿造冊，廳屬禮拜寺共五十
九座，內大寺九座，小寺五十座，回約五十九名，回民共二千九百二十七戶。」
〔註70〕循化 59 座禮拜寺中，大寺有 9 座，小寺有 50 座，大、小寺之比大約
在 1：5.6 左右。也就是說，一個大寺下平均約有五六個小寺。大、小寺平均
計算，每寺所轄約 50 戶。以戶均 5 口概而計之，人口總數約有 1.5 萬。整個
河州有大寺 220 座，每個大寺下轄小寺自五六座至十餘座不等，約計小寺應
該在一千開外。其大、小寺之比略高於循化。即以循化大寺之數做類比，概
而計之，乾隆末年，整個河州大、小一千數百座禮拜寺所轄回族人口總數，
可能超過 7.2 萬戶，以每戶平均 5 口計算，總人數大約在 36 萬左右。

史料中沒有乾隆末年河州或循化人口數據，因此，儘管我們已經推算出
乾隆末年兩地回族人口數，但卻仍然無法輕鬆地獲知同時期回族人口在這一
地區總人口中所佔的比例。而且，乾隆末年循化政區的變動，也增加了我們
考察這一問題的難度。據乾隆《循化志》載：「其所管番民七十一寨，一十五
族，計一萬四千餘戶，散處河州邊外之循化、保安、起臺地方。」此三地相
距河州城往返三四百里，遠者七八百里不等。爲了管理方便，乾隆二十七年
（1762）將河州同知移治循化營，改循化營爲循化廳。《清史稿》卷六四《地
理志》西寧府條載稱：「五十七年置貴德、丹噶爾兩廳，割蘭州之循化來屬。」
循化條下又載稱：「府東南，舊屬蘭州，爲河州同知駐所。乾隆末移隸西寧。」
而《循化志》記事又隸於河州之下，這說明，此時循化尚未劃歸西寧，署河
州知州涂躍龍所奏河州二百二十大寺及千餘小寺應該包括了循化五十九寺在

〔註69〕乾隆《循化志》，龔景瀚編纂，西寧：青海人民出版社，1991 年，第 320～321
頁。

〔註70〕乾隆《循化志》，龔景瀚編纂，西寧：青海人民出版社，1991 年，第 324 頁。

內的。果如此，則循化劃歸西寧後，其所轄回族人口數亦應從河州回民總數中扣除。

《循化志》卷四載稱：「乾隆二十九年冊撒喇族，共二千七百九戶，大口三千四百九十七口，小口三千五百八十八口。」按此記載推算，每戶平均人口僅有 2.6 人，似非實數。曹樹基認爲，「在其他各縣中，其記載方式則是『男丁』、『男口』、『女丁』、『女口』。成年爲『丁』，未成年爲『口』。有關撒喇族的口的記載，似乎只記載了一半人口，缺載的是丁。如果加上『丁』，以戶均 5.4 口計，約有人口 14,600 人。」〔註71〕筆者上文以 5 口爲標準計算的乾隆末年循化撒喇回民人數大約在 1.5 萬左右，和曹樹基以 5.4 口爲標準計算的乾隆二十九年（1764）撒喇回族人口數居然基本相同。如果考慮到其間因蘇四十三事件造成的撒喇回新教人口損失近千戶等因素的話，這兩個前後相差 30 年但卻相同的人口數字，有一個應該是錯的。筆者認爲，乾隆末年的撒喇回人戶數，是蘇四十三事變後清廷對撒喇回強化管理的情況下調查得來的，其中不但有具體戶數，還有非常詳細的寺坊數。因此，這一數據可能更接近於事實。如果這種推論成立，那麼，乾隆二十九年（1764）的人口數應該是明顯偏低的。

扣除循化撒拉回民之後，乾隆末年河州回族人口總數大約是 34 萬。又據道光《蘭州府志》記載，道光十一年（1831）河州人口總數大約爲 8.6 萬戶，共 70 萬口。如果這一人口數據屬實，扣除嘉、道年間回族人口增長的部分。估計道光中葉，河州回族人口在總人口中的比例，可能至少在 50% 以上。此後歷經道、咸二十餘年的發展，即便是充分考慮到回族人口的增長速度高於漢民等因素，做最樂觀的估計，至同治西北戰爭爆發前，河州地區回族人口在總人口中的占比，應該也不會超過 60%。

乾隆四十七年（1782）六月甲午，李侍堯等人在奏請革除河州鄉勇一折中稱：「河州所屬大半回民，良莠混雜，難保無藉此爲名私制軍械，糾結藏奸。」〔註72〕從上面的分析來看，乾隆末年河州回族人口在總人口中的比例似非大半，而是半數左右，或者不會超過半數太多。在意圖革除河州回民鄉勇的語境下，李侍堯等人刻意誇大河州回族人口數量是有可能的，大半回民

〔註71〕 葛劍雄主編，曹樹基著：《中國人口史》卷五《清時期》，上海：復旦大學出版社，2000 年，第 425 頁。
〔註72〕 《清高宗實錄》卷一一五九，「乾隆四十七年六月甲午」條。

之語，不太可信。

　　清代同治以前，河州地區是甘肅省回族人口分佈最為集中的地區之一，也是回族人口比例最高的地區之一。陝西省的研究成案表明，西北回族人口在空間分佈上是極不均衡的。基於這一客觀史實，筆者認為，同治以前，就甘肅全省而言，回族人口在總人口中的比例，肯定要遠少於 50%。不論民間還是各地方官員中，廣為流傳的所謂甘肅省回多漢少的說法，是完全錯誤的。而余澍疇所稱的甘肅省「回七漢三」的說法，更屬荒誕不經，完全出於個人主觀臆測。

　　那麼，同治以前，甘肅回民峰值人口到底有多少呢？要對這一問題進行分析和解答，仍然要從原始的史料入手。

　　自 18 世紀中期，清朝擊敗準噶爾，把疆域擴展到吐魯番以西，天山南北廣大地區之後，內地人口便開始往嘉峪關以西地區流動。這一人口遷移的運動，後來逐漸演化成大規模的人口西遷浪潮。〔註 73〕在這一人口西遷的浪潮中，亦有部分回民開始夾雜其中，這種情況引起了西北地方官員的警覺，也引發了清廷的不安。道光八年（1828）十一月二十二日，陝甘總督那彥成上奏稱：「漢回盤踞各城，詆騙回子財物，教誘犯法，久為回疆之害……甘肅一省，漢回十居其三。其無執業者率皆游手出關，一到回疆，先學回語，藉同教為名，男女不避，任意姦淫，盤剝詆騙，無所不至，久之則娶回婦為妻，益加親近。張逆滋事以前，竟有漢回剃去髮辮，充當阿渾之事。」〔註 74〕在這一奏摺中，那彥成明確提到，甘肅省回族人口在全省人口中的比例大約是三成，也就是 30%。

　　那彥成是乾隆朝明將阿桂的孫子，乾隆五十四年（1789）進士，後曾歷任喀喇沙爾辦事大臣、西寧辦事大臣等職，並數次出任陝甘總督一職。道光七年（1827），新疆張格爾叛亂發生後，因熟悉西北形勢，道光帝曾多次召見他，垂詢相關事宜。後又授以欽差大臣，辦理善後事宜。那彥成表奏此摺之時，當時西北回民勢力及影響，不論在清廷還是在各級地方官員看來，都不

〔註 73〕　路偉東：《清代前中期陝甘地區的人口西遷》，《中國歷史地理論叢》2008 年第
　　　　　4 期。
〔註 74〕　欽差大臣那彥成：《會同喀什噶爾參贊大臣武公隆阿奏為訊辦被脅從逆及娶有
　　　　　回婦之漢回分別定擬事摺（道光八年十二月二十八日）》，《那文毅公奏議》卷
　　　　　七九；《續修四庫全書·史部·詔令奏議類》，上海：上海古籍出版社，1996
　　　　　年，第 497 冊，第 775 頁。

足以構成嚴重的威脅。因此，他並沒有刻意誇大回民規模的必要。而通讀那氏奏摺，對照前後文語境，那氏所言「漢回十居其三，其無執業者率皆游手出關」一句，其實已有暗含甘肅省回族人口眾多之意。由上分析，筆者認為，那彥成所稱「甘省回民十居其三」的說法比較接近實際的情況。由此推測，同治戰前，回族人口在甘肅總人口中的比例也應該在三成左右，不會變化太大。

　　同治戰前，甘肅全省人口總數大概有 1,900 多萬，以三成的比例推算，保守估計，同治西北戰爭爆發前，甘肅回族人口峰值可能已經接近，甚至超過600 萬了。道、咸之際，回族人口在甘肅總人口中的比例大概在三成左右，這一比例雖然遠不及清人普遍認爲七成，但僅就絕對數字而言，600 萬的人口規模，已經是一個相當驚人的人口數了！

三、同治以前新疆回族人口規模

　　新疆是回族先民進入中國的門戶，儘管對這樣一個歷史過程的回顧，可以追溯到很久遠的過去，〔註 75〕但是，現代新疆回族人口的歷史，實際上，是從清乾隆朝平定準噶爾之後才真正開始的。清初沿明之舊，西北疆界止於嘉峪關，隨著國力增強，關西地區漸次納入統治，及至乾隆二十四年（1760），清廷取得了西北對準噶爾戰爭的最終勝利，自此，天山南北自元明以來長達數百年分裂割據的局面終於結束。與清初西北疆域拓展同步進行的，是殘酷戰爭下人口的大量死亡，及西北戰事結束，天山北麓人口幾盡歸零。時人稱：「千里空虛，渺無人煙。」〔註 76〕大概不盡爲文學誇張之辭。基於此，自乾隆中葉開始，在官方的積極引導和精心組織下，大批陝甘人口開始陸續西遷，及至嘉道年間，陝甘人口已遍及天山南北，而初期由官方組織的移民活動最終發展成爲大規模的移民浪潮。

　　這一時期內地進入新疆並逐漸落居的人口，除了此類出關認墾的民戶外，還包括行商貿易的商戶、內地遣犯及綠營屯兵等。這幾類人口中，認墾民戶、貿易商戶及綠營屯兵大都來自和新疆臨近的陝、甘兩省，其中均有不少回民夾雜其間。但是具體見於文獻的記載卻相當少，後世研究論著中凡涉及這一時期的新疆回族人口問題，大都基於以上邏輯判斷而略加論述，真正

〔註75〕奇曼・乃吉米丁：《中國新疆回族人口的變遷、分佈與特點》，《人口學刊》
　　　　2004 年第 6 期。
〔註76〕〔清〕尼瑪查：《西域聞見錄》卷一。

有說服力的史料和研究不多，這是清代新疆回族人口史研究的結症所在。儘管如此，認真翻檢，仍有零星的史料可作補充。比如，乾隆時期新疆南八城的商民中，就有不少來自陝、甘兩省的回族商民。見表4.2。

表4.2 乾隆朝新疆南八城部分內地商民信息

姓 名	年齡	原籍	民族	出口時間	所在地	職 業
田 奇	30	鹽茶	回	乾隆四十二年	/	/
王之得	33	靖遠	回	乾隆四十六年（1781）	喀什、阿克蘇	賣羊肉
哈治娃子	34	靖遠	回	乾隆三十三年	阿克蘇	賣肉
哈 義	/	靖遠	回	/	烏什	貿易
合阿利	/	靖遠	回	/	烏什	貿易
韓 得	/	西寧	回	自幼隨父出口，乾隆四十一年復來。	喀什噶爾等處	趕車拉腳
馬國英	/	西寧	回	乾隆三十二年（1767）	阿克蘇	貿易
馬起蛟	/	靈州	回	早年出口，乾隆四十六年（1781）回籍，四十九年復來	庫車	貿易
馬輝德	/	秦安	回	乾隆四十九年	阿克蘇	貿易
羅文貴	/	固原	回	乾隆四十五至四十八年	葉爾羌	/
張進忠	/	固原	回	乾隆四十五至四十八年	葉爾羌	/
馬成福	/	固原	回	乾隆四十五至四十八年	葉爾羌	/
明啓華	/	固原	回	乾隆四十五至四十八年	葉爾羌	/
岳淮泉	/	山陝	/	/	葉爾羌	開雜貨酒鋪
鄭 祿	/	山陝	/	/	葉爾羌	開雜貨酒鋪
趙 魁	/	山陝	/	/	葉爾羌	開雜貨酒鋪

數據來源：華立：《乾嘉時期新疆南八城的內地商民》，見馬大正等主編《西域考察與研究》，新疆人民出版社，1994年，第379頁。

表4.2所載內容是華立在日本東洋文庫所藏奏稿抄本中輯錄的，所記不但零星瑣碎，而且不成體系。但是，這一輯錄表至少可以說明，乾隆後期，在南疆地區經商貿易的商人之中，已經有不少是來自內地的回民。而其來源，則主要是與新疆接壤的甘肅，也有少數是來自陝西及山西者。從出行方式看，部分明顯是結伴往來。比如，羅文貴、張進忠、馬成福、明啓華四人，同來自固原，前往同一處葉爾羌，時間上也完全同步，都是乾隆四十五年（1780）至四十八年（1783）間。

以上各類內地赴疆人群中，唯遣犯一類，幾無回民。究其原因，主要是

清廷對內地回民犯案者遣發回疆頗存疑慮。蘇四三十事件之後，相關人員原擬發往新疆，但因擔心在新疆復行煽惑，後全部改發其他邊遠省份。〔註77〕乾隆五十七年（1792）清廷查獲內地回民李子重等人在葉爾羌學習經卷，高宗諭示，「內地回民潛往新疆私習經卷，實屬不法。若發往伊犁、塔爾巴哈臺，恐致傳習彼處回人，著發往黑龍江給索倫、達呼爾爲奴。」〔註78〕在這一考慮下，《大清律例》專門作了詳細規定。比如，例204中即明確規定：「凡內地回民犯罪應發回疆及回民在新疆地方犯至軍、流，例應調發回疆者，俱實發雲、貴、兩廣極邊煙瘴充軍。」〔註79〕除了嚴禁內地回人潛往回部學經，清廷對內地回民攜帶經卷出關的情況，也進行了極爲嚴格稽查。

因爲乾隆朝以來這種嚴格的限制措施，同治戰前，新疆回族人口可能不會太多。1953年全國第一次人口普查數據顯示，截至該年六月三十日二十四時，新疆回族人口總共只有13.4萬人。〔註80〕這其中絕大多數應該是同治以後由內地各省尤其是陝、甘兩省，遷往新疆者。據此估算，同治以前，新疆回族人口大概最多也不過數萬人而已。

第四節　戰爭與被誇大的西北回族人口

在上一節，筆者考證了同治以前陝西、甘肅和新疆三省區的回族人口數量，對於陝、甘兩省來講，同治以前的回族人口峰值實際上也是整個清代的人口峰值。因爲，同治西北戰爭，不但造成了嚴重的人口損失，也徹底打斷了西北回族人口發展的歷史進程。直到戰爭結束140餘年後的今天，兩省回族人口再也沒有恢復到同治戰前的水平。〔註81〕

同治以前，陝甘新三省區之中，甘肅回族人口最多，可能已經接近，甚至超過600萬。陝西回族人口次之，很可能已經接近或超過150萬。新疆回族人口最少，僅有數萬而已。在陝、甘兩省以百萬計的人口規模面前，幾乎可以忽略不計。三省合計，同治前西北回族人口峰值應該在750萬左右。雖

〔註77〕《清高宗實錄》卷一一三一，「乾隆四十六年（1781）五月乙未」條。

〔註78〕《清高宗實錄》卷一一四○，「乾隆五十七年八月癸酉」條。

〔註79〕《大清律例》卷五《名例律下》。

〔註80〕中央人口調查登記辦公室：《中華人民共和國一九五三年人口調查統計彙編》，北京：國家統計局人口統計司，1986年翻印，第149頁。

〔註81〕第六次人口普查數據顯示，陝、甘、新、寧、青四省區回族人口總計也不過538.8萬人。

然就絕對數量而言，這已經是一個相當驚人的規模了，但是，這一人口大約僅占同時期全區域人口總數的二成多一點。〔註 82〕在陝西的部分州縣，回族人口占比接近或超過四成，但就整個陝西省而言，回族人口所佔比例還是比較低的，僅有一成多一些。甘肅戰前回族人口占比較高，在部分回族人口密集分佈的地區，其比例高達總人口的半數，甚至可能更多一些。但就整個甘肅省而言，所佔比例也不過三成左右。這與清人對西北回族人口眾多，尤其是「陝西回三漢七，甘肅回七漢三」的普遍認知，相去甚遠。

通過本章對清代西北回族人口峰值的研究，基本可以確定，清人習慣性地將西北回族人口規模誇大了。這種言過其實的主觀印象，實際上和同治年間的這場戰爭有直接關係。通過對眾說紛紜的西北回族人口數量的考證，可以很清楚地看到，清代廣泛流播的關於西北地區回族人口眾多，尤其甘肅省回人遠多於漢民的謬論，從時間上看，實際上是在咸、同之際才開始出現的；從傳播的途徑上看，是自上而下的，最早持此說者，大都是曾經或正在西北任職的封疆大吏及各地各級地方官員。謬誤的產生與廣泛流播大概主要有以下三方面原因：

其一，當時的人們不瞭解西北回族人口數量的真實情況。本書第二章對清代戶籍管理體系中的回族人口的研究表明，清代雖然存在專門的回民戶籍，地方保甲冊中也記載有本地回族人口的數量等相關信息。但是，由於清代司法審判中辨別回族人口族屬身份的工作基本上完全由州縣一級地方衙門來完成，因此，因刑名獄訟而產生的回族人口信息根本就沒有體現在更高一級的官方人口統計數據中。這使得人們對於某一個特定更大等級區域，比如，某府州某省乃至全國的回族人口數根本沒有一個清晰的，哪怕僅僅是大概的認識。所以，如鳳翔知府張兆棟幕僚余澍疇之輩，專管地方錢糧刑名的師爺，雖然清楚地瞭解並掌握本地回民的詳細信息，但他們不瞭解其他區域，或者更大區域的回族人口狀況。而其他人員，不論是普通民眾、地方士紳、各級官員、封疆大吏還是廟堂之上，則幾乎對任何具體區域的回族人口信息都不知曉。在這種狀況下，每個人都可以根據自己的主觀判斷，或是根據自己的實際需要，描述、杜撰，甚或是故意編造回族人口數量信息。比如，民間廣泛流傳的戰前關中地區「一百二十八個漢人對一個回回」的故事，就是地方

〔註 82〕同時期全區域人口總數大概有 3,350 萬。葛劍雄主編，曹樹基著：《中國人口史》卷五《清時期》，上海：復旦大學出版社，2000 年，第 700～701 頁。

團首慫恿團丁屠殺回民藉口。而地方志中缺少本地回族信息，則是修志者刻意爲之。諸如此類，舉不勝舉。從這個角度出發，我們就不難理解爲什麼同治戰前，有關西北回族人口會有那麼多千奇百怪，甚至是完全矛盾的說法。

其二，戰爭期間，西北各級地方官員及統兵將領，故意誇大回族人口數量，誤報或者謊報實情，誇大戰果，邀功請賞。在各封疆大吏及統兵將領的奏摺中，我們經常看到，某月某日攻陷某地，殺回數千乃至上萬，繳獲騾馬糧秣無數的言辭。比如，同治元年（1862）勝保帶兵入關後，奏摺中顯示獲勝無數。同治元年（1862）八月中旬勝保奏稱：「大堡、三輔、行者橋等處回巢悉行踏毀，灞橋一帶賊營亦聞風逃遁，官軍直抵西安，城圍立解。」〔註83〕官軍所到之處，回軍望風而逃，簡直是威風八面，不戰而屈人之兵。在同年閏八月的另一份奏摺中，勝保又稱：「臣營馬隊本不過三千餘名，除留防項城等處及陣亡傷病外，現存之數不過千數百名，而回匪馬隊極多，動輒逾萬，盼望後路馬隊官兵幾如望歲。」〔註84〕官軍可憐之狀，簡直令人不忍直視。在如此困難的情況下，同月二十五日，勝保率部「殲斃悍賊三千餘名，生擒一百餘名……並將附近賊村一律焚毀。」〔註85〕九月底「將普馬寨等處大小賊巢一律攻毀，共計殲斃悍賊萬餘名，生擒匪眾百餘名，」戰功可謂更大。〔註86〕到十月初，勝保又開始哭訴「陝回精銳者不下十餘萬人，臣等兵力僅一萬數千人，除分佈省垣及撥防東路之外，不足萬名，專剿西路尚費圖維，若分顧東路，頗難措置。」〔註87〕如此可憐，與先前殲斃悍賊萬餘，簡直判若兩人，而回軍大批兵士，似乎由天而降，憑空飛來一般。實際上，勝保入關之後，敗績連連，勉強解西安之圍後，即龜縮城中不敢戰。其前後所奏矛盾之語，實皆掩蓋粉飾敗績之辭。朝廷很快發覺實情，同年（1862）十一月十四日的上諭中，勝保即遭到同治帝的嚴厲斥責，稱其「以欽差大臣督辦陝西

〔註83〕同治元年（1862）八月二十九日（己卯）勝保奏，見〔清〕奕訢等編修《欽定平定陝甘新疆回匪方略》卷二〇。

〔註84〕同治元年（1862）閏八月十六日（丙申）勝保瑛棨奏，見〔清〕奕訢等編修《欽定平定陝甘新疆回匪方略》卷一九。

〔註85〕同治元年（1862）閏八月二十五日（乙巳）勝保奏，見〔清〕奕訢等編修《欽定平定陝甘新疆回匪方略》卷二二。

〔註86〕同治元年（1862）九月二十三日（壬申）勝保奏，見〔清〕奕訢等編修《欽定平定陝甘新疆回匪方略》卷二四。

〔註87〕同治元年（1862）十月初二日（辛巳）勝保奏，見〔清〕奕訢等編修《欽定平定陝甘新疆回匪方略》卷三〇。

軍務，責重任專，宜如何迅掃賊氛，力圖報效，乃抵陝已數月，所報勝仗多係捏飾，日納賄漁色之案被人糾參，不一而足，實屬不知自愛，有負委任。」〔註88〕著多隆阿傳旨將勝保革職拏問，派員押解來京議罪。

　　顯然，此類奏摺中所表述的事件的眞實性值得懷疑，史實表明，整個戰爭進程中，尤其是前半段，官軍似未占得先機，清廷爲此不得不接二連三地更換領兵大員。如果按奏摺中官軍殺戮的回軍之數累加計算，說不定會遠遠超過西北回民實際人口數。

　　三、各級官員們對西北回族人口多於漢人的這種錯誤認識，還源於這些事變親歷者對於戰爭本身的誇大和恐懼以及在面對戰爭過程中因作戰失利而導致的可能存在的苛責時，對自身責任的推卸與搪塞。比如，在同治四年（1865）二月份一份奏摺中，陝西提督雷正綰稱：「甘省回族於漢民中十居八九，雖曾附和陝逆，究竟凶頑稍遜，尚知懷德畏威。」〔註89〕按其所講，同治以前，甘肅省回族人口居然可以占到全省人口總數的80%～90%，這是我們可以看到的有關全治以前甘肅省回族人口比例最高的一種說法。雷正綰，四川中江人，咸豐年間因與太平軍作戰有功，授陝安鎭總兵，同治元年（1862），克廬州後，又以提督記名。同年，雷正綰從多隆阿援陝，擢陝西提督，幫辦軍務。然自入陝以來，屢遭敗績，以故其奏摺之中，誇大回軍力量貶抑自身不足者累牘皆是。其所講甘肅省回族於漢民中十居八九即出於此意，實屬荒誕不經。

　　西北地方官員和統兵大員們故意誇大和故意貶低同治以前西北回族人口數量，兩者看似相互矛盾，實際目的則如出一轍，都是搪塞卸責、邀功請賞。前後或彼此矛盾叢出的奏摺，把地方官員和統兵大員們那種或膽怯懦弱或投機冒進的心態刻畫得淋漓盡致。同治以來，民間廣泛流傳的「陝則民七回三，甘則民三回七」的誇張說法，只不過是各級封疆大吏們對西北回族人口這種帶有主觀偏向性的模糊描述和刻意誤導性的錯誤認知，在普通民眾中的影射。

　　歷代戶口這種大區域大樣的數據只能在官方強有力的統一組織下，通過制度性的登記或調查獲得。其他任何組織和個人都沒有能力，也不可能僅通

〔註88〕　同治元年（1862）十一月十四日（壬戌）上諭，見〔清〕奕訢等編修《欽定平定陝甘新疆回匪方略》卷二八。

〔註89〕　同治四年（1865）二月十七日（癸未）陝西提督雷正綰奏，見〔清〕奕訢等編修《欽定平定陝甘新疆回匪方略》卷九三。

過個人或團體的努力，就獲取眞實可靠的大區域戶口數據。所以，當代的人口普查，被視爲一個現代國家的總動員，數據精度直接體現一個國家的組織管理水平。對於清代西北回族人口規模來講，在缺乏官方統計數據的情況下，人們對於戰前區域回族人口數量的認識，往往只關注於區域中心地帶或人口比例最高的極個別州縣之中的情況，並傾向於將這一完全主觀的認識視爲這一區域的普遍特徵。當這一簡單化、程序化的自我暗示，被某些具有公眾影響力的人物訴諸筆端之後，清人對西北回族人口規模認識上的謬誤，便由此產生並迅猛地傳播開來。

第五節　衆說紛紜的戰後西北回族人口規模

自同治西北戰爭結束以來，回族人口規模成爲社會關注的話題，似乎是進入民國之後才開始的。辛亥革命後，隨著五族共和建國理念的及時提出和廣泛接受，中國很快完成了從漢族國家到共和國家建國模式的轉變。五族之中，回人獨佔一席之地，與漢、滿、蒙、藏四大民族並列。這極大增強了回族人的民族自覺，也激發了回族人要求參與國家管理的政治訴求。面對爭取立法院代表名額的現實需求，回人迫切需要瞭解自己本民族的人口規模，以便可以在共和體制的新國家中爭取更多的政治話語權。在這樣的大背景下，回族人自己，首先對本民族人口有多少這樣一個問題產生了濃厚的興趣。然而，由於缺少官方確切的人口統計數據，各種今天看來稀奇古怪，甚至完全不可思議的人口估計數據紛紛出爐。

這些來源於回民自己的回族人口估計數，動輒以千萬計，從最多的八九千萬，到六七千萬，三五千萬，乃至一兩千萬都有。彼此差距之大，令人瞠目。而且，所涵蓋的人口，也相當複雜，基本上把清以來已涇渭分明的內地回民與新疆回部人口混爲一談，甚至把全部穆斯林人口都包含在內。比如，因與哈密回王交好而以「回部總代表」自居的回民李謙，〔註90〕就曾「率西

〔註90〕李謙，字公謹，祖籍河南葉縣，是民國頗有爭議的一位回族人物。他曾任袁世凱衛隊軍官，1913 年哈密王沙木胡素特進京納貢，袁世凱派李謙招待，二人因同教關係而慢慢親密。哈密王要返回新疆時，袁世凱欲將與哈密王一同來京遊覽的兒子留做人質。後經多方斡旋，最後袁同意哈密王提議，任命李謙爲新疆八部全權代表。從此以後，李謙遂以新疆「回部總代表」自稱。但從各界反應看，不論新疆回部，還是內地回民，均對其爲人頗爲不屑。丁明俊：《民國時期回族社團與共和政體構建》，《北方民族大學學報（哲學社會科

北回族七千萬軍民教胞誓作後盾」在國民黨中央通訊社發表討伐汪精衛電文。此七千萬之數雖係毫無根據的個人臆測，但就其原意所指人口而言，當然包括新疆回部在內。即便如此，這些動輒以千萬計的主觀想像，也與真實的情況相去極遠。「這些被放大的人口數，多少反映出回回民族對自身重要性的迫切意識。」〔註91〕

　　除了李謙的西北回族七千萬之說，這一時期，有關回族人口規模比較流行的說法是全國五千萬之說。李謙電文刊發後，中國回教救國協會立即致電中央社，對李謙自稱西北回部全權總代表到處撞騙的行徑進行揭露，稱：「汪逆賣國求榮，國人共棄，本會業已代表全國五千萬回教同胞通電聲討。」〔註92〕實際上，早在1933年馬松亭阿訇就提出回民五千萬之說，他在埃及正道會發表演講中曾說：「全國回民總數，我們自家不曾有過精細的調查。據東西方友人的記錄，有很懸殊的數量，最少的說八百萬，最多的說是八千萬。這些都不可靠，比較得到大多數人同意的記錄是五千萬。」〔註93〕受五千萬回民之說影響，商務印書館1935年編印的英文版《中國年鑑》〔註94〕與國民政府主計處統計局1946年編印的《中國人口問題之統計分析》〔註95〕兩書統計的全國穆斯林人口均為4,800多萬。現將這一統計中西北諸省回族人口數據進行列表。詳見表4.3。

表4.3　民國時期多種來源的北回族人口估計數　　　　　　　　　　　單位：萬人

省區	人口A	禮拜寺B	寺均C	人口D	人口E	人口F	人口G
新疆	235.095	0.2045	0.1150	130	100	100～240	10
甘肅	351.092	0.3891	0.0902	320	300	200～350	120
寧夏	75.340	0.0655	0.1150	—	—	—	
青海	118.659	0.1031	0.1151	—	—	—	

學版）》2015年第3期。

〔註91〕　姚大力：《「回回祖國」與回族認同的歷史變遷》，見劉東主編《中國學術》第1輯，北京：商務印書館，2004年，第90～135頁。

〔註92〕　中國回教救國協會：《函中央社更正李公謹之通電》，《中國回教救國協會會刊》1939年第5期。

〔註93〕　馬松亭：《中國回教的現狀——在埃及正道會講演》，《月華》1933年第16期。

〔註94〕　Kwei Chungshu. *The Chinese Year Book: 1935~1936*. Shanghai, The Commercial Press, Limited, 1935. P.1561.

〔註95〕　國民政府主計處統計局：《中國人口問題之統計分析》，南京：正中書局，1944年，第50頁。

陝西	412.909	0.3616	0.1142	300	200	2.6～50	20
小計	1193.095	1.1238	0.1062	750	600	302.6～640	150
全國	4810.424	4.2371	0.1135	3,540	1,099	472.7～982.1	372.5

數據說明：A，中國年鑑人口數；B，中國年鑑禮拜寺數；C，寺均人口數；D，民政部宣統三年人口數；E，太宰松三郎人口數；F，海思波人口數；G，白壽彝人口數；人口單位：萬人；C 數據由 A 和 B 數據計算而來，D、E、F 以及 G 四列數據中，寧夏與青海人口均合併統計在甘肅人口之內。

資料來源：A、B 兩列數引自商務印書館，1935 年英文版《中國年鑑》，D、E 兩列數據引《中國回教徒研究》，〔註 96〕F 數據引自《伊斯蘭教在中國：一個被忽視的問題》，〔註 97〕G 數據引自民族問題研究會編《回回民族問題》，第 16～17 頁。

　　從表 4.3 的數據來看，《中國年鑑》的回族人口數都精確到十·位，禮拜寺數則精確到個位。對於一個千萬計的人口數據而言，在沒有進行科學全面地人口普查或者抽樣調查的前提下，就可以精確到十位數，人口史研究的基本常識告訴我們，這種數據肯定是人為編造的，哪怕它是由官方來發布的。寺均人口的統計更有意思，五個省區的寺均人口都極其接近，其中新疆、寧夏與青海三省，幾乎完全一致。回民寺坊的建立，雖與人口有一定的關係，但在自然環境、風土民情差距如此之大的區域內，寺均人口居然如此的接近，除了數據是人為編造這一原因之外，沒有其他理由可以進行合理地解釋。拋開這些人口史研究的常識不談，與前節的研究實踐進行比對，在經歷同治年間的那樣一場滄桑巨變，區域人口遭受嚴重損失的情況下，戰後的人口規模居然遠高於戰前峰值人口，這與事實完全不符。

　　到 20 世紀 40 年代中期，伴隨著日益高漲的爭取政治話語權的運動，回族人對於本民族認識也逐漸清楚。在國大回族代表及中國回教協會推動下，1946 年底修改的《中華民國憲法》第一百三十五條增加了「內地生活習慣特殊之國民代表名額及選舉，其辦法以法律定之。」〔註 98〕顯然，此時回族人對本民族人口規模的估計已開始把新疆回部人口排除在外。在這種背景下，於是又有了全國回族人口四千萬之說。1946 年底，中國回教協會理監事會議在南京召開，在會場散發的書面材料〔註 99〕中，即稱：

〔註96〕〔日〕南滿洲鐵道株式會社庶務部調查課著，太宰松三郎執筆：《支那回教徒研究》，東京：太空社，1924 年，第 143～152 頁。
〔註97〕Marshall Broomhall (1987). Islam in China, a neglected problem. London: Darf Publishers, Ltd. pp. 193~220.
〔註98〕《憲法已明定回民政權》，《中國回教協會會報》1946 年第 2 期。
〔註99〕寧明俊：《民國時期回族社會團體與共和政體構建》，《北方民族大學學報（哲

我國散居內地之回民，為數約有四千萬，皆為千餘年來經由西北及海道遷徙而來，其在各地皆聚族而居，非惟另有其特殊之生活習慣，且仍保持其純一之宗族血統，故凡回民聚居之地，莫不自成另一社會，實為具有同一信仰之民族。惟因年來受專制時代之壓迫、外界之歧視、及政府未能顧及此少數民族之利益，以致經濟文化、社會地位，無不形成落後之現象，野心家也對其威脅利誘。因吾回胞素有對國家忠貞不二，毫不為動，其對於國家賦予服兵役納捐稅之義務，與一般國民盡同，而應享之各種權利，則慘遭向隅，即以此次國民大會而論，甘肅人口六百萬中，回胞占二百餘萬，雲南占三百多萬，河北近四百萬，以上均為回胞眾多之省份，竟無一回民應選代表，其他回胞眾多省份，類此情形，四千萬之回胞，而使其失望。

中國回教協會

國民大會代表回教同仁　同啟

歷來西北為回族淵藪，甘肅人口最多，雲南次之，而其他各省更次之。回教協會自稱甘肅回族二百餘萬，雲南三百多萬，河北近四百萬，完全不符合最基本的常識。所以，四千萬之說，其實和五千萬之說如出一轍，對各省及全國回族人口總數的統計與估計，相當隨意，沒有任何根據。

這些杜撰的人口數據，在西方學界較有影響，很多學者。比如，A. H. Keane、M. de Thiersant、W. S. Blunt、H. H. Jessup 以及 Dr. Happer 等，都援引了這些人口數據，並以此作為研究和討論的基礎。〔註 100〕儘管這其中，有部分學者作了較為嚴肅的分析與研究，但基於錯誤數據的討論，根本就不可能得到正確的結論。比如，日本人的調查素以精細、準確著稱，太宰松三郎在《中國回教徒研究》一書中，對民政部 3,500 多萬的全國回族人口數進行了分析，然後給出了自己的估計值。其中陝西人口在同治戰後幾乎盡族西遷的情況下，民國時居然仍有 200 萬口，與實際狀況相去甚遠。安德魯（Andrew, G. Findlay）是西方學界中研究中國穆斯林問題較有影響的學者，他在《中國西北的新月》中提出甘肅穆斯林人口有 300 萬。拉鐵摩爾（Owen Lattimore）在《中國的亞洲內陸邊疆》一書中討論中國西北的穆斯林人口時，就援引了安

學社會科學版）》2015 年第 3 期。

〔註 100〕 Marshall Broomhall (1987). *Islam in China, a neglected problem*. London: Darf Publishers, Ltd. p.194.

德魯的數據。〔註101〕而實際上，安德魯得出這一人口估值依據是因爲甘肅人口 1,000 萬，其中穆斯林占三分之一，約 300 萬。很顯然，這一結論的得來，是相當隨意的。因爲民國初年甘肅人口 1,000 萬的數值是錯誤的，而穆斯林占三分之一的比例，也不知從何而來。

　　海思波（Marshall Broomhall）是內地會英國傳教士，他曾先後在中國的安徽和山西等省的多個地方學習工作長達 10 年之久。1900 年返回倫敦後，也一直從事與中國有關的傳教工作，直到去世。他對中國，尤其是西北地區的穆斯林非常瞭解，是第一位認眞提出在中國穆斯林中進行傳教工作的內地會教士。1910 年海思波出版了《伊斯蘭在中國》，該書是英文世界第一本有關中國穆斯林社會的眞正研究性質的專著，在西方影響很大。在這本書中，海思波用專門一章對當時全國回族人口規模進行了分省區的逐一考察。各省人口詳見圖 4.4。

圖 4.4　海思波全國分省區回族人口規模估計

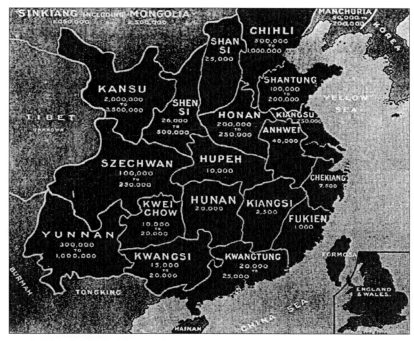

資料來源：Marshall Broomhall (1987). *Islam in China, a neglected problem*. London: Darf Publishers, Ltd. p.196.

〔註101〕〔美〕拉鐵摩爾著，唐曉峰譯：《中國的亞洲內陸邊疆》，南京：江蘇人民出版社，2010 年，第 125 頁。

相對於其他西方學者，海思波對民國初期中國回族人口規模的估計要更接近事實。比如，在對陝西回族人口的估計中，他對西安回族人口 9,480，全省回族的口 26,000 這一官方數字進行了分析，認為，全省 26,000 是偏低的，因為這一數字只統計了西安、漢中及興安三府的人口。整個陝西省的回族人口最多不會超過 50 萬。〔註 102〕由於缺乏足夠的數據支撐和史料分析，他的估值區間過於寬泛，不論是西北的回族人口，還是全國的回族人口，最低估值與最高估值之間差了一倍還要多。這種結論，往往讓人無所適用，不知如何取捨。

20 世紀 20 年代以前，以海思波為代表的西方基督教傳教士群體對中國伊斯蘭教及穆斯林人口情況的關注、調查和研究，基本上匯總在 1922 年出版的《中華歸主》一書中。為了獲取真實的傳教情況，中國各基督教會委派中華續行委辦會〔註 103〕於 1918 年至 1922 年間在全國範圍內進行了一次較大規模的實際調查。根據寄往全國各差會總堂宣教師的調查表，並參照各類公開發表的資料，該委員會對 20 世紀 20 年代前後的中國境內與基督者有關的信息進行了全面細緻的調查，匯總成冊。其中第九編對各國教會在中國邊區少數民族中的傳教活動，尤其西北回族穆斯林中的傳教活動進行了詳細的調查和記錄。

雖然這些由個人或小群體給出的嚴重誇大的回族人口估計數據，可靠性值得懷疑，但卻對後世影響巨大。這種影響當然不僅體現在後世研究者在學術史回顧中的反覆提及，更因為迎合了民國以來中國回族人日益高漲的爭取政治話語權的運動，因而受到回族人的廣泛認同與接受。在 20 世紀 30 年代西北穆斯林群體中，不論清真寺還是回民個人家中，都廣泛懸掛有以這些調查和估計數據為依據的全國回族人口分佈地圖。見圖 4.5。

表 4.3 中的 G 列人口數據來自 1941 年 7 月由延安解放社出版《回回民族問題》。〔註 104〕相比與其他研究，該估值的時間最晚，應該大概在 1940 前後，但估值卻最低。1953 年全國第一全國人口普數據（參見表 4.4）顯示，西北地

〔註 102〕 Marshall Broomhall (1987). *Islam in China, a neglected problem*. London: Darf Publishers, Ltd. p.199.

〔註 103〕 舒新城：《『中華歸主』(The Christian Occupation of China) ——中國近代史資料簡介》，《學術月刊》1958 年第 2 期。

〔註 104〕 該書作者雖署名民族問題研究會，實際上，真正的作者是李維漢、劉春和牙含章三人。詳見白壽彝主編《中國回回民族史》，北京：中華書局，2007 年，第 42～44 頁。

圖 4.5　民國時期西北回族穆斯林中廣泛懸掛的全國回族人口分佈圖

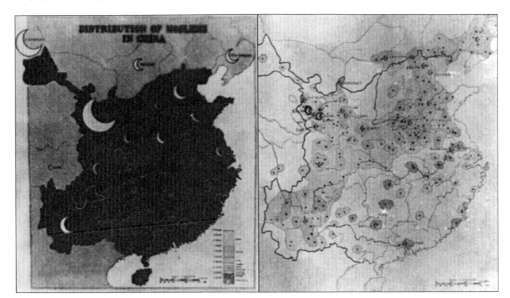

資料來源：王建平編著：《中國陝甘寧青伊斯蘭文化老照片：20 世紀 30 年代美國傳教士考察紀實》，上海：上海辭書出版社，2010 年，第 61、79 頁。這兩幅地圖實際上出自均出自《中華歸主》一書。詳見中華續行委辦會調查特委會編，蔡詠春、文庸等譯：《1901～1920 年中國基督教調查資料》，北京：中國社會科學出版社，2007 年，第 908、915 頁。

表 4.4　1953 年人口普查西北地區回族、維吾爾族及其他穆斯林人口

分類 省區	總人口	漢　族	回　族	維吾爾	全部穆民	穆民占比	回族占比
新疆	4,783,608	332,126	134,215	3,607,609	4,354,543	91.0	2.8
甘肅	14,374,636	12,028,364	1,338,538	544	1,532,893	10.7	9.3
陝西	15,731,281	15,674,998	54,981	106	55,146	0.4	0.3
西北小計	34,889,525	28,035,488	1,527,734	3,608,259	5,942,582	17.0	4.4
全國總計	577,856,141	542,824,056	3,530,498	3,610,462	7,947,671	1.4	0.6

數據說明：人口占比單位，%；從清末至 1953 年陝西省轄區基本上沒有大的變化，但甘肅變化較大，晚清的甘肅轄區包括了 1953 年人口普查時的甘肅全省與青海省舊西寧道，但不包括內蒙古套西內旗。為了便於前後比較，筆者根據上述情況，對 1953 年普查數據進行了合併。「全部穆斯林」一欄包括中國境內 10 個信奉伊斯蘭教的民族，即：回、維吾爾、哈薩克、東鄉、柯爾克孜、撒拉、塔吉克、塔塔爾、烏孜別克以及保安。

數據來源：中央人口調查登記辦公室：《中華人民共和國一九五三年人口調查統計彙編》，國家統計局人口統計司，1986 年翻印版，第 149 頁。

區回族人口總數大約是 153 萬，全國回族人口總數大概是 353 萬。與之相比，可以看到，兩者相當接近。由此可見，《回回民族問題》一書給出的估值是相當可靠的。

總之，從上述匯總信息來看，民國以來，各種來源的中國回族人口規模估計數值，除《回回民族問題》一書的估值外，不論是來源回民自己，官方文報，還是西方的研究，均與實際狀況相去甚遠。而且，幾乎所有的估計人口，都是中國境內的穆斯林，而非清人視野裏的回族。所以，所有這些不同來源的人口估值，對於探討同治戰後，西北地區回族人口的谷底，都沒有眞正的幫助。筆者認爲，要解決這一問題，還是要和探討清代西北回族人口峰值一樣，從最傳統的文獻入手，進行系統的梳理和深入地挖掘。

第六節　清代西北回族人口谷底數

從同治元年（1862）初華州聖山砍竹事發，到同治十二年（1873）秋肅州回軍開城請降，陝、甘兩省的戰事前後持續了十餘年。光緒元年（1874）三月，左宗棠領兵西征，此後，收復新疆的戰爭一直持續到光緒三年（1877）十一月底，才徹底結束。光緒三年（1877）春，還未從戰爭廢墟中完全恢復過來的陝西省，又遭到「丁戊奇荒」的沉重打擊，人口損失慘重。〔註105〕直到光緒五、六年之後，戰亂災荒結束，社會趨於平定，西北人口才開始進入一個較長時段的緩慢恢復期。所以，清代西北地區的人口谷底大概出現在光緒六年，即公元 1880 年。

與同治戰前相比，戰後西北回族人口規模有關的歷史文獻更是缺乏。在這種情況下，戰後西北回族人口的谷底，就無法如估計戰前人口峰值一樣，單純通過文獻分析的方法來獲得。從後世比較可靠的人口調查數據入手，進行回溯研究，或許是解決這一問題的有效途徑。宣統人口調查，作爲中國近代以來第一次眞正具有現代人口普查意義的人口調查，也是距西北戰爭結束時間上最接近的一次由官方組織的全國性的人口調查，在西北地區這批人口數據質量相當高。〔註106〕但是，這次人口調查中有關回族人口的調查數據相

〔註105〕 路偉東：《同治光緒年間陝西人口的損失》，《歷史地理》第 19 輯，上海：上海人民出版社，2003 年，第 350～361 頁。

〔註106〕 路偉東：《宣統人口普查「地理調查表」甘肅分村戶口數據分析》，《歷史地理》第 25 輯，上海：上海人民出版社，2011 年，第 402～412 頁。

當有限，僅化平廳一處有所記載，其他各處均無數據。在這種情況下，1953年第一次全國人口普查數據就成了研究晚清西北回族人口的最重要基石。在這一學界公認的高質量人口普查數據的支撐下，可以採取倒推的方法，對同治戰後西北回族人口谷底數進行分析和研究。表4.4是根據1953年人口普查數據匯總統計的西北回族、維吾爾族以及全體穆斯林人口信息。

從表4.4可以看到，1953年全國回族人口總共353萬，其中西北地區約有153萬，占總數的43%。以全部穆斯林人口而言，西北地區總共594萬，其中回族人口約占總數的四分之一，而維吾爾族人口則超過總數的六成。

就區域內回族人口相對比例而言，甘肅地區回族人口占比最高，約有總人口的9.3%，陝西一省最低，居然僅有0.3%，在全省人口總量中，幾乎可以忽略不計。即便把全體穆斯林人口計算在內，這一比例也不過10.7%和0.4%，這與戰前甘肅回族人口30%左右，陝西回族人口超過10%的比例相比，差距甚遠；就絕對數量而言，回族人口最多的甘肅地區有110萬，即便把全體穆斯林人口計算在內，總數也不過153萬。僅有戰前750萬回族人口的五分之一。最少的陝西一省，回族人口不足5.5萬，僅有戰前150萬回族人口的3.7%。就這些人口，還是經歷戰後近80年的長時間恢復，並接納大量東部諸省外來回族人口遷入之後的最終結果。由此可見，同治年間的西北戰爭，對整個區域人口，尤其是回族人口造成的嚴重損失和長遠影響，究竟有多大。

整個20世紀上半期，也就是晚清至1953年間的半個世紀，對西北人口發展影響最大的因素自然是自然災旱，這其中，1919～1920年的北方大旱、1920年12月16日的海原大地震以及1928～1930年西北大旱災等都很嚴重，也都造成了大量的人口損失。尤其是1928年的大旱，史稱「民國十八年年饉」，不但持續時間長，而且伴隨著烈性傳染病流行，人口損失極其駭人。陝、甘兩省因災死亡人口高達數百萬之多。〔註107〕儘管如此，因為有更多的外來人口遷入，總的來講，這一時期的區域人口仍然保持了快速增長的發展態勢，其中陝西人口1911～1949年間，人口年均增長率超過12‰，1949～1953年間，人口年均增長率更是超過50‰。其絕對數量，1911～1953年間，陝西人口從807萬增加到1,588萬，增加了接近兩倍。同時期，甘肅人口增長更快，從470萬猛增至1,432萬，40餘年間，暴增3.5倍，年均增長率

〔註107〕李文海等著：《中國近代十大災荒》，上海：上海人民出版社，1994年，第168～201頁。

高達 30‰。

在這樣大的區域人口發展背景下，假設回族人口的增長與區域人口增長是同步的，那麼以 1953 年第一次全國人口普查回族人口數逆推，概略估計，同治戰後陝西省內的回族人口可能只剩下兩三萬人。

同治戰時，全陝回民，除居於省城西安內者外，幾乎盡族西遷。聚居西安城內回民，因未參加戰爭而幸免於難，戰後成為陝西回民的主體。據余澍疇講，同治初省城西安「節署前後左右迤北一帶，教門煙戶數萬家，幾居城之半。教堂經樓高矗雲天，氣勢雄壯。紳富三分之一，樂業安居，自成風俗。及回事起，雖未經附逆，而其中莠民未嘗不躍躍思逞。回民隆準深眶，士人一望而知。有潛為偷越出入者，多被士人誅戮，故城內回民出城一步即是死地，然亦有外間被脅士民探諜來往，而城內教民貪夜越城投逆者，不一而足。」〔註 108〕以數萬家計，人口少說也有十幾萬人。比較可靠的數據顯示，清末西安全城人口僅 15 萬左右。〔註 109〕果如余澍疇所言，城內回民十幾萬，則全城幾盡為回民矣，這顯然是不可能的。

同治元年（1862）八月，勝保解西安之圍後曾奏稱：「城內回民，聚族而居者不下萬人，踐土食毛，歷有年所，或貿易營生，或充當行伍，其中良回甚多。」〔註 110〕同治二年（1863），陝西按察使張集馨奏則稱：「省城回民約有兩萬餘人……漢、回雜居，互相疑貳，辛巡撫瑛棨鎮靜彈壓，一視同仁，始得安然無事。」〔註 111〕左宗棠在西北戰爭善後事宜案內亦奏稱，戰後西安城中回民大約只有二三萬口。〔註 112〕又馬長壽當年調查時，有西安回民馬繼昭稱，其父（即《陝西回教概況》的作者民國馬光啓）年輕時曾見一鄠縣人著作，其中談到戰前西安省城內回族人口為一萬六千人。〔註 113〕對以上各種

〔註 108〕〔清〕余澍疇：《秦隴回務紀略》卷一，見中國史學會編，白壽彝主編《回民起義》第 4 冊，上海：神州國光社，1952 年，第 219 頁。

〔註 109〕史紅帥：《明清西安城市地理研究》，北京：中國社會科學出版社，2008 年，第 412 頁。

〔註 110〕同治元年（1862）閏八月二十三日（癸卯）奏摺，見〔清〕奕訢等編修《欽定平定陝甘新疆回匪方略》卷二二。

〔註 111〕同治二年（1863）三月二十六日（壬申）奏摺，見〔清〕奕訢等編修《欽定平定陝甘新疆回匪方略》卷三九。

〔註 112〕〔清〕左宗棠：《收復回民安插耕墾片》，見左宗棠著，劉泱泱、廖運蘭校點《左宗棠全集·奏稿四》，長沙：嶽麓書社，1996 年，第 358 頁。

〔註 113〕馬長壽主編：《同治年間陝西回民起義歷史調查記錄》，西安：陝西人民出版社，1993 年，第 195 頁。

來源的信息進行匯總分析，可以推測，余澍疇所言戰前省城教門煙戶數萬家，
似應是數千家之誤，或盡文學誇張之辭。戰前西安省城內所住回族人口有限，
大約只有一兩萬人，即使稍多一些，也比較有限。

　　戰爭時期，西安四鄉民眾大量湧入城內避難，這其中有不少是回民。比
如，西安「北鄉和西鄉近城的回民逃入城內者約千餘家。光緒年間官府曾通
知回民，言在鄉下之地產，現都爲客民所種，只要交出原契，便可按原契發
給官價，當時回民交出地契者共四千餘張。」〔註 114〕此事亦見於親歷同治西
北戰爭回民的記述，如《秦難見聞記》同治元年（1862）五月十九日就稱：「逃
難回眾紛紛入城，而西南鄉一帶男女無進城者；間或有一二人或三五人至西
關，皆被長安鄉約常天喜等在二郎廟鋤爲數節。」〔註 115〕這批入城的回民，
在同治戰後相當長一段時期內都不允許出城。人死後都只能埋在南城一帶，
即團結巷小清眞寺附近。所以歌謠有「一抬抬到南城裏，不分窮富都埋呢；
活著吃啥飯，死咧拿紙卷」。〔註 116〕後期雖准許外出營生，但仍需隨身攜帶腰
牌，以示區別監管。〔註 117〕因此，他們中的絕大多數，戰後也都落聚於城內。
以上城內原住回民與戰時避難回民合計，估計戰後西安城內回族人口可能也
就兩萬多人。

　　除了這兩萬多聚居西安城內的回民外，戰後陝西剩餘回族人口可能還有
以下幾種類型：

　　其一，戰時還有少量回民冒充漢人，隱匿本省。比如，孫玉寶退走時，
就有回民偷偷地留下。沈家橋有幾家漢人，雖不信回教，但相傳不吃豬肉，
即爲當時回民之後裔。〔註 118〕鳳翔縣的潘家坡有撒姓漢民一二家，外傳他們
原來是回回。〔註 119〕這種情況甚至一直持續到中華人民共和國成立之後，

〔註 114〕　馬長壽主編：《同治年間陝西回民起義歷史調查記錄》，西安：陝西人民出版
　　　　　　社，1993 年，第 208 頁。
〔註 115〕　〔清〕東阿居士：《秦難見聞記》，見馬霄石著《西北回族革命簡史》，上海：
　　　　　　東方書社，1951 年，第 97 頁。
〔註 116〕　馬長壽主編：《同治年間陝西回民起義歷史調查記錄》，西安：陝西人民出版
　　　　　　社，1993 年，第 199 頁。
〔註 117〕　馬長壽主編：《同治年間陝西回民起義歷史調查記錄》，西安：陝西人民出版
　　　　　　社，1993 年，第 207 頁。
〔註 118〕　馬長壽主編：《同治年間陝西回民起義歷史調查記錄》，西安：陝西人民出版
　　　　　　社，1993 年，第 206 頁。
〔註 119〕　馬長壽主編：《同治年間陝西回民起義歷史調查記錄》，西安：陝西人民出版
　　　　　　社，1993 年，第 349 頁。

1963 年全國少數民族人口調查時，仍有回民拒絕承認自己是回族，〔註120〕由此可見當年戰爭之殘酷。總體而言，這種情況比較零星，真正可以隱匿下來的人口應該相當有限。

其二，陝南地區因秦嶺阻隔，受戰爭影響相對較小，部分回民得以幸存。馬光啓稱，同治戰後「陝西除省垣以內、秦嶺以南，凡三輔及陝北一帶，茫茫大地，皆無吾教人之足跡矣。」〔註121〕1953 年全國第一次人口普查數據顯示，陝南回族人口總數約 2 萬。〔註122〕據此估計，戰後這一區域幸存的回族人口應該也不會太多，可能僅有數千人。胡振華認爲同治戰後陝南回民還有三四萬，應該是太樂觀了。〔註123〕

其三，所有西遷回民之中，幸免於難者。據左宗棠奏報，在戰事結束之後，甘肅幸存的陝西回民大約有 6 萬餘口，這批人絕大多數都被就地安置在甘肅各處。其中，固原的陝西回民數千人被安置在平涼的大岔溝一帶；金積堡的陝西回民一萬餘人被安置在平涼的化平川一帶；河州的陝西回民一萬餘人被安置在平涼、會寧、靜寧和安定等處；西寧的陝西回民二萬人被安置在平涼、秦安和清水等處。〔註124〕除了這六萬餘口之外，西遷的陝西回民，在征戰逃亡的過程中，宛如流沙一般，邊遷移，邊流失。因此，應該還有部分人口散處在甘肅及新疆各處。相傳當年跟隨白彥虎繼續西行的回眾，在進入俄國之前，有一部分老弱病殘者被留下，沒有繼續前行。其中白彥虎親侄子就留在了伊寧。而進入新疆的陝西回民數萬之眾，最後眞正到達中亞定居點的只有六千餘口。〔註125〕但是，另一方面，在官方強大的戰爭機器面前，回民可以大規模隱藏避禍的可能性也不大。直到 1953 年新疆的回族人口才僅有 13.4 萬，據此估計，當年散居天山南北的陝甘回眾，最多也不過數

〔註120〕中國科學院民族研究所甘肅少數民族社會歷史調查組編：《甘肅回族調查資料彙集》，1964 年內部發行，第 38 頁。

〔註121〕馬光啓：《陝西回教概況》，見馬長壽主編：《同治年間陝西回民起義歷史調查記錄》，西安：陝西人民出版社，1993 年，第 214 頁。

〔註122〕陝西省地方志編纂委員會主編，曹占泉編著：《陝西省志‧人口志》，西安：三秦出版社，1986 年，第 235 頁。

〔註123〕胡振華主編：《中國回族》，銀川：寧夏人民出版社，1993 年，第 131 頁。

〔註124〕秦翰才：《左文襄公在西北》，上海：商務印書館，1945 年，第 77～78 頁。

〔註125〕王國傑：《東幹族形成發展史——中亞西北回族移民研究》，西安：陝西人民出版社，1997 年，第 13、18 頁；〔清〕左宗棠：《復陳擬辦事宜並辦理營務城防各員請獎摺》，見左宗棠著，劉泱泱、廖運蘭校點《左宗棠全集‧奏稿五》，長沙：嶽麓書社，1996 年，第 495 頁。

萬而已。

其四，戰時逃往內蒙古、四川以及河南等省的陝西回民。戰爭開始後，清廷派重兵在與西北鄰近的各省進行嚴密的佈防，以阻止回民外逃。因此，避難回民雖有僥倖逃脫者，但這部分人口，數量應該比較有限。

以上各類陝西省外同治戰後幸存陝西回民，合而之計，估計其人數大概也就在 10 多萬人，即使更多一些也比較有限。合陝西境內幸存的回族人口，同治戰後陝西回族人口谷底應該在 15 萬左右，最多不會超過 20 萬。同戰前全省回族 150 萬的峰值人口數相比，戰亂中損失的回民超過 130 萬，人口損失比遠超 85%。

甘肅繁華之區，如河西走廊、寧夏平原、河湟谷地、隴東平慶以及蘭鞏兩府，盡為回民世居之地，同時，更是戰時打鬥最激烈，人口死亡最多的區域。對甘肅回民來講，東部阻於官軍，南有高原，北為草地，而新疆作為幾乎唯一可以逃徙之地，真正可以隱蔽其間者，非常有限。因此，甘肅回民基本全部被拘禁在區域內部，而無法騰挪遷轉，最終淪為成為戰爭的犧牲品。同治戰時，甘肅人口損失比例大概四分之三。〔註 126〕回族作為戰爭中的力量較弱一方，其人口損失比例可能要超過均值。以此估計，同治戰後甘肅剩餘回族人口大概不會超過 20%。以戰前甘肅回族人口 600 萬計算，戰後所剩也就在 100 多萬。

1911 至 1953 年間，甘肅地區人口的年均增長率高達 30‰，絕對增量有3.5 倍。這一時期，甘肅人口高速增長，主要是大量外來人口遷入造成的。這些外來人口中，有部分是回族人口。比如，陝甘寧邊區成立以後，新建了五所禮拜寺，這些遷入的回族人口，有來自雲南、河南、江蘇等省，但更多的是來自西北地區內部的甘、寧、青等地，真正區域外回民不多。〔註 127〕就晚清民國甘肅外來人口的絕對數量而言，漢人肯定也遠多於回民。所以，這一時期，甘肅地區回族人口的增長速度應該比平均速度要低，年均增長率不可能達到 30‰，人口增量也不可能有 3.5 倍。以 1931～1936 年間甘肅除青海、寧夏以外地區大概 10‰的年均增長率回推，那麼晚清甘肅回族人口谷底大概有八九十萬。

〔註 126〕葛劍雄主編，曹樹基著：《中國人口史》卷五《清時期》，上海：復旦大學出版社，2000 年，第 700～701 頁。

〔註 127〕民族問題研究會編：《回回民族問題》，延安：民族問題研究會，1941 年，第122 頁。

從以上正向和反向的兩種方法推測的結果來看，保守估計，戰前甘肅 600
萬回族人口，戰後可能僅剩餘 100 萬左右，整個戰爭期間，甘肅回族人口損
失的絕對數量可能在 500 萬人左右，損失比例接近 85%，比陝西回族人口損
失的比例稍低一些。陝、甘、新三省區合計，同治戰後西北回族人口谷底可
能在 120 萬左右。

歷經同治年間的這場滄桑巨變之後，許多戰前回民密集的州縣，戰後回
民幾乎完全絕跡。比如，華州「州境向有回種人……自唐中葉回鶻人來長安
者或留居沙苑，卵翼蕃息，歷千餘年，曼及州境」，及至戰後「州民無復異
種」；〔註128〕大荔縣「回教絕跡焉」；〔註129〕鄠縣「回民絕跡於鄠，漢人之外
無復異種」。〔註130〕左宗棠對戰後陝西回族的人口狀況作了較爲詳細的奏
報，稱：「以陝回人數計之，從前無事時散處各州縣，地方丁口奚啻數十萬，
現計除西安城中土著兩三萬外，餘則盡族而行，陝西別無花門遺種。即合金
積、河、狄、西寧、涼州等處現剩陝回計之，丁口亦不過數萬，其死於兵
戈、疾疫、飢餓者蓋十之九，實回族千百年未有之浩劫。」〔註131〕而甘肅各
處，自戰爭結束以來，原來回族世居之地，如「安西、肅州、甘州、涼州一
帶，二千餘里並無回族聚處，實漢唐以來未有之奇。」〔註132〕其慘烈之狀，
即文字讀來亦讓人不忍直視。

第七節　本章小結

人口規模是人口的最基本信息，歷史人口研究與現代人口學研究的不同
之處，首先體現在研究者可以獲取的數據上。數據的不同，直接決定了兩者
在研究的方法、研究的手段和關注的問題等方面，都存在諸多差異。單就人
口數量這一問題來講，在現代人口學中幾乎是一個不成爲問題的問題，但在
歷史人口的研究中，則是一個非常困難的問題，傳統人口史的研究，人口規
模的考證與分析，是極其重要的組成部分。

〔註128〕光緒《華州鄉土志・人類》。

〔註129〕民國《大荔縣舊志存稿》卷四《土地志》。

〔註130〕光緒《鄠縣鄉土志・人類》。

〔註131〕〔清〕左宗棠：《收復回民安插耕墾片》，見左宗棠著，劉泱泱、廖運蘭校點
《左宗棠全集・奏稿四》，長沙：嶽麓書社，1996 年，第 358 頁。

〔註132〕同治十二年（1873）十二月二十二日（丙申）左宗棠奏，見〔清〕奕訢等編
修《欽定平定陝甘新疆回匪方略》卷二八六。

　　本章從多個角度，對清代西北回族人口的峰值與谷底進行了較爲系統深入地分析。研究表明，同治以前，在西北地區的某些州縣中，回族人口佔有相當高的比重。比如，渭河兩岸部分州縣，回族人口的比例接近或超過三成，河州回民的比例更是超過半數。但從整個地區來看，回族人口在總人口中所佔的比例較低。其中，陝西回民僅占全省人口的一成左右，甘肅回民占比稍高一些，也僅有三成左右，兩省合計，回民在總人口中所佔比例不超過四分之一。與陝、甘兩省相比，戰前新疆回族人口數量比較有限。三省區合計，估計整個西北，清代回族人口峰值不會超過 750 萬。這和人們原來普遍認爲的西北地區回族人口眾多，尤其甘肅一省回多漢少的說法，相去甚遠。清代西北地區回族人口數量被嚴重誇大與同治年間的西北戰爭有直接關係。

　　同治西北戰爭持續的時間雖然不長，但對區域內回族人口的發展造成了極其嚴重的影響。研究表明，同治戰後西北回族人口谷底大概在 120 萬人左右。整個戰亂期間，西北回族人口損失比例超過八成，損失人口可能要遠超600 萬人。這其中，甘肅回族人口損失的絕對數量和相對比例，都要高於陝西回族人口。同治戰後西北地區因外來人口大量湧入，區域內的人口年均增長率保持較高水平，人口的絕對數量也增長較快。與之相比，區域內回族人口的增長，則遠低於平均水平。